U0745805

物流业与制造业协同集聚对城市绿色全要素生产率的影响研究

李金峰 著

郑州大学出版社

图书在版编目（CIP）数据

物流业与制造业协同集聚对城市绿色全要素生产率的
影响研究／李金峰著． -- 郑州：郑州大学出版社，
2024．9． -- ISBN 978-7-5773-0676-6

Ⅰ．F299.2

中国国家版本馆 CIP 数据核字第 2024AK1868 号

物流业与制造业协同集聚对城市绿色全要素生产率的影响研究
WULIUYE YU ZHIZAOYE XIETONG JIJU DUI CHENGSHI LÜSE QUANYAOSU SHENGCHANLÜ
DE YINGXIANG YANJIU

策划编辑	孙理达	封面设计	苏永生
责任编辑	张卫明	版式设计	苏永生
责任校对	张若冰	责任监制	李瑞卿

出版发行	郑州大学出版社	地 址	郑州市大学路 40 号（450052）
出 版 人	卢纪富	网 址	http://www.zzup.cn
经 销	全国新华书店	发行电话	0371-66966070
印 刷	郑州市今日文教印制有限公司		
开 本	787 mm×1 092 mm 1／16		
印 张	10.75	字 数	230 千字
版 次	2024 年 9 月第 1 版	印 次	2024 年 9 月第 1 次印刷
书 号	ISBN 978-7-5773-0676-6	定 价	56.00 元

本书如有印装质量问题，请与本社联系调换。

前　言

　　改革开放以来,中国创造了举世瞩目的经济增长奇迹,跃居世界第二大经济体。城市作为中国经济发展最重要的空间载体,长期依靠要素投入的粗放型发展模式导致城市资源和环境问题日益突出,倒逼城市经济绿色转型,而提高城市绿色全要素生产率(green total factor productivity,GTFP)则是实现城市经济绿色转型的关键环节。现有研究表明,产业协同集聚对城市 GTFP 具有重要影响,且存在显著的行业异质性特征。其中,生产性服务业与制造业协同集聚是最典型的协同集聚形式。物流业作为与制造业联系最为紧密、能源消耗最大的生产性服务业,是制造业降本增效、转型升级的"助推器";而制造业是国民经济的主体,也是能源消耗量和环境污染最大的行业,在产业关联机制和相关政策的驱动下,物流业与制造业协同集聚趋势不断增强。那么物流业与制造业协同集聚作为一种新的产业协同集聚形式,是否可以成为促进城市 GTFP 提升的新途径? 物流业与制造业协同集聚通过何种路径和传导机制影响城市 GTFP? 二者之间的关系是否存在空间异质性? 针对以上问题开展深入的理论分析和实证研究,有助于从物流业与制造业协同集聚视角,寻求提升城市 GTFP 的新动力来源,为中国经济高质量发展提供新的政策脚注。

　　本书围绕"物流业与制造业协同集聚如何影响城市 GTFP"的问题,按照"理论分析→现实基础→实证检验→研究结论"的逻辑开展研究。首先,基于新经济地理学理论、外部性理论、产业协同理论和产业关联理论,以"本地集聚效应→空间溢出效应→中介效应"为主线,多维度构建了物流业与制造业协同集聚、产业结构优化与城市 GTFP 三者之间的理论分析框架,并提出了研究假说;其次,运用产业协同集聚指数、方向性距离函数分别测度了物流业与制造业协同集聚水平、城市 GTFP,并分析了二者的时空演化特征;再次,基于 2005—2018 年中国 284 个地级及以上城市的面板数据,综合运用空间杜宾模型、门槛回归模型及中介效应模型,实证检验了物流业与制造业协同集聚影响城市 GTFP 的机制;最后,结合理论分析和研究结论,提出了政策建议。

　　通过研究发现:第一,物流业与制造业协同集聚对本地城市 GTFP 的影响表现为先下降、后上升的"U"型曲线特征,而且物流业与制造业协同集聚具有显著的空间溢出效应,通过扩散效应可以促进周边城市 GTFP 的提升。第二,当经济发展水平跨越门槛后,物流业与制造业协同集聚对城市 GTFP 的影响由促进转为抑制;而物流业与制造业协同集聚对城市绿色技术效率和绿色技术进步的影响均存在双重门槛,且表现出截然相反的门槛

1

特征。第三,物流业与制造业协同集聚部分通过产业结构高级化和产业结构合理化促进本地城市 GTFP,存在部分中介效应,但中介效应有限。

本书为分析产业协同集聚对城市 GTFP 的影响提供了系统的理论分析框架,拓展了产业协同集聚的研究视角,丰富了产业集聚理论,补充和完善了城市绿色发展理论体系;同时,为优化物流业与制造业空间布局提供决策参考,为促进城市 GTFP 增长寻找了新途径,有利于各级政府制定产业协同集聚相关政策。

本书是在作者博士论文研究成果的基础上修改完成的,借鉴了相关专家学者的研究成果,在此表示感谢;同时感谢河南牧业经济学院博士科研启动资金项目(项目号:2022HNUAHEDF050)和河南牧业经济学院校级重点学科建设项目(项目号:XJXK202205)提供的资金支持。

因作者能力有限,书中可能存在不妥之处,敬请各位读者批评指正。

目录

第1章 | 绪 论

1.1 研究背景

改革开放以来,我国创造了举世瞩目的经济增长奇迹,GDP(国内生产总值)由1978年的3678.7亿元增长到2021年的114.4万亿元,跃居世界第二大经济体。而城市是中国经济发展的核心载体,截至2020年年底,我国973个市辖区国土面积约95.2万平方公里,常住人口约6.1亿人,地区生产总值达54.1万亿元,即市辖区以不到全国10%的土地,承载了全国42.3%的人口和53.2%的经济总量。

我国城市化和工业化的快速发展导致矿产能源枯竭、森林资源过度砍伐、大气污染等生态环境问题不断加剧,我国资源环境承载能力已接近上限值。根据耶鲁大学等研究单位联合发布的《2020年全球环境绩效指数》,我国环境绩效指数为37.3分,在全球180个参评国家中排名第120位,其中,空气质量为27.1分,位列第137位;气候变化为46.3分,位列第103位;污染排放为58.6分,位列第91位。《2020中国生态环境状况公报》显示,2020年仅有59.9%的地级及以上城市空气质量达标(202个);在地下水质监测中,较差和极差级的监测点分别占68.8%和17.6%。同时,我国已成为世界上最大的能源消费国和碳排放国。根据《中国能源大数据报告(2021)》,2020年,我国能源消费总量为49.8亿吨标准煤,比上年增长2.2%;同年,我国二氧化碳(CO_2)排放总量达105.2亿吨,超过美国和欧洲的碳排放总量,我国经济的绿色转型对全球气候变化具有重要影响。作为负责任大国,2020年9月,我国政府郑重宣布"中国二氧化碳排放力争于2030年前达到峰值,努力争取2060年前实现碳中和[①]"(简称"双碳"目标),既体现了中国治理气候的决心,也对中国经济绿色转型提出了更高要求。

在资源环境约束下,片面强调经济增长的"唯GDP论"已经难以满足城市经济高质

[①] 碳达峰是指CO_2排放量达到历史最高值,达峰之后进入逐步下降阶段。碳中和是指CO_2的净零排放,也就是说CO_2的排放量与CO_2的去除量相互抵消。

量发展考核要求。中国经济发展必须坚持质量第一、效益优先,以供给侧结构性改革为主线,推动经济发展质量变革、效率变革、动力变革,提高全要素生产率(total factor productivity,TFP),表明我国经济从高速增长转向高质量发展,这一关键变革契合经济发展的理论逻辑。尽管 TFP 综合考虑了经济社会发展的多项投入、产出指标,不再进行单一指标考核,但是指标没有涉及能源投入和环境污染,而 GTFP 充分考虑了这些指标,逐渐成为衡量城市经济高质量发展的关键指标,同时 GTFP 增长也是推动城市绿色经济发展转型的关键因素,但是国务院发展研究中心测算结果表明,1978 — 2019 年我国 GTFP 年均增速仅为 2.32%,远低于 GDP 年均增速 9.5%[①],如何提升 GTFP 是亟待解决的问题。

产业集聚作为工业化时代自然资源配置和产业空间组织的典型形式,是城市经济发展的重要动力,其对城市 GTFP 的影响逐渐成为国内外学者关注的焦点。现有文献主要基于马歇尔集聚理论,分析了制造业集聚等产业专业化集聚对城市 GTFP 的影响。这些研究认为,产业集聚有利于发挥规模效应,促进资源有效配置,降低产业交易和中间品贸易成本,提高环境污染治理效率,促进企业技术创新,是提升城市绿色发展水平的重要动力源泉,而且空间集聚还可以实现资源共享和有效互补,通过扩散效应辐射带动邻近城市 GTFP 增长。随着我国经济的快速发展,城市产业布局也逐渐从过去的分散布局过渡到以产业集聚为基础的增长模式,尤其是交易成本和运输费用不断上升加速促进了制造业在空间地域上的集聚,而且以制造业集聚为主导的产业空间布局对经济发展发挥了重要的促进作用。但是也有学者认为,制造业集聚会产生"污染避难所"效应和拥挤效应,恶化了中国的环境质量。因此,仅靠制造业集聚的"单轮驱动"战略,难以实现经济绿色可持续发展。

生产性服务业与制造业高度关联,贯穿于制造业的整个产业链环节,为制造业生产流程优化、技术革新和发展方式转变提供了强有力的支持,对于推动制造业实现价值链分工地位攀升,实现"补短板、强弱项"的战略目标具有重要意义,是提高制造业发展质量的有效方式。为了实现规模经济,降低交易成本,生产性服务业与制造业会在空间上形成协同集聚分布特征,逐渐取代产业专业化集聚而成为城市产业空间布局的"新常态"。可见,生产性服务业与制造业"双轮驱动"战略已成为促进产业结构升级的新引擎,并且积极推动生产性服务业与制造业高效融合,是推动制造业占领全球产业竞争制高点、实现技术水平蛙跳式赶超的根本途径,也是推动中国从制造大国向制造强国转变的关键,是提升城市 GTFP 的必然选择。

---

① 数据来源国务院发展研究中心:https://www.drc.gov.cn/DocView.aspx?chnid = 386&docid = 2901867&leafid = 1339.

生产性服务业与制造业协同集聚和 GTFP 的关系研究尚处于初级阶段,相关文献较少而且存在分歧,主要存在三种观点:一是产业协同集聚能够通过知识和技术溢出效应提升本地 GTFP,同时,实施清洁高效的环保模式和环境监管政策对周边地区形成强大的示范效应,有利于促进周边地区 GTFP 增长;二是产业协同集聚初期集聚结构单一、资源错配等问题导致本地区 GTFP 下降,相邻地区间的模仿行为不利于周边地区 GTFP 的提升;三是在正向效应和负向效应的双重作用下,产业协同集聚和 GTFP 之间可能存在"U"型、"倒 U"型等非线性关系,且可能存在门槛效应。由此可见,产业协同集聚影响 GTFP 的作用机理较为复杂,但是较为一致的结论是产业协同集聚对 GTFP 的影响存在显著的行业异质性特征。

物流业作为与制造业联系最为紧密的生产性服务业之一,贯穿采购、生产、仓储、分销、配送等供应链环节,相对于其他生产性服务业,物流业具有用地需求大、集聚与扩张并存、交通可达性要求高、与制造业互动较为频繁、注重实体流动、更加依赖于本地制造业的市场容量等特点,可以降低制造业产业链上下游交易成本,实现资源优化整合,推动制造业转型升级,是制造业降本增效的"推进器"。同时,物流业是我国能源消耗五大行业之一,每年能源消耗量巨大且呈上升趋势,尤其是对燃油的消耗量更是位居各行业之首,而其碳排放量占比达 18% 左右。而制造业是全社会物流总需求的主要来源①,2021年中国工业品物流总额为 299.6 万亿元,占社会物流总额比重达 89.4%。在上下游产业的投入产出关联机制驱动下,物流企业与制造企业内在关联愈发紧密,进而大规模地聚集在一起,形成了"你中有我,我中有你"的空间格局。为了促进物流业与制造业协同联动和深度融合,2020 年 8 月 22 日,国家发展改革委会同 13 个部门和单位联合印发的《推动物流业制造业深度融合创新发展实施方案》(发改经贸〔2020〕1315 号)认为"推动物流业制造业融合发展,是深化供给侧结构性改革,推动经济高质量发展的现实需要",要求"统筹推动物流业降本增效提质和制造业转型升级,促进物流业制造业协同联动和跨界融合"。

物流业和制造业既是国民经济的重要组成部分,也是能源消耗高、污染排放量大的行业,两业协同集聚可能成为经济发展与环境改善双赢的重要手段。物流业与制造业协同集聚通过关联效应、规模效应与溢出效应,优化生产流程,改善产业环境,进而促进经济增长。但是,物流业与制造业融合过程存在供需结构性失衡、协同联动不深、物流成本居高不下等问题。物流业与制造业协同集聚是产业协同集聚的一种特殊形式,两业协同集聚态势初步形成,尚待进一步分析物流业与制造业协同集聚对城市 GTFP 的影响及作用机制。那么物流业与制造业协同集聚是否可以成为促进城市 GTFP 提升的新途径? 物流业与制造业协同集聚通过何种路径和传导机制影响城市 GTFP? 二者之间的关系又是

---

① 制造业是工业重要的组成部分,而制造业物流总额数据缺失,所以用工业物流总额表示。

否存在空间异质性？针对以上问题开展深入的理论分析和实证研究,有助于从物流业与制造业协同集聚视角,寻求提升城市 GTFP 的新动力来源,为中国经济高质量发展提供新的政策脚注,具有重要的理论价值和现实意义。

1.2　研究意义

1.2.1　理论意义

1.2.1.1　为分析产业协同集聚对城市 GTFP 的影响提供了系统的理论分析框架

现有文献主要研究产业专业化集聚对城市 GTFP 的影响,而产业协同集聚是产业集聚的高级阶段,其对城市 GTFP 的影响缺乏研究框架。因此,本书基于新经济地理学理论、外部性理论、产业协同理论和产业关联理论,以"本地集聚效应→空间溢出效应→中介效应"为分析框架主线,从外部效应、磨合效应、拥挤效应、路径锁定效应分析物流业与制造业协同集聚对本地城市 GTFP 的直接影响,从扩散效应、极化效应等空间溢出效应分析对邻地城市 GTFP 空间溢出影响,从产业结构优化分析物流业与制造业协同集聚对城市 GTFP 影响的中介传导机制,多维度构建了物流业与制造业协同集聚、产业结构优化与城市 GTFP 三者之间的理论分析框架,为其他产业协同集聚对城市 GTFP 的影响提供了系统的理论分析框架,为相关研究提供理论指导与借鉴。

1.2.1.2　拓展了产业协同集聚研究视角,丰富了产业集聚理论

产业集聚理论主要以制造业集聚、生产性服务业集聚、制造业与生产性服务业协同集聚为研究焦点,而不同的生产性服务业具有不同的特点,现有文献缺乏生产性服务业细分行业与制造业的协同集聚研究,在一定程度上限制了产业集聚理论的纵深发展。本书以"物流业与制造业协同集聚"为研究对象,拓展了现有产业协同集聚的研究范围与视角,丰富了产业集聚理论体系。

1.2.1.3　补充和完善了城市绿色发展理论体系

GTFP 是分析城市经济增长源泉的重要工具,对其进行深入研究可以更好地从理论上分析城市 GTFP 增长的动因,补充和完善了城市绿色发展理论体系。现有文献主要从省级层面或产业层面对 GTFP 进行测算,基于城市层面数据的研究相对较少。本书运用方向性距离函数(directional distance function,DDF)和两期曼奎斯特-罗恩伯格生产率指

数(biennial malmquist-luenberger productivity index,BMLPI)对城市 GTFP 进行测度,并将 GTFP 分解为绿色技术效率变化和绿色技术进步。

1.2.2 现实意义

1.2.2.1 为优化物流业与制造业空间布局提供决策参考

为了促进产业健康持续发展,政府往往会干预产业空间布局,例如通过出台产业发展规划影响城市产业空间分布。产业发展具有自身规律,何时集聚、何时外迁才能促进产业发展都有一定的规律性。通过研究物流业与制造业协同集聚对城市 GTFP 的影响机理,挖掘物流业与制造业协同集聚规律,为政府制定物流业或制造业发展规划提供理论依据,促进城市产业空间布局优化。

1.2.2.2 为促进城市 GTFP 增长寻找新途径

促进经济增长是经济社会发展永恒的主题,但是哪些途径可以实现经济增长成为各界关注的重点。本书从产业协同集聚这一经济现象出发,经过理论分析和实证检验,厘清了物流业与制造业协同集聚和城市 GTFP 增长之间的内在联系,探寻城市 GTFP 增长的主要源泉,推动经济绿色转型,为促进城市 GTFP 增长寻找了新途径。

1.2.2.3 有利于各级政府制定产业协同集聚相关政策

本书运用产业协同集聚指数和 DDF-BMLPI,分别测度了中国 284 城市 2005—2018 年物流业与制造业协同集聚水平和城市 GTFP,并分析了二者的时空演化特征,有利于各地区充分认识和了解本地物流业与制造业协同集聚、经济高质量发展水平在全国的地位,明确与其他地区的差距,清晰把握物流业与制造业协同集聚和经济高质量发展状况,有助于差别化和精细化制定地方政策。

1.3 研究思路与研究内容

1.3.1 研究思路

本书围绕"物流业与制造业协同集聚对城市 GTFP 的影响问题"开展研究,按照"理论分析→现实基础→实证检验→研究结论"的研究思路(研究框架如图1-1所示),首先构建了物流业与制造业协同集聚、产业结构优化和城市GTFP的理论分析框架;其次,分析了物流业与制造业协同集聚和城市GTFP的时空演化特征;再次,基于2005—2018年中国284个地级及以上城市的面板数据,综合采用空间杜宾模型、门槛回归模型及中介效应模型,实证检验了物流业与制造业协同集聚影响城市GTFP的机制;最后根据研究结论,提出了政策建议,并对未来研究进行展望。

1.3.2　研究内容

基于上述研究思路,全文分为五个部分共八章节,具体如下:

第一部分,研究基础:包括第1章"绪论"和第2章"文献综述"。第1章主要介绍了研究背景和研究意义,阐述了研究思路、研究内容及研究方法,并提出了本书的创新点;第2章首先界定了物流业与制造业协同集聚、城市GTFP的概念,然后梳理了物流业与制造业协同集聚、城市GTFP的测度方法,最后评述了物流业与制造业协同集聚、产业结构优化、城市GTFP之间的关系,并对现有研究成果进行述评总结。

第二部分,理论分析:第3章"物流业与制造业协同集聚影响城市GTFP的理论分析"。首先介绍了新经济地理学理论、外部性理论、产业协同理论、产业关联理论等相关理论,然后基于物流业与制造业协同集聚的本地效应、空间溢出效应、中介效应,提出了物流业与制造业协同集聚影响城市GTFP的理论分析框架。

第三部分,现实基础:第4章"物流业与制造业协同集聚和城市GTFP的时空演化分析"。运用产业协同集聚指数和DDF-BMLPI,分别测度了物流业与制造业协同集聚水平和城市GTFP,然后分析了二者的时空演化特征。

第四部分,实证检验:包括第5章、第6章、第7章。三章内容基于2005—2018年中国284个地级及以上城市的面板数据,分别运用空间杜宾模型、门槛回归模型、中介效应模型等实证方法,分析了物流业与制造业协同集聚对城市GTFP影响方向和机制。

第五部分,研究结论:第8章"研究结论、政策启示与研究展望"。归纳全文研究结论,提出针对性的政策建议,分析本书研究不足,对未来研究进行展望。

研究基础

绪论

文献综述

理论分析

产业协同集聚影响城市绿色
全要素生产率的理论分析 → 提出研究假设

相关理论

新经济地理学理论 | 外部性理论

产业协同理论 | 产业关联理论

理论分析框架

本地效应 | 空间溢出效应 | 中介效应

现实基础

产业协同集聚与城市绿色
全要素生产率时空演分析

物流与制造业协同集聚时空演化分析

产业协同集聚指数 | 标准差椭圆(SDE)

城市绿色全要素生产率时空演化分析

DDF-BMLPI | SDE

实证检验

产业协同集聚对城市绿色
全要素生产率影响的实证检验 → 验证研究假设

空间效应检验

空间杜宾模型

门槛检验

门槛回归模型

机制检验

中介效应模型

研究结论

研究结论政、策启示和研究展望

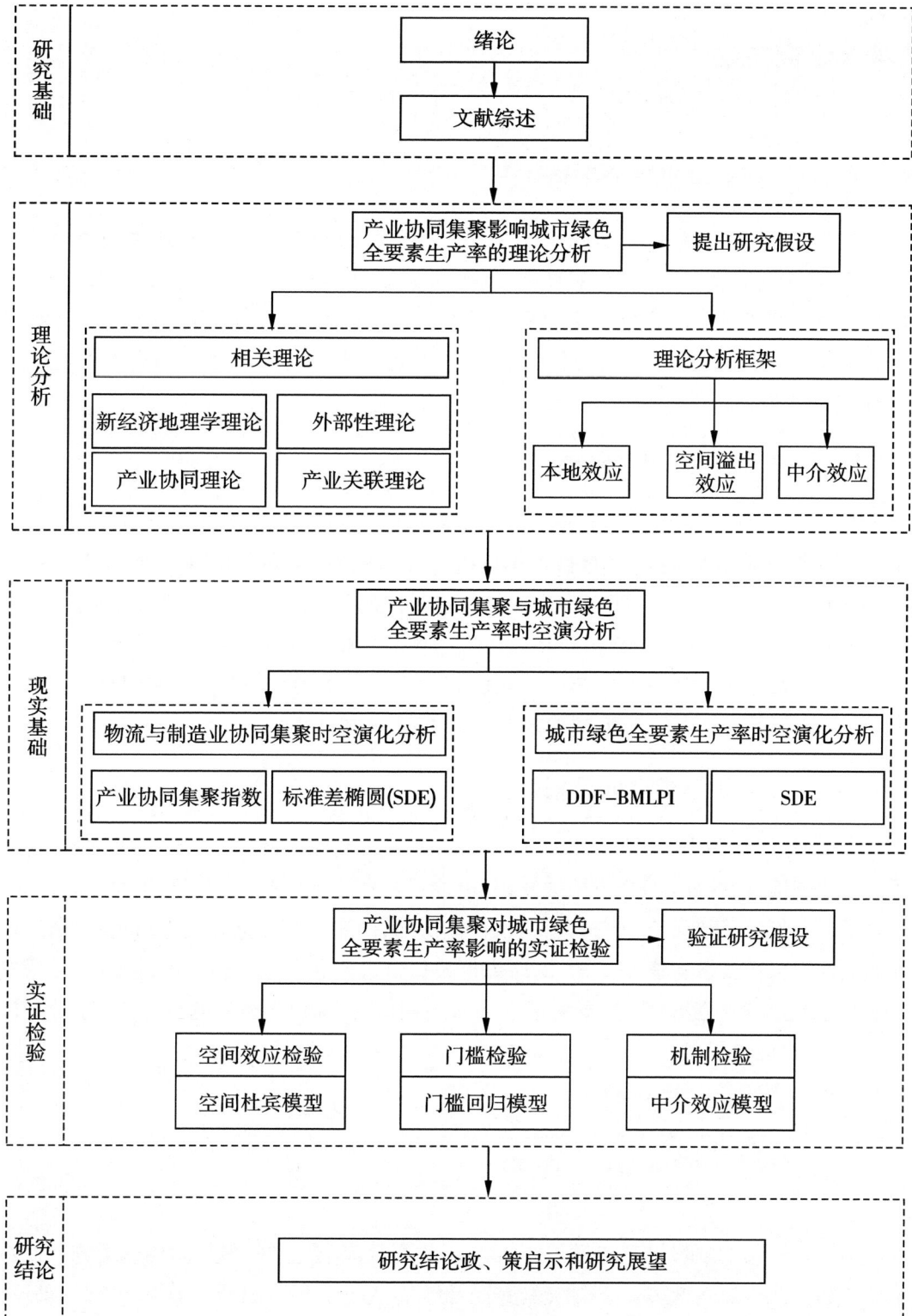

图1-1 研究框架

1.4   研究方法

1.4.1   理论研究与实证分析相结合

本书第 3 章基于新经济地理学理论、外部性理论、产业协同理论、产业关联理论等理论,对物流业与制造业协同集聚对城市 GTFP 的影响机理进行理论研究,然后在第 5 章、第 6 章、第 7 章分别运用空间杜宾模型、门槛回归模型、中介效应模型,利用 2005—2018 年中国 284 个城市的样本数据进行实证分析,验证物流业与制造业协同集聚影响城市 GTFP 的理论研究假设有效性。

1.4.2   定性分析与定量分析相结合

本书定性分析了物流业与制造业协同集聚和城市 GTFP 概念界定、时空演化分析,以及物流业与制造业协同集聚对城市 GTFP 的影响机理,并利用协同集聚指数、DDF - BMLPI、标准差椭圆,定量分析了物流业与制造业协同集聚水平、城市 GTFP 及两者总体空间分布方向特征,以及基于空间计量模型、门槛回归模型和中介效应模型等计量模型,结合 284 个城市的 2005—2018 年统计数据,定量研究了物流业与制造业协同集聚影响城市 GTFP 的空间溢出效应模型、门槛效应模型和中介效应模型。

1.4.3   文献分析与实地调研相结合

本书通过利用中国知网、Web of Science 等中外文数据库搜集了大量相关文献,理解了产业协同集聚、城市 GTFP 等相关知识,厘清了产业集聚影响城市 GTFP 的发展过程,梳理了产业集聚、新经济地理学、外部性、产业协同、产业关联等有关理论,为设计物流业与制造业协同集聚影响城市 GTFP 的研究框架提供思路和参考,同时,通过对郑州、西安等城市物流业与制造业协同集聚情况开展实地调研,使提出的政策建议更有针对性、代表性、可操作性。

1.5   研究创新点

(1)以"本地集聚效应→空间溢出效应→中介效应"为主线,多维度构建了物流业与制造业协同集聚影响城市 GTFP 的理论分析框架。基于新经济地理学理论、外部性理论、产业协同理论和产业关联理论,本书进一步优化和拓展了已有的生产性服务业与制造业协同集聚影响城市 GTFP 的理论框架,开创性地构建了物流业与制造业协同集聚影响城市 GTFP 的理论分析框架。该框架以"本地集聚效应→空间溢出效应→中介效应"为主线,从三个维度全方位构建了物流业与制造业协同集聚、产业结构优化与城市 GTFP 三者之间的理论分析框架。分别从外部效应、磨合效应、拥挤效应、路径锁定效应等角度分析物流业与制造业协同集聚对本地城市 GTFP 直接影响;从扩散效应和极化效应等空间溢出效应角度分析物流业与制造业协同集聚对邻地城市 GTFP 的空间溢出影响;通过产业结构高级化和产业结构合理化等角度分析物流业与制造业协同集聚影响城市 GTFP 的传导机制。该理论框架的构建有助于全面深入理解物流业与制造业协同集聚影响城市 GTFP 的作用机制,为相关研究提供了更加系统全面的研究思路。

（2）以物流业与制造业协同集聚为研究视角,拓展了提升城市 GTFP 的新途径。现有文献普遍认为技术进步是推动城市 GTFP 改善的主要驱动力,主要从技术创新视角寻找促进城市 GTFP 增长的途径,忽视技术效率对城市 GTFP 的影响,而且技术创新的难度逐渐加大,近年来中国城市技术效率呈下降趋势,对 GTFP 产生了较大的负面影响。因此,本书以物流业与制造业协同集聚为研究对象,试图从产业协同集聚的视角探寻提升 GTFP 的方法。本书发现,物流业与制造业协同集聚是提升技术效率的重要手段,能够通过改善技术效率成为提升 GTFP 的新途径。

（3）以 DDF-BMLPI、空间杜宾模型、门槛回归模型、中介效应模型等多种研究方法相结合,丰富了产业协同集聚与城市 GTFP 关系的经验证据。现有文献对 GTFP 的测度主要集中于省级层面,本书采用 DDF-BMLPI 对 2005—2018 年中国 284 个城市的 GTFP 进行测度,能真实客观地反映区域 GTFP 的空间异质性特征。由现有研究和理论分析可知,物流业与制造业协同集聚和城市 GTFP 之间并非简单的线性关系,不同地区之间可能存在空间溢出效应,还可能受其他因素间接影响,因此,为了更好地解释物流业与制造业协同集聚和城市 GTFP 的复杂关系,本书分别构建了空间杜宾模型、门槛回归模型、中介效应模型,实证检验了物流业与制造业协同集聚对城市 GTFP 的影响机制,在此基础上分区域进行影响机制的异质性分析,通过变换空间权重矩阵、变量缩尾、剔除直辖市样本等方式进行稳健性检验,使得研究结论更加全面、准确,为解决产业协同集聚与城市 GTFP 关系的理论争议提供了更为可靠的经验证据。

第 2 章 | 文献综述

为了奠定理论分析和实证分析基础,本章将从三个方面梳理相关文献:一是界定物流业与制造业协同集聚、城市 GTFP 的概念;二是梳理产业协同集聚、城市 GTFP 的测度方法;三是分析产业集聚、产业结构优化与城市 GTFP 的相互关系。

2.1 概念界定与测度方法

2.1.1 产业集聚与产业协同集聚

2.1.1.1 产业协同集聚相关概念

产业集聚对经济社会环境具有复杂影响,一直是社会各界重点讨论的议题。受历史因素及各国经济社会差异性的影响,关于产业集聚的认识存在很多分歧。为了全面分析产业协同集聚的内涵,需要先厘清与其相近的几个概念。

(1)产业集聚。产业集聚主要分为专业化、多样化两种模式,其中,专业化集聚是指基于知识溢出和专业化分工,同一产业内大量企业向特定区域不断集聚的现象;多样化集聚是指两个及以上的行业在相近地理位置上的集聚现象,产业协同集聚实际上是多样化集聚的一种特殊形式。Marshall(1890)最早提出了产业集聚的概念,Weber(1909)最早运用了该词,他在《工业区位论》中深入分析了产业集聚的本源及其产生的效应,首次用集聚的规模效应区探讨工业集聚现象。从本质上来讲,产业集聚的主要目的是实现产业空间配置效率最大化,为了维持紧密的合作关系,企业布局倾向于在空间上邻近。

(2)产业地理集中。产业地理集中是部分产业在少数几个地区范围内聚集的现象,其是基于产业区位视角考察空间分布规律,主要表现在地理邻近特征,对产业联系强度没有硬性要求,侧重反映产业布局非均衡性特征,不考虑地域空间内部结果差异问题,与产业集聚研究侧重点和范围存在一定的差异。

(3)产业集群。产业集群是产业集聚的一种特殊形态,具体是指特定产业的相关企业和机构在某一区域的集合。其要求企业不仅在小尺度或大尺度地理邻近,产业集群内部企业之间通过产业链、信息链、价值链等不同渠道形成紧密的分工与合作格局,类似于一个生态有机体的群落。

（4）企业集群。企业集群是指一些分工明确的中小企业形成的集体，它们有共同的生产目标。从本质上讲企业集群是产业集群的一种特殊形态，但是主要存在地理范围、产业范围、集群构成主体、数量规模等方面的差异，具体如表 2-1 所示。

表 2-1　企业集群与产业集群的区别

序号	区分角度	企业集群	产业集群
1	地理范围	小尺度范围内邻近	大尺度、小尺度范围地理邻近均可
2	产业范围	同一产业	横跨多个产业链
3	集群构成主体	基本以企业为主	大型企业、小型企业、个体工商户、大学、培训机构、研究组织等多个主体
4	数量规模	要求大量中小企业在同一区域集中分布，对数量与规模均有一定要求	对企业的数量和规模没有严格要求，可以是中小企业集聚，也可以是大型企业集聚

2.1.1.2　物流业概念界定

根据中国现行国家标准《物流术语》（GB/T18354—2021）的定义，物流是指根据实际需要，将运输、储存、装卸、搬运、包装、流通加工、配送、信息处理等基本功能实施有机结合，使物品从供应地向接收地进行实体流动的过程。而物流业的概念尚未统一，较具有代表性的是国务院于 2009 年出台的《物流业调整和振兴规划》对物流业的定义：物流业是融合运输业、仓储业、货代业和信息业等的复合型服务产业，是国民经济的重要组成部分。随后在 2014 发布的《物流业发展中长期规划（2014—2020 年）》中提出，物流业是融合运输、仓储、货代、信息等产业的复合型服务业，是支撑国民经济发展的基础性、战略性产业。从定义中可以看出，物流业是物流资源产业化而形成的一种复合型产业，同时也是为其他产业提供服务的生产性服务业。

由中国国家标准化管理委员会编制并于 2017 年 10 月 1 日实施的《国民经济行业分类与代码》对产业的划分中，依然未将物流业划分为单独的产业。目前学者在研究物流业时，多以交通运输、仓储和邮政业代指物流业。本书中物流业涉及的数据用交通运输、仓储和邮政统计数据代替。

2.1.1.3　制造业概念界定

制造业是指按照市场的要求，通过制造过程，将制造资源（物料、能源、设备、工具、资金、技术、信息和人力等）转化为可供人们使用和利用的大型工具、工业品与生活消费品的行业。制造业包括第二产业中除采矿业，电力、燃气及水的生产和供应业，建筑业外的所有产业部门,按照2017年国民经济行业分类(GB/T4754—2017),共包括食品制造业、纺织服装服饰业、家具制造业、医药制造业、通用设备制造业等31个细分产业部门。制造业作为国民经济支柱产业,其发展质量直接影响国家经济命脉,是实现中国经济高质量发展的重要载体。

2.1.1.4 物流业与制造业协同集聚的内涵特征

"产业协同集聚"(industrial coagglomeration)最早由Ellison和Glaeser提出,它是指不仅同一个产业内企业在地理空间上存在集聚现象,而且不同类别的产业也倾向于在地理空间上相邻。此后,协同集聚延伸到多个产业领域,逐渐成为学界研究的重要问题。研究发现,协同集聚不仅存在于产业内部的不同行业之间,也存在于上下游关联产业之间。

在产业协同不断集聚过程中,不同产业间的内在产业链条关联是产业间协同集聚存在的基本前提和逻辑基础。产业间的内在链条关联性可能是在投入和产出方面的关联即垂直关联,也可能是技术协作方面的关联即水平关联,通过地理空间上的集聚产生金融外部性(指由于大量企业聚集,通过规模效应,降低了投入价格,增加了产出产品的价格,进而使得集群内企业享受聚集收益)、技术外部性(共享的技术与知识不仅有利于技术和知识的原创者,还会有利于其他社会成员,提高整个经济体的效率)等地理空间外部性。正是由于不同产业间存在相互关联,供给与需求双方才形成比较稳定的产业关系,才使得各企业间为了享受集聚利益而在地理空间分布上协同选址,这种利益是单个产业集聚都享受到的效益,给产业带来外在的集聚驱动力。

在物流业与制造业这两个产业间,存在的关联性表现为垂直关联。其中,物流业为制造业中间阶段投入服务,而制造业的存在是物流业需求的基础。物流业与制造业的关联体现在原材料采购、生产制造、成品销售等过程,这种相互联系决定了物流业和制造业的产业互动关系,是物流业和制造业在空间布局关联的基础,两者也出现了协同集聚。一方面,物流业通过为制造业提供全面的综合物流服务,有利于降低制造业生产成本,提高企业资源利用率,并通过实现规模经济,降低制造业的物流服务成本;另一方面,制造业的发展也为物流业带来更多需求,从而有利于扩大物流业规模、提高技术效率和提升服务质量。

参照Ellison和Glaeser(1997)关于产业协同集聚的定义,本书研究的物流业与制造业协同集聚可定义为:为了获得规模经济,实现企业利润最大化和交易成本最小化,最终提升企业核心竞争力,物流业与制造业在同一区域集聚的现象。与单一产业集聚不同,物流业与制造业的协同集聚具有三个特点:第一,集聚是产业与产业之间的集聚,而不是产业内部的集聚;第二,协同集聚的内在逻辑或主要驱动力是金融外部性或技术外部性,例如产业之间的上下游投入产出联系、知识溢出或劳力共享;第三,合理分配不同产业在空间上的有机联系,使协同产业能够发挥最大的互补作用,实现协作共享发展,创造最大的经济和社会效益。

2.1.1.5　产业协同集聚的机理

自马歇尔(Marshall)起,经济集聚的关键因素被认为是空间外部性。空间经济学中的新经济地理理论和城市经济理论将马歇尔外部性思想作为研究基础,并从经济区域和城市的地理尺度上,分别对集聚机制进行阐述,马歇尔外部性是指集聚经济效应的源泉主要来自产业关联、劳动力、知识溢出等方面。

产业协同集聚是普遍存在的现象,几乎所有城市的产业集聚都呈现出相同的中性结构特点。后来,围绕马歇尔空间外部性思想的产业间协同集聚机制逐步形成。Ellison 等(2010)在构建产业协同集聚指数(E-G 指数)的基础上进行研究,结果表明不同产业间的协同集聚同样源于马歇尔所强调的三个关键因素;Billings 和 Johnson(2016)对城市内部的产业协同集聚的影响因素进行了研究,Ellison 等(2010)的观点也得到了进一步论证。而Gallagher(2013)分析了产业协同集聚形成来源主要是异质运输成本下的马歇尔因素,Gabe 和 Abel(2013)则比较关注马歇尔第三因素,认为职业劳动力的知识比较相似,这样的企业更倾向于协同集聚。Duranton 和 Overman(2005)、Kolko(2007)、高峰和刘志彪(2008)等先后验证了产业协同集聚的存在性,认为产业协同集聚形成的重要原因是马歇尔外部性、知识溢出与直接贸易关系、循环累积效应和政策干预等。陈曦和朱建华(2018)的研究表明产业关联越强,产业间协同集聚程度越高,劳动力需求差异、能源需求差异以及技术投入强度差异越小,越容易发生产业间协同集聚。陈国亮等(2020)认为,不同产业协同集聚的形成机制也不相同,制造业间协同集聚主要是为了获得较低的运输成本和信息成本,同时共享劳动力市场、加强上下游产业关联和技术外溢;服务业细分行业之间协同集聚是因为信息技术的发展降低了服务业的传输成本,提高了城市劳动生产率,促进了服务业集聚;制造业与服务业协同集聚主要是为了获得较低的商务成本和发挥互补效应。关于物流业与制造业协同集聚的机理研究较少,比如朱慧等(2015)认为物流业与制造业集聚的内在机理是 Marshall 总结的劳动力市场共享、中间产品投入和知识技术外溢等;马洪生和赵放(2016)认为产业关联机制可能是构成物流业与制造业协同集聚的主要机制。

2.1.1.6　产业协同集聚的测度方法

(1)E-G 指数。该指数由 Ellison 和 Glaeser 在 1997 年提出,并用来测度了制造业内部产业之间的协同集聚水平,其计算公式为:

$$r_{E-G} = \frac{G_i - (1 - \sum_r X_r^2)HHI_i}{(1 - \sum_r X_r^2)(1 - HHI_i)} \tag{2-1}$$

其中,G_i 表示产业 i 的空间基尼系数,X_r 表示 r 地区的就业人口占全国就业人口的比重,HHI_i 为赫芬达尔指数。因此,这种计算方法可避免产业协同集聚水平即使在同一空间的不同产业(行业)之间对比也存在偏差的缺点。

同时,Ellison 和 Glaeser 还构建了产业层面的 E-G 指数,用以测度产业协同集聚水平。根据该 E-G 指数,产业 i 和 j 协同集聚度的计算公式为:

$$EG_{ij} = \frac{\sum_{m=1}^{M}(S_{mi} - X_m)(S_{mj} - X_m)}{1 - \sum_{m}^{M}X_m^2} \tag{2-2}$$

其中,m 表示城市,S_{mi} 表示 i 产业在 m 城市的就业比重,S_{mj} 表示 j 产业在 m 城市的就业比重,X_m 表示城市加总产业的平均就业比重。

(2)D-O 指数。Duranton 和 Overman 基于非参数密度估计模型分析构造了 D-O 指数来衡量产业协同集聚水平,一般表达式为:

$$K_{(A,B)}(d) = \frac{1}{P(n_A, n_B)h}\sum_{i=1}^{n_A}\sum_{j=1,i \neq j}^{n_B}f\left(\frac{d - d_{ij}}{h}\right) \tag{2-3}$$

式中,$f(g)$ 是核密度函数,h 是窗宽,所有厂商的生产地点设为 S,A 厂商、B 厂商则是 S 的两个子集。若 A,B 属于相同的集合,那么有 $P(n_A, n_B) = \frac{n_A(n_A - 1)}{2}$;若 A,B 分属不同的集合,那么 $P(n_A, n_B) = n_A n_B$。$P(n_A, n_B)$ 为不同厂商二者空间距离的总数,且每个厂商属于一个子集。

例如,假设经济体一共存在 n 个厂商,厂商 i 和厂商 j 之间的空间距离为 d_{ij},那么在连续空间上任意一点 d 的核密度函数为:

$$K(d) = \frac{1}{n(n-1)h}\sum_{i=1}^{n-1}\sum_{j=i+1}^{n}f\left(\frac{d - d_{ij}}{h}\right) \tag{2-4}$$

D-O 指数假设厂商的空间分布具有连续性,突破了区域边际限制,并需要利用较为精确的厂商空间位置数据;同时,该指数的计算可以设置任意形式回归函数。

(3)Colocalization 指数。Colocalization 指数(简称 Coloc 指数)是由 Billings 和 Johnson(2016)在借鉴瓦萨斯坦度量(Wasserstein metric)的思想基础上所构建的测度产业协同集聚水平的指数。

Wasserstein 度量是给定空间单元 M 下对两个概率分布间距离的一个测度。具体形式可表达为:令 X 表示给定产业 j 或产业 k 中的厂商,f_j 和 f_k 为两个概率密度函数用以刻画产业 j 和产业 k 的空间分布,A 为 R^2 的有限子集和 M 的映射,如果 f_j 移至 f_k 则有:

$$\int_{X \in A} f_k(X)\,dx = \int_{M(X) \in A} f_j(X)\,dx \tag{2-5}$$

利用上式,就可以定义 Wasserstein 距离为:

$$W(\overline{f_j}, \overline{f_k}) = \inf_M \int |M(X) - X|f_j(X)\,dx \tag{2-6}$$

Coloc 指数既克服了 E-G 指数和 D-O 指数的缺点,又解决了可塑性面积单元问题,适用于对城市内部产业协同集聚的分析。

Billings 和 Johnson(2016)利用 Coloc 指数实证检验了产业在城市内部协同集聚的微

观形成机制。研究发现,与 E-G 指数、D-O 指数相比,各因素(自然优势、投入产出关联、消费者外部性以及知识溢出)对城市内部产业协同集聚具有显著正效应。

(4)γ 指数和 Coaggl 指数。国内学者结合中国实践,开始尝试构建实际可操作性强的产业协同集聚测度指标。陈国亮和陈建军(2012)认为 E-G 指数不能反映地区(城市)层面的产业协同集聚水平,在此基础上构建了 γ 指数:

$$\gamma_{ijk} = 1 - \frac{|\eta_{ik} - \eta_{jk}|}{\eta_{ik}} \tag{2-7}$$

其中,k 为地区(城市);η 为单个产业(i 或 j)的集聚水平,以区位熵衡量。那么,γ 指数的数值越大代表产业协同集聚水平高;反之,γ 越低。

杨仁发(2013)在 γ 指数的基础上构建了 Coaggl 指数:

$$Coaggl = 1 - \frac{|aggl_r - aggl_m|}{(aggl_r + aggl_m)} \tag{2-8}$$

其中,$aggl_r$、$aggl_m$ 分别为 r 产业与 m 产业的区位熵。该指数值大,则说明 r 产业与 m 产业的共同集聚水平高。该指数适用于缺乏微观企业数据且考察城市层面的产业协同集聚指数。

近年来 Coaggl 指数得到广泛应用。陈晓峰和陈昭锋(2014)、胡艳和朱文霞(2015)、豆建民和刘叶(2016)、黄娟和汪明进(2017)、周明生和陈文翔(2018)、蔡海亚等(2020)、陆凤芝和杨浩昌(2020)、Chen(2020)、纪玉俊和孙红梅(2020)、邓晶等(2021)用该指数测度了制造业与生产性服务业、消费性服务业和公共服务业协同集聚水平。

2.1.2 绿色全要素生产率

2.1.2.1 GTFP 的内涵特征

经济增长是经济发展的主体和核心,主要通过两个方面来实现:一是要素投入的增加,二是效率的提高。前者仅可以推动经济总量的增长,而后者不仅表现为经济总量的累积,同时还伴随着经济质量的提升。因此,衡量经济增长的指标经历了从总量指标到相对指标的转变,从单要素生产率到全要素生产率(total factor productivity,TFP)的转变,不同类型的指标体系存在差异,而 TFP 更能体现出总投入与总产出之间的效率水平。从定义上看,TFP 是指经济增长核算模型中不能由生产要素投入贡献解释的余值部分,相当于柯布道格拉斯生产函数中的 A。一般情况下,TFP 可以分解为技术进步和技术效率。技术进步提升表明生产函数的边界向外移动,生产可能性区域扩大;技术效率改善表明当前投入产出组合点越来越接近生产可能性曲线的前沿面,使之靠近最优的投入产出点。TFP 包含了难以识别却对经济增长有重要贡献的因素,即发展中难以归因于有形生产的部分,体现了经济增长的质量。

党的十九大报告提出推进绿色发展,不考虑环境污染的 TFP 分析框架已经不适应现实要求,需要把污染物当作未支付的投入纳入分析中得到 GTFP。GTFP 将绿色生态观念和可持续发展理念融入其中,是评价某一地区和某一产业绿色发展水平的有效工具。在本书中,将城市 GTFP 定义为:在传统 TFP 分析框架中,增加城市能源消耗投入指标、城市污染物排放量非期望产出指标,得到的 TFP 即为 GTFP。GTFP 考虑了劳动力、资本等要素投入和城市 GDP 等产出指标,更加考虑了能源消耗和污染排放等要素,使获得的 GTFP 结果更加反映现实经济活动。

2.1.2.2 GTFP 的测度方法

GTFP 的测度方法主要包括参数方法和非参数方法两种类型,其代表分别是随机前沿分析(stochastic frontier analysis,SFA)和数据包络分析(data envelopment analysis,DEA),两种方法各具优势和不足,同时又相互补充。SFA 方法的最大优势在于可以把无效率项和随机误差项分离,进而确保效果估计的有效性和一致性,还具有经济学理论和内涵、多阶可导等特点,其不足之处在于只适用于多投入单产出的数据集,而且假设较多,这也是导致 SFA 方法逐渐淡出 GTFP 测算领域的重要原因。DEA 方法的优点是可避免因生产函数误设而导致的结果偏差,无须设定具体函数形式,计算简单,应用性广,还可以将 GTFP 分解为绿色技术效率指数和绿色技术进步指数;其不足之处在于无法描述其生产过程,缺乏经济学理论,无法提供参数估计。因此,绝大部分研究都倾向于采用 DEA 方法测度 GTFP。

瑞典经济学家 Malmquist(1953)提出了 Malmquist 指数用来分析消费变化,Caves 等(1982)首度将其用于 TFP 的测算,Färe 等(1994)将 Malmquist 指数与 DEA 方法进行结合,首次建立了基于 DEA 的 Malmquist 指数模型,但是未考虑非期望产出。Chung 等(1997)基于方向距离函数(directional distance function,简称为 DDF)开发了 Malmquist-Luenberger 生产率指数(MLPI),测出了包含污染物排放作为非期望产出的 GTFP,首次得到真正意义上的绿色生产率,该指数得到了广泛的应用,但是 MLPI 在测度混合期方向性距离函数时存在潜在的线性规划无可行解问题。为了解决无可行解问题,Oh 和 Heshmati(2010)基于不会出现技术退步的假设,构造了一个不仅包括现年还包括现年之前的所有年序列环境技术集,提出了 sequential malmquist-luenberger 生产率指数(SMLPI),但这种方法一方面只能减少无可行解,并不能完全避免,另一方面忽略了技术退步的情况。此外,几何平均形式表示的 MLPI 不具循环性或传递性。为克服这两个问题,Oh 和 Lee(2010)提出了 global malmquist-luenberger 生产率指数(GMLPI),但 GMLPI 也存在其他缺陷:在数据变化的时候,比如新增加一年,新时期加入数据集时,它整个前沿面都要重新构建,整个技术都会改变,该指数要被重新计算,计算量非常复杂,缺乏稳定性。为克服该问题,Pastor 等(2011)引入了 biennial malmquist 生产率指数(BMPI),以每两期作为一个生产技术来计算效率和生产率指数,不仅解决了 ML 指数分解时线性规划的无可行解问题,而且比起 GMLPI,新时期加入数据集时,它不需要被重新计算,同时可避免序列 DEA 不存在技术退步的情况,但是没有考虑非期望产出。为了为克服传统 MLPI、SMLPI、GMLPI 的缺陷,王兵等(2013)在 Pastor 等(2011)BMPI 的基础上,结合考虑非期望产出,在加入 DDF 的基础上构造了一种新的生产率指数——生产率指数(biennial malmquist luenbergers,BMLPI),测算了 2003—2010 年考虑非期望产出的中国工业行业的能源效率。

2.2　产业集聚、产业结构优化与 GTFP 相关文献梳理

2.2.1　产业集聚对绿色全要素生产率的影响

学者早期主要从产业专业化集聚对 GTFP 的影响展开研究,最近几年才开始研究制造业内部子行业之间、服务业内部子行业之间、制造业与服务业尤其是生产性服务业之间协同集聚对 GTFP 的影响,而物流业与制造业协同集聚对 GTFP 的影响研究非常匮乏。下面从产业专业化集聚、产业协同集聚两个视角进行文献梳理。

2.2.1.1　产业专业化集聚对 GTFP 的影响

国内外学者主要从制造业集聚、生产性服务业及其细分行业集聚等专业化集聚对 GTFP 的影响展开研究,但是并未形成一致的结论,主要有以下三种观点(相关文献如表 2-2 所示)。

(1)产业专业化集聚可有效促进 GTFP 增长。有学者认为制造业集聚能够提升 GTFP 增长。华坚等(2021)认为制造业集聚通过发挥规模效应和知识溢出效应等作用,能够提升产业竞争力,有效配置资源,增加环境污染治理效率,促进企业创新,提升区域绿色发展水平。张平淡和屠西伟(2021)发现绿色技术进步是制造业集聚推动绿色经济效率提升的主要途径,而张军涛和范卓玮(2021)认为城市产业专业化集聚对 GTFP 的影响主要通过提升技术效率和中性技术。屈小娥等(2019)认为 10 个制造业细分行业的产业集聚显著地推动了 GTFP 的提升。在加入空间因素后,任阳军等(2020)认为资源型产业空间集聚通过资源共享和有效互补,辐射带动邻近地区资源型产业集聚,集聚效应对邻近地区 GTFP 具有促进作用;王许亮和王恕立(2021)对服务业集聚的研究也得到类似的结论,而胡绪华和陈默(2019)认为制造业集聚对城市 GTFP 影响的长期效应小于短期效应。纪玉俊(2021)从制造业集聚变迁角度开展研究,发现跨越市场化门槛后,制造业集聚变迁才有利于城市 GTFP 提升。另一部分学者认为服务业集聚也能提升 GTFP 增长。张治栋和秦淑悦(2018)、Xie 等(2019)、张素庸等(2019)、徐晓红和汪侠(2020)、Yang 等(2020)等学者认为,产业集聚可以深化劳动分工,延伸产业价值链,推动技术创新,通过规模经济效应、技术溢出效应、学习效应提升本地 GTFP,而陈晓峰和周晶晶(2020)认为中心城市生产性服务业集聚空间溢出特征及高端生产性作用效果则相对更为明显,较之于绿色技术效率,现阶段生产性服务业专业化集聚和高端化发展更利于绿色技术进步。Xie 等(2019)认为生产性服务业专业化集聚发挥地方比较优势促进生产性服务业的专业化,

表 2-2　产业专业化集聚与 GTFP 相关研究

作者	样本	因变量	自变量	研究方法	空间效应	门槛效应	中介效应	非线性效应	效率分解	结论
华坚等（2021）	长三角 27 个城市（2010—2017）	城市 GTFP	制造业集聚、生产性服务业集聚	GMM、TRM	否	是	否	是	否	促进
张平淡和屠西伟（2021）	中国 277 个城市（2004—2016）	城市 GTFP	制造业集聚	TRM、DSLM	是	是	否	是	是	促进、门槛
张军涛和范卓玮（2021）	东北地区 34 个城市（2005—2017）	城市 GTFP	产业专业化集聚	Tobit、GMM	否	否	否	否	是	促进
屈小娥等（2019）	制造业行业（2006—2015）	制造业 GTFP	制造业各行业集聚	GLS、FEVCM	否	否	否	否	否	促进、不显著、抑制
任阳军等（2020）	中国 30 个省区市（2008—2016）	省级 GTFP	资源型产业集聚	SDM	是	否	否	否	是	促进、抑制
Han 等（2018）	中国 283 个城市（2003—2010）	工业能源效率	工业集聚	DSDM	是	否	否	否	否	抑制
蔡德发等（2022）	中国 30 个省区市（2005—2018）	省级 GTFP	工业集聚	SDM	是	否	否	否	否	抑制
王许亮和王恕立（2021）	中国 30 个省区市（2004—2017）	服务业 GTFP	服务业集聚	SDM	是	否	否	是	是	促进
胡绪华和陈默（2019）	中国 261 个城市（2004—2017）	城市 GTFP	制造业集聚	TRM、DSDM	是	是	否	是	是	促进、门槛
纪玉俊（2021）	中国 285 个城市（2006—2016）	城市 GTFP	制造业集聚变迁	TRM	否	是	否	是	否	促进
张冶栋和秦淑悦（2018）	长江经济带 108 个城市（2006—2015）	城市 GTFP	制造业集聚、服务业集聚	Tobit	否	否	否	是	否	"U"、促进
Xie（2019）	中国 283 个城市（2003—2015）	城市 GTFP	生产性服务业集聚	SDM	是	否	是	否	否	促进
张素庸等（2019）	中国 30 个省区市（2007—2016）	省级 GTFP	生产性服务业集聚	DSDM	是	否	否	否	否	促进、抑制

续表 2-2

作者	样本	因变量	自变量	研究方法	空间效应	门槛效应	中介效应	非线性效应	效率分解	结论
徐晓红和汪侠(2020)	中国285个城市(2003—2016)	城市GTFP	生产性服务业集聚	DSDM	是	否	否	否	否	促进
Yang等(2020)	中国30个省区市(2003—2017)	能源效率	生产性服务业集聚	SDM	是	否	否	否	否	促进
陈晓峰和周晶晶(2020)	长三角26个城市(2006—2017)	城市GTFP	生产性服务业集聚	SDM	是	否	否	否	是	促进
张纯记(2019)	中国30个省区市(2000—2014)	省级GTFP	生产性服务业集聚	GMM	否	否	否	是	否	"倒U",促进,抑制
王志祥等(2018)	中国30个省区市(2001—2015)	省级GTFP	物流业集聚	SDM	是	否	是	否	否	促进
李珊珊和马艳芹(2020)	中国30个省区市(2004—2016)	省级GTFP	生产性服务业集聚	TRM	否	是	否	是	否	抑制,门槛
Qu等(2020)	中国285个城市(2005—2017)	能源效率	金融业集聚	DSAR	是	否	否	否	否	促进
Qian等(2021)	中国30个省区市(2008—2017)	省级GTFP	金融业集聚	SAR	是	否	是	否	是	促进
罗能生和祁腾(2018)	中国283个城市(2007—2015)	城市GTFP	生产性服务业集聚	SDM	是	否	否	否	是	促进,抑制
Li和Ma(2021)	中国30个省区市(2000—2018)	省级GTFP	金融业集聚	SAR	是	否	否	否	否	抑制
周晓星和田时中(2020)	长江经济带36个城市(2007—2017)	城市绿色发展水平	制造业集聚	FE,TRM	否	是	否	是	否	不显著
岳书敬等(2015)	中国96个城市(2006—2011)	城市GTFP	产业集聚	FE	否	否	否	是	否	"U"
Guo等(2020)	东北地区34个城市(2003—2016)	城市GTFP	产业集聚	Tobit	否	否	否	否	否	"U"
Yuan等(2020)	中国287个城市(2003—2016)	城市GTFP	制造业集聚	DSDM,MEM	是	否	是	是	否	"U"

续表 2-2

作者	样本	因变量	自变量	研究方法	空间效应	门槛效应	中介效应	非线性效应	效率分解	结论
Li 等(2021)	中国283个城市(2004—2012)	城市GTFP	制造业集聚	TRM	否	是	否	是	否	"U"
Zhang 等(2021)	中国269个城市(2008—2017)	城市GTFP	产业集聚	SDM	是	否	否	是	是	"U"
陈阳 和 唐晓华(2018)	中国285个城市(2004—2015)	城市GTFP	制造业集聚、服务业集聚	SLM	是	否	否	是	否	"倒U"
纪玉俊 和 李志嫦(2020)	中国274个城市(2006—2015)	城市GTFP	制造业集聚	TRM	否	是	否	是	否	"倒N"
Zheng 和 Lin(2018)	中国29个省区市(1990—2013)	造纸工业效率	造纸工业集聚	TRM	否	是	否	否	否	门槛
Yuan 等(2020)	中国272个城市(2003—2014)	城市GTFP	金融集聚	SPDM_PTR	是	是	否	是	否	门槛
张万里 和 魏玮(2018)	中国30个省区市(2000—2013)	省级GTFP	制造业集聚	PSTR、NLS	否	是	否	是	否	门槛
朱凤慧 和 刘立峰(2021)	中国230个城市(2003—2018)	城市GTFP	制造业集聚	TRM	否	是	否	是	是	门槛
周鹏飞等(2021)	中国30个省区市(2012—2018)	城市GTFP	制造业集聚	TRM	否	是	否	是	否	门槛

注："促进""抑制"分别表示产业专业化集聚会促进、抑制GTFP增长，"不显著"表示产业专业化集聚影响GTFP不显著，"U""倒U""倒N"表示产业专业化集聚与GTFP存在"U"型、"倒U"型、"倒N"型关系，"门槛"表示产业专业化集聚影响GTFP增长时存在门槛效应；GMM、TRM、DSLM、Tobit、GLS、FEVCM、SDM、DSDM、GMM、DSAR、SAR、FE、MEM、SLM、PSTR、SPDM_PTR、NLS 分别表示广义矩估计，门槛回归模型，动态空间滞后模型，Tobit 模型，广义最小二乘法，固定效应滞后模型，动态空间杜宾模型，固定效应变系数模型，空间杜宾模型，动态空间杜宾模型，动态空间自回归模型，空间自回归模型，固定效应模型，中介效应模型，固定效应回归模型，面板平滑转换回归模型，空间滞后回归模型，非线性最小二乘法。表 2.2 至表 2.6 中出现相同表述不再赘述。

有利于加速技术在城市间的扩散和溢出效应,显著提升了周边城市的 GTFP。张纯记
(2019)认为生产性服务业对 GTFP 增长的促进作用存在明显的行业差异;王志祥等
(2018)研究发现物流产业集聚不仅能够显著提升本地 GTFP,还具有显著的空间溢出效
应;李珊珊和马艳芹(2020)、Qu 等(2020)、Qian 等(2021)认为金融集聚可以通过规模经
济效应、创新驱动效应、信息溢出效应和结构调整效应促进能源效率改善。

(2)产业专业化集聚会抑制 GTFP 增长。屈小娥等(2019)、任阳军等(2020)认为有
色金属冶炼及压延加工业、交通运输设备制造业、资源型产业等行业集聚的拥挤效应超
过了规模效应,导致这些产业集聚抑制了本地区 GTFP 水平的增长。Han 等(2018)认为
工业聚集仅抑制了邻近地区的工业能源效率,而且负空间溢出效应的长期效应大于短期
效应,其原因是工业聚集对工业能源效率的"搭便车"和"竞相逐低效应"超过了"示范效
应"和"协同效应"。蔡德发等(2022)将中国分为东部、中部和西部进行分析,研究发现,
东部和西部地区工业集聚对本地和邻近地区的 GTFP 均具有显著的抑制作用。而李珊珊
和马艳芹(2020)认为当前中国生产性服务业倾向于低端化,集聚效应受到极大限制,当
能源强度较低时,技术溢出的负面效应大于正面效应,对 GTFP 具有一定程度上的抑制作
用。张纯记(2019)认为租赁和商务服务业集聚对 GTFP 增长也具有负向影响。另外,罗
能生和郝腾(2018)、张素庸等(2019)认为生产性服务业专业化集聚对邻近城市 GTFP 具
有空间负溢出,因对周边城市资源产生"极化效应"降低其 GTFP。Li 和 Ma(2021)认为由
于环保产业和新能源产业投资高、风险大、回报慢,加之政府缺乏有效金融监管,导致大
量资金流向投资少、能耗高、回报快同时污染物排放和能源消耗量大的传统资源型产业,
因此,金融集聚对 GTFP 产生了负面影响。

(3)产业专业化集聚对 GTFP 增长影响不显著或两者存在非线性关系。屈小娥等
(2019)、周晓星和田时中(2020)认为制造业集聚由于知识、技术溢出效应和资源过度消
耗双重影响,对 GTFP 表现为不显著,而一些学者认为产业集聚与 GTFP 之间表现为"U"
型、"倒 U"型、"倒 N"型等非线性关系。岳书敬等(2015)、张治栋和秦淑悦(2018)、胡安
军等(2018)、郭艳花等(2020)、Guo 等(2020)、Yuan 等(2020)、Li 等(2021)、Zhang 等
(2021)等学者认为产业集聚对 GTFP 有着先抑制后促进的作用,二者之间存在"U"型关
系,原因可能是当产业集聚水平较低时,政府往往通过行政干预促使企业"扎堆"集聚,产
业缺乏有效互动和深度融合,产业链不完善,资源和能源消耗急剧增加,污染治理能力不
足,抑制了 GTFP 增长;当产业集聚水平跨越拐点后,要素生产率和资源利用率得到提升,
规模效应大于拥挤效应,产业集聚带动了 GTFP。陈阳和唐晓华(2018)、张纯记(2019)认
为产业集聚对城市 GTFP 表现为"先扬后抑"的趋势,二者之间存在"倒 U"型关系,符合
"威廉姆斯假说"。纪玉俊和李志婷(2020)研究发现制造业集聚对 GTFP 的影响存在三
个门槛值,认为制造业集聚与 GTFP 之间呈"倒 N"型关系。Zheng 和 Lin(2018)研究发现
只有当造纸工业集聚达到一定水平(区位熵大于 0.5447)时,产业集聚才会对工业能源效

率的提高产生积极影响；Yuan 等（2020）研究金融业集聚时，也得到了类似的结论，只有当金融业进入高水平集聚阶段时，金融集聚才可以显著促进邻近地区的绿色发展。还有学者认为外部因素限制会影响产业集聚和 GTFP 的关系，例如，张万里和魏玮（2018）认为只有资本型制造业存在双重门槛，对 GTFP 影响是先正后负再正，劳动和资源型制造业对 GTFP 的影响均为先正后负，三者均为过度集聚型，而技术型制造业对 GTFP 影响跨越门槛后更大，属于集聚推进型；胡绪华和陈默（2019）发现当城市化水平小于 0.421、制造业集聚度介于 0.7067 和 1.2911 之间时，非协调协同驱动下制造业集聚与城市化双轮驱动 GTFP 激励机制才有效；张平淡和屠西伟（2021）发现，当人口密度、第二产业比重稳定在较高阶段时，制造业集聚对绿色经济效率的促进作用才得以发挥；李珊珊和马艳芹（2020）认为，能源强度、经济发展水平对 GTFP 存在不同程度的门槛效应；朱风慧和刘立峰（2021）基于威廉姆斯假说和开放性假说，认为随着经济发展水平的提升，制造业集聚对 GTFP 的正向影响边际递减，而随着对外开放程度的扩大，制造业集聚对 GTFP 的影响由负转正；周鹏飞等（2021）认为制造业集聚对城市 GTFP 有显著促进作用，且存在单门槛效应，不同门槛范围内的产业集聚程度对绿色经济效率的乘数效应有所不同，存在边际效应递减现象。

2.2.1.2 产业协同集聚对 GTFP 的影响

研究物流业与制造业协同集聚对城市 GTFP 影响的文献较为匮乏，下面从产业协同集聚对经济增长、环境污染、TFP（GTFP）的影响三个角度进行文献梳理（分别如表 2-3 至表 2-5 所示）。

（1）产业协同集聚对经济增长的影响。一些学者认为产业协同集聚对经济增长不利。伍先福和唐峰陵（2020）研究发现，广西生产性服务业和制造业协同集聚均较低，难以发挥集聚效应，而且资源利用率较低，导致制造业与生产性服务业协同集聚不利于广西经济增长。有些学者认为产业协同集聚能够促进经济增长。陈晓峰和陈昭锋（2014）、胡艳和朱文霞（2015）、郭卫军和黄繁华（2020）、陈默和胡绪华（2020）等学者认为生产性服务业与制造业协同集聚有利于发挥各自产业集聚效应，并产生一定的协同效应，有助于提升企业竞争力和提高要素生产率，促进经济增长；田旭和张晓慧（2019）、吕平和袁易明（2020）、汤长安等（2021）进一步在模型中纳入空间的溢出效应后，发现产业协同集聚不仅促进本地经济增长，还可以通过知识、技术、创新空间溢出效应，带动周边地区经济增长；而陈默和胡绪华（2019）在短期空间效应分解视角下，认为金融业与制造业协同集聚不仅促进了本地区的经济增长，而且通过"反馈效应"使得本地区经济获得额外的"外溢"利好。另外，李福柱和李倩（2019）、姚战琪（2020）、吕平和袁易明（2020）、金浩和刘肖（2021）基于中介效应模型研究发现，产业协同集聚通过促进技术创新推动经济增长。还有学者认为产业协同集聚对经济增长影响不显著或二者之间存在非线性关系。陈默和胡绪华（2019）认为，在长期空间效应分解情况下，金融业与制造业的协同集聚效应并不显著。

表 2-3　产业协同集聚与经济增长相关研究

作者	样本	协同集聚行业	研究方法	空间效应	门槛效应	中介效应	非线性效应	结论
伍先福和唐峰陵(2020)	广西14个地级市(2003—2016)	制造业与生产性服务业	FE、TRM	否	是	否	是	抑制、"倒U"
陈晓峰和陈昭锋(2014)	东部沿海10省市(2005—2012)	制造业与生产性服务业	RE	否	否	否	否	促进
胡艳和朱文霞(2015)	中国252个城市(2005—2012)	制造业与生产性服务业	FE、GMM	否	否	否	否	促进
郭卫军和黄繁华(2020)	中国30个省市(2003—2016)	生产性服务业与高技术产业	GMM	否	否	否	否	促进
陈默和胡绪华(2020)	中国30个省市(2003—2018)	制造业与金融业	SDM	是	否	否	否	促进、不显著
田旭和张晓慧(2019)	中国277个省市(2003—2016)	制造业与生产性服务业	SDM	是	否	否	否	促进
吕平和袁易明(2020)	中国30个省区市(2012—2017)	高技术制造业与生产性服务业	SEM	是	否	否	是	促进
汤长安等(2021)	中国30个省市(2003—2019)	制造业与生产性服务业	SDM	是	否	是	否	促进
金浩和刘肖(2021)	中国30个省区市(2009—2018)	制造业与生产性服务业	MEM	否	否	是	否	促进
陈默和胡绪华(2019)	中国30个省区市(2008—2016)	制造业与金融业	DSDM	是	否	否	否	促进、不显著
李福柱和李青(2019)	中国30个省区市(2003—2016)	知识密集型服务业与高技术制造业	MEM	否	否	是	否	促进
姚战琪(2020)	中国30个省区市(2008—2017)	知识密集型服务业与制造业	MEM	否	否	是	否	促进
彭亮和肖明辉(2017)	四川省21个地市州(2006—2015)	制造业与生产性服务业	FE	否	否	否	是	"倒U"
鄢飞和王铁山(2021)	中国31个省区市(2006—2018)	制造业与物流业	SDM	是	否	否	是	"倒U"
金飞和徐长乐(2021)	长三角26个城市(2008—2019)	制造业与生产性服务业	GMM	否	是	否	是	"倒U"、门槛

续表 2-3

作者	样本	协同集聚行业	研究方法	空间效应	门槛效应	中介效应	非线性效应	结论
周明生和陈文翔（2018）	长株潭 8 个城市（2003—2015）	制造业与生产性服务业	TRM	否	是	否	是	"倒 U"、门槛
豆建民和刘叶（2016）	中国 285 个城市（2003—2012）	制造业与生产性服务业	TRM	否	是	否	是	门槛
李健和冯会迎（2020）	中国 30 个省区市（2005—2017）	高技术制造业与高技术服务业	SEM、TRM	是	是	否	是	门槛
陈子真和雷振丹（2018）	中国 285 个城市（2003—2013）	制造业与生产性服务业	TRM	否	是	否	是	门槛
郝永敬和程思宁（2019）	长江中游 31 个城市（2005—2017）	制造业与生产性服务业	GMM	否	是	否	是	门槛

注：RE、SEM 分别表示随机效应模型、空间误差模型。

表2-4 产业协同集聚与环境污染相关研究

作者	样本	协同集聚行业	研究方法	空间效应	门槛效应	中介效应	非线性效应	结论
周明生和王帅 (2018)	京津冀10个城市 (2003—2015)	制造业与服务业	EGLS	否	否	否	是	加剧
蔡海亚和徐盈之 (2018)	中国30个省区市 (2003—2014)	制造业与生产性服务业	SEM、TRM	是	是	否	是	改善
苗建军和郭红娇 (2019)	长三角30个城市 (2007—2016)	制造业与生产性服务业	SLM	是	否	否	否	改善
申伟宁等 (2020)	长三角26个城市 (2004—2017)	制造业与生产性服务业	SLM、TRM	否	是	否	否	改善
Zhuang等 (2021)	中国30个省区市 (2004—2019)	制造业与生产性服务业	SDM	是	是	否	否	改善
Yang等 (2021)	中国30个省区市 (2003—2018)	制造业与生产性服务业	SDM	是	否	否	否	改善
蔡海亚等 (2020)	中国30个省区市 (2003—2016)	制造业与生产性服务业	GMM	否	否	否	否	改善
罗雅红等 (2021)	粤港澳大湾区11个城市 (2011—2017)	制造业与生产性服务业	SLM	是	否	否	否	改善
杨桐彬等 (2020)	中国115个资源型城市 (2005—2017)	工业与生产性服务业	FE	否	否	否	是	"U"
Chen等 (2020)	中国259个城市 (2007—2016)	工业与服务业	SDM	是	否	否	是	"U"
黄娟和汪明进 (2017)	中国285个城市 (2004—2014)	制造业与生产性服务业	FE	否	否	否	是	"倒U"
苗建军等 (2020)	中国30个城市 (2005—2016)	制造业与生产性服务业	SLM	是	否	否	是	"倒U"
陆凤芝和杨浩昌 (2020)	中国30个省区市 (2003—2016)	制造业与生产性服务业	SDM	是	是	是	是	"倒U"
Hao等 (2022)	京津冀13个城市 (1998—2018)	制造业与服务业	SDM	是	否	否	是	"倒U"
赵凡和罗良文 (2022)	长江经济带108个城市 (2003—2019)	制造业与生产性服务业	GMM	否	否	否	是	"倒U"
Ye等 (2021)	中国283个城市 (2003—2016)	制造业与生产性服务业	SLM	是	是	是	是	"倒U"
Li等 (2019)	中国30个省区市 (2009—2016)	制造业与生产性服务业	TRM	否	否	否	是	门槛
吉亚辉等 (2021)	西北5省区 (2009—2017)	制造业与生产性服务业	DSDM	是	是	否	是	门槛

注：EGLS表示截面加权广义最小二乘法。

表 2-5 产业协同集聚与 TFP（GTFP）相关研究

作者	样本	因变量	协同集聚行业	研究方法	空间效应	门槛效应	中介效应	非线性效应	效率分解	结论
刘叶和刘伯凡（2016）	22 个城市群（2003—2011）	制造业 TFP	制造业与生产性服务业	GMM	否	否	否	否	是	促进
王静田等（2020）	长三角 27 个城市（2004—2016）	城市 TFP	制造业与生产性服务业	GMM	否	否	否	否	否	促进，不显著
马强和秦琳贵（2021）	中国 246 个城市（2001—2018）	城市 TFP	制造业与生产性服务业	GMM	否	否	否	否	是	促进
Zhang 等（2022）	中国 30 省区市（2003—2018）	省级 GTFP	制造业与生产性服务业	Tobit	否	否	否	否	是	促进
孟望生和邵芳（2021）	中国 24 个省区市（2009—2017）	省级 GTFP	制造业与生产性服务业	GMM	否	否	否	是	否	促进，抑制
陈晓峰和周晶晶（2020）	长三角 26 个城市（2006—2017）	城市 GTFP	制造业与生产性服务业	SDM	是	否	否	否	是	促进
陈建军等（2016）	中国 240 个城市（2004—2012）	城市生产效率	制造业与生产性服务业	SLM	是	否	否	否	否	促进
陈昭和张嘉欣（2020）	粤港澳大湾区 11 个城市（2004—2016）	城市 TFP	制造业与服务业	SDM	是	否	是	是	否	促进
张治栋和赵必武（2020）	中国 283 个城市（2006—2017）	城市 GTFP	互联网与制造业	DSDM	是	是	否	否	否	促进
Zhu 等（2022）	中国东部 66 个城市（2009—2018）	城市 GTFP	制造业与生产性服务业	SDM	是	否	否	否	否	促进

续表 2-5

作者	样本	因变量	协同集聚行业	研究方法	空间效应	门槛效应	中介效应	非线性效应	效率分解	结论
于斌斌等 (2015)	中国 285 个城市 (2003—2011)	城市 TFP	制造业与生产性服务业	SLM	是	否	否	否	否	抑制
韩增林等 (2018)	中国 285 个城市 (2005—2014)	城市 TFP	生产性服务业与其他服务业	DSDM	是	否	否	否	是	抑制
吴振华 (2020)	中国 31 省区市 (2005—2018)	省级 TFP	服务业与战略性新兴产业	GMM	否	否	否	否	是	抑制
纪玉俊和王芳 (2021)	中国 269 个城市 (2005—2017)	城市 GTFP	制造业与生产性服务业	DSDM	是	否	是	否	否	抑制
邢会等 (2021)	中国 273 个城市 (2009—2019)	制造业 TFP	制造业与生产性服务业	FE	否	否	否	是	否	"U"
章激扬和许士道 (2022)	中国 282 个城市 (2004—2016)	制造业 TFP	制造业与生产性服务业	SDM	是	是	否	是	是	"U"、门槛
陈阳和唐晓华 (2018)	中国 285 个城市 (2004—2015)	城市 GTFP	制造业与服务业	SLM	是	否	否	是	否	"U"
李晟婷等 (2022)	中国 31 省区市 (2013—2019)	省级 GTFP	制造业与环保产业	SDM	是	否	否	是	否	"U"
刘玉浩等 (2018)	中国 31 个省区市 (2006—2015)	制造业效率	制造业与生产性服务业	GMM	否	否	否	是	否	"倒 U"
Chen 等 (2020)	中国 259 个城市 (2007—2016)	城市 GTFP	制造业与生产性服务业	SDM	是	否	否	是	否	"倒 U"

续表 2-5

作者	样本	协同集聚行业	因变量	研究方法	空间效应	门槛效应	中介效应	非线性效应	效率分解	结论
纪玉俊和孙红梅（2020）	中国 285 个城市（2006—2016）	制造业与生产性服务业	城市 GTFP	FE	否	否	否	是	否	"倒 U"
王燕和孙超（2020）	中国 26 个省区市（2003—2016）	高新技术产业与生产性服务业	省级 GTFP	TRM	否	是	否	是	是	"倒 U"
任阳军等（2021）	中国 238 个城市（2006—2019）	制造业与生产性服务业	城市 GTFP	DSDM	是	否	否	否	否	"倒 U"
张明斗和王亚男（2021）	中国 262 个城市（2008—2017）	制造业与生产性服务业	城市 TFP	DSDM	是	否	否	是	否	"U"
伍先福（2018）	中国 246 个城市（2003—2015）	制造业与生产性服务业	城市 TFP	GMM	否	否	否	是	否	"倒 U"
伍先福（2019）	中国 246 个城市（2003—2016）	制造业与生产性服务业	城市 TFP	TRM	否	是	否	是	否	门槛
华坚等（2021）	长三角 27 个城市（2010—2017）	制造业与生产性服务业	城市 GTFP	TRM	否	是	否	是	否	门槛

彭亮和肖明辉(2017)、周明生和陈文翔(2018)、伍先福和唐峰陵(2020)、鄢飞和王铁山(2021)、金飞和徐长乐(2021)认为,产业协同集聚与经济增长之间存在"倒 U"型关系,即随着产业协同集聚水平的提高,经济增长表现为先上升、后下降的变化趋势。另外,产业协同集聚对经济增长的作用还可能受人口、经济规模、经济产业集聚度、技术创新水平等变量的影响。豆建民和刘叶(2016)、周明生和陈文翔(2018)、金飞和徐长乐(2021)认为,当城市人口规模适当时,生产性服务业与制造业协同集聚增长效应最大;陈子真和雷振丹(2018)认为,相对于中小人口规模城市,人口规模较大城市的生产服务业与制造业协同集聚对区域经济的影响效果更强;金飞和徐长乐(2021)认为,当经济规模过小时,协同集聚对经济增长的负面影响明显;李健和冯会迎(2020)认为,只有高技术制造业集聚度和高技术服务业集聚度介于第一、二门槛时,产业协同集聚经济增长效应更强;郝永敬和程思宁(2019)认为,协同集聚经济效应的发挥更加依赖当地技术创新能力,只有当技术创新能力达到一定水平时,协同集聚对区域经济增长的影响为正,若低于这一水平,协同集聚会抑制区域经济增长。

(2)产业协同集聚对环境污染的影响。首先,产业协同集聚加剧环境污染。周明生和王帅(2018)基于京津冀地区 2003—2015 年城市数据,以 SO_2 排放总量代表环境污染,研究发现制造业与服务业协同集聚会加剧环境污染,但是相比于制造业集聚来说,协同集聚污染程度较低。其次,产业协同集聚改善环境。蔡海亚和徐盈之(2018)、苗建军和郭红娇(2019)认为,制造业与生产性服务业协同集聚互相促进,对雾霾污染的影响存在明显的门槛特征,跨越贸易开放门槛后,改善雾霾污染程度更大;申伟宁等(2020)、Zhuang 等(2021)认为,制造业与生产性服务业协同集聚有利于工业 SO_2 强度的降低,且协同集聚的污染减排作用能够通过经济网络产生空间溢出效应;蔡海亚等(2020)认为,产业协同集聚可以通过提升制造业效率来改善雾霾污染,不同生产性服务业细分行业与制造业协同集聚对雾霾污染影响存在显著的异质性;而 Yang 等(2021)将产业协同集聚分为政府主导型和市场主导型,研究发现,两种主导型产业协同集聚通过发挥产业资源优化配置效应、资源共享效应、知识或技术溢出效应以及节能减排效应,提高资源利用效率,加快绿色技术创新,进而减少污染排放和生态破坏,均对当地生态环境污染的影响显著为负,而且市场驱动型产业协同集聚还能对周边地区的生态环境污染治理表现出显著的空间溢出效应。最后,产业协同集聚对环境污染的影响不显著或两者存在非线性关系。罗雅红等(2021)研究发现,产业协同集聚可一定程度上缓解空气污染,但这种关系不显著。杨桐彬等(2020)认为,资源型城市生产性服务业和工业协同集聚对水污染的影响具有"U"型特征:产业协同集聚初始阶段通过发挥规模效应和技术溢出效应有效减缓城市水污染,但是当产业协同集聚程度过高时,便会产生拥挤效应,导致资源型产业无序竞争和过度开发,进而加剧水污染;而 Chen 等(2020)则认为工业与公共服务业协同集聚和烟尘(粉尘)排放呈"U"型关系。黄娟和汪明进(2017)、苗建军等(2020)、陆凤芝和杨浩昌(2020)、Chen 等(2020)、Hao 等(2022)、赵凡和罗良文(2022)等学者认为产业协同集聚与环境污染之间呈由加剧到抑制的"倒 U"型特征,即在产业协同集聚初始阶段,资源错配、制造业生产规模的扩张等会加剧环境污染,随着产业协同集聚程度超过一定的拐点后,产业协同集聚会通过规模经济及专业化分工、知识溢出等路径缓解环境污染;Ye 等(2021)还分析了产业协同集聚影响环境污染的内在机制,产业协同集聚通过城市化和能源结构对雾霾污染产生影响,即城市化和能源结构在二者之间起中介作用。Li 等(2019)、吉亚辉等(2021)则考虑了门槛效应。前者认为生产性服务业与制造业协同集聚促进碳减排的效果受到资源配置程度的显著影响,存在双重门槛:在资源配置合理的地区,产业协同集聚能够产生显著的集聚效应,降低碳强度,一旦资源配置不当程度超过阈值水平,集聚效应就会转化为拥挤效应,导致碳强度无法降低。后者以异质型人力资本作为门槛变量,研究发现生产性服务业和制造业协同集聚对生态效应影响存在单门槛效应:当异质型人力资本的流动跨过门槛值之后,生产性服务业和制造业协同集聚对生态效应改善由负向作用转变为积极促进作用。

(3)产业协同集聚对 TFP(GTFP)的影响。首先,产业协同集聚可以提高 TFP(GTFP)。刘叶和刘伯凡(2016)发现,制造业与生产性服务业协同集聚通过促进制造业技术进步提升制造业 TFP;王静田等(2020)、马强和秦琳贵(2021)认为制造业和生产性服务业协同集聚能显著提升城市 TFP;在考虑了非期望产出后,Zhang 等(2022)认为制造业与生产性服务业协同集聚主要通过技术进步推动 GTFP 提升,而孟望生和邵芳琴(2021)对制造业与生产性服务业细分行业间的协同集聚进行分析后发现,只有高端生产性服务业与劳动、技术要素密集类型制造业的协同集聚对 GTFP 具有促进作用;在考虑空间影响后,陈晓峰和周晶晶(2020)认为关联产业间协同集聚更有利于提升本地城市 GTFP,而陈建军等(2016)、陈昭和张嘉欣(2020)认为产业协同集聚不仅能够促进本地城市 TFP 增长,还能够促进周边城市 TFP 增长;张治栋和赵必武(2020)在考虑了非期望产出的情况下,认为互联网与制造业的协同集聚通过获得规模报酬、提高资源利用率和降低污染物排放可以提升本地城市 GTFP,同时加强了城市联系以及空间联动性从而产生一定的空间溢出效应,对周边城市的 GTFP 也具有推动作用,而且空间溢出效应大于本地效应。而 Zhu 等(2022)研究发现制造业与生产性服务业协同集聚对 GTFP 的本地效应大于空间溢出效应,而且人口密度、老龄化和素质通过强化产业协同集聚的溢出效应发挥正向调节作用。其次,产业协同集聚会抑制 TFP(GTFP)提升。于斌斌等(2015)、韩增林等(2018)、吴振华(2020)认为由于过度集聚产生了负外部性,阻碍了城市 TFP 增长,而且受制于粗放型生产方式和片面追求各自利益的发展策略,互相之间恶性竞争,没有形成协调的空间合作效应,对周边地区 TFP 也产生了负向的空间影响;在考虑了非期望产出后,孟望生和邵芳琴(2021)认为中国生产性服务业整体上偏低端化,导致生产性服务业与制造业协同集聚抑制了 GTFP 增长,而纪玉俊和王芳(2021)研究发现产业协同集聚初期集聚结构单一、资源错配等问题带来本地区 GTFP 下降,相邻地区间的模仿行为不利于周边地区 GTFP 的提升。最后,产业协同集聚对 TFP(GTFP)的影响不显著或两者存在非线性关系。王静田等(2020)认为交通、仓储、邮电业与制造业协同集聚对城市 TFP 的促进效应不显著。邢会等(2021)、章激扬和许士道(2022)发现制造业与生产性服务业协同集聚和城市制造业 TFP 之间存在"U"型关系;陈阳和唐晓华(2018)认为制造业与服务业协同集聚和城市 GTFP 表现出"U"型关系,服务业不同效率服务部门在城市内部"简单堆积",导致要素价格上涨,提升城市环境污染和降低能源利用效率,高附加值的服务业因其较高的"竞租"价格在城市中心集中,形成更大的效率提升动力,从而提升城市生产率;李晟婷等(2022)以产业协同集聚的一种细分模式即环保产业与一般制造业协同集聚(命名为生态化协同集聚)为研究对象,研究发现,全国范围内生态化协同集聚对绿色经济效率的促进作用总体呈现"U"型特征,且存在显著的空间异质性和空间溢出效应。刘玉浩等(2018)、Chen 等(2020)、纪玉俊和孙红梅(2020)、王燕和孙超(2020)、任阳军等(2021)认为,生产性服务业和制造业协同集聚与城市 GTFP 具有"倒 U"型关系:当产业协同集聚水平跨过门限值(或拐点)后,协同集聚的规模效应会转化为拥挤效应、溢出效应会转化为挤占效应,导致对城市 GTFP 的影响系数由正变负。张明斗和王亚男(2021)基于动态空间杜宾模型研究发现,制造业与生产性服务业协同集聚对本地城市 TFP 的影响呈现"倒 U"型,对邻地城市 TFP 的影响呈现"U"型,短期内制造业与生产性服务业协同集聚对"本地—邻地"城市 TFP 的影响呈现"U"型,长期则表现为"倒 U"型。伍先福(2018)认为以制造业专业化集聚度为门槛变量时,制造业与生产性服务业协同集聚对 TFP 的影响存在门槛效应。而华坚等(2021)发现制造业与生产性服务业协同集聚比单一产业集聚对 GTFP 的促进效果更明显,且人力资本水平和利用外资水平对 GTFP 具有门槛效应,跨越门槛后协同集聚对 GTFP 的促进效果更加突出。

2.2.2　产业集聚对产业结构优化的影响

现有文献主要从产业专业化集聚对产业结构优化展开研究,有少量的文献从产业协同集聚视角进行分析(相关文献如表 2-6 所示)。

表 2-6 产业集聚与产业结构优化的相关研究

作者	样本	因变量	自变量	研究方法	结论
Buera 等 (2011)	9 个经合组织国家 (1993—2003)	—	—	CAM	促进
孙畅 和曾庆均 (2017)	中国 30 个省区市 (2005—2013)	产业结构升级	生产性服务业集聚	FE	促进
于斌斌 (2019)	中国 285 个城市 (2003—2014)	产业结构升级	生产性服务业集聚	SLM、SEM、TRM	促进、抑制、门槛
谢婷婷 和刘锦华 (2019)	中国 30 个省区市 (2007—2016)	产业结构升级	金融集聚	SDM	促进、不显著
沈宏亮等 (2020)	中国工业企业数据 (1998—2013)	产业结构升级	制造业集聚	FE	促进
王一乔 和赵鑫 (2020)	中国 31 个省区市 (2009—2018)	产业结构升级	金融集聚	FE、MEM	促进
郭文伟 和王文启 (2021)	中国 30 个省区市 (2006—2016)	产业结构升级	金融集聚	SDM	促进
林秀梅 和曹张龙 (2020)	中国 31 个省区市 (2003—2016)	产业结构升级	生产性服务业集聚	SDM	促进
张冶栋 和黄钱利 (2021)	长三角 41 个城市 (2005—2017)	产业结构合理化、高度化	制造业集聚、生产性服务业集聚、两业协同集聚	SDM、TRM	促进、不显著、门槛
宋锋 (2016)	中国 31 个省区市 (2003—2013)	产业结构合理化、高级化	制造业集聚、生产性服务业集聚	SEM	促进、抑制
王帅等 (2020)	山西省 11 个城市 (2003—2016)	产业结构合理化、高级化	制造业集聚	FE	促进、抑制

续表 2-6

作者	样本	因变量	自变量	研究方法	结论
裴耀琳和郭淑芬(2021)	中国 114 个资源型城市和 153 个非资源型城市(2008—2017)	产业结构合理化、高级化	生产性服务业集聚	GMM、TRM	促进、抑制
林秀梅和曹张龙(2019)	中国 31 个省区市(2003—2016)	产业结构升级	生产性服务业空间集聚	PSTR	门槛
王一乔等(2020)	中国 31 个省区市(2009—2018)	产业结构升级	金融集聚	FE、TRM	"倒 U"、门槛
王燕和孙超(2019)	中国 30 个省区市(2003—2016)	产业结构合理化、高级化、清洁化	高新技术产业与生产性服务业协同集聚	DGMM	促进、抑制
周小亮和宋立(2019)	中国 30 个省区市(2005—2015)	产业结构合理化、高级化	制造业与生产性服务业协同集聚	FE、2SLS、GMM	促进、"倒 U"
郝凤霞等(2021)	中国 31 个省区市(2010—2018)	产业结构合理化	制造业与知识密集型服务业协同集聚	LSDV、MEM	促进
向昕等(2021)	长三角,京津冀 39 个城市(2003—2019)	产业结构合理化、高级化	制造业与生产性服务业	SDM	抑制
夏后学等(2017)	中国 30 个省区市(2008—2014)	产业结构合理化	制造业和生产性服务业协同集聚	GMM、TRM	门槛

注:CAM、PSTR、2SLS、LSDV 分别表示案例分析法、面板平滑迁移回归模型、两阶段最小二乘法、最小二乘虚拟变量模型。

2.2.2.1　产业专业化集聚对产业结构优化的影响

（1）产业专业化集聚可以促进产业结构优化。Buera 等（2011）、孙畅和曾庆均（2017）、于斌斌（2019）、谢婷婷和刘锦华（2019）、沈宏亮等（2020）、王一乔和赵鑫（2020）以及郭文伟和王文启（2021）等学者分别以制造业、生产性服务业、金融业等产业集聚为例，发现产业专业化集聚可以通过发挥资源配置效应、规模经济效应、创新激励效应、专业化效应、竞争效应等途径促进产业结构优化；而林秀梅和曹张龙（2020）、张治栋和黄钱利（2021）在考虑了空间溢出效应后，认为生产性服务业集聚还可以促进邻近地区产业结构优化。

（2）产业专业化集聚会抑制产业结构优化。宋铮（2016）从产业结构合理化和产业结构高级化表示产业结构优化，认为中国制造业集聚对产业结构合理化与产业结构高级化存在拥塞效应，生产性服务业集聚对产业结构高级化起到了抑制作用；于斌斌（2019）研究发现，因存在"挤出效应"，生产性服务业集聚的 MAR 外部性和 Jacobs 外部性对产业结构升级存在显著的抑制效应；王帅等（2020）认为制造业集聚会制约产业结构合理化；裴耀琳和郭淑芬（2021）研究发现非资源型城市生产性服务业集聚水平过高会抑制产业结构高级化。

（3）产业专业化集聚对产业结构优化影响不显著或两者存在非线性关系。谢婷婷和刘锦华（2019）认为，金融集聚通过资源供给以及技术进步等方式推动产业结构优化升级，但是其空间溢出效应并不显著。于斌斌（2019）、林秀梅和曹张龙（2019）、张治栋和黄钱利（2021）分别以城市规模、生产性服务业创新水平、生产性服务集聚为门槛变量，发现生产性服务业集聚对产业结构优化存在明显的门槛效应；而王一乔等（2020）认为金融集聚水平提升显著促进了产业结构优化，但这种促进作用具有理论上的"倒 U"型作用关系以及门槛效应，实际呈现出正向且边际递减规律。

2.2.2.2　产业协同集聚对产业结构优化的影响

（1）产业协同集聚有利于产业结构优化。王燕和孙超（2019）、周小亮和宋立（2019）、张治栋和黄钱利（2021）、郝凤霞等（2021）认为，产业协同集聚通过要素耦合效应和产业间共生经济效应，能够显著提高产业结构合理化；王燕和孙超（2019）认为，高新技术产业与生产性服务业协同集聚通过促进产业分工精细化、产业链不断延伸及互补性产业共同成长，促进产业结构高级化。

（2）产业协同集聚不利于产业结构优化。王燕和孙超（2019）认为，高新技术产业与生产性服务业协同集聚在技术知识溢出效应和负产出增加的双重影响下，对产业结构清洁化有一定的负面影响，而向昕等（2021）认为，制造业与生产性服务业对产业结构合理化具有一定抑制作用。

（3）产业协同集聚对产业结构优化影响不显著或两者存在非线性关系。张治栋和黄钱利(2021)认为,制造业和生产性服务业协同集聚对本地产业结构高度化影响不显著;夏后学等(2017)研究发现,非正式环境规制下的制造业和生产性服务业协同集聚会驱动产业结构趋向合理化,且存在门槛特征;而周小亮和宋立(2019)认为,制造业和生产性服务业协同集聚对产业结构高级化水平存在非线性的"倒 U"型影响。

2.2.3 产业结构优化对绿色全要素生产率的影响

产业结构优化可以不断增加经济总量和促进资源合理配置,由此产生的结构效应是经济增长的重要源泉。随着中国环境污染和资源消耗的加剧,众多学者逐渐开始研究产业结构优化对 GTFP 的影响,主要集中于以下两种观点(相关文献如表 2-7 所示)。

(1)一些学者认为产业结构优化能够显著促进 GTFP。Peneder(2003)、黄茂兴和李军军(2009)、黄亮雄等(2012)、冯志军等(2016)、余泳泽等(2016)、谢婷婷和刘锦华(2019)等学者认为,产业结构优化能够产生"结构红利",进而改善本地自然环境,促进经济增长,提升 GTFP;刘赢时等(2018)认为,产业结构优化可能通过能源效率的中介途径正向推动 GTFP 增长,而且产业结构优化比能源效率对 GTFP 的促进作用更大;张国庆和闫慧贞(2020)加入了空间溢出效应,研究发现本地区的产业结构优化会显著提升周边地区 GTFP。傅元海等(2016)、Guo 等(2021)、李太平和顾宇南(2021)认为,产业结构合理化能促进 GTFP,而韩晶等(2019)提出该结论仅适合于"领先型"城市。韩晶等(2019)、余硕等(2020)认为产业结构高级化也能推动 GTFP,卫平和余奕杉(2018)则认为这种正向作用需要城市跨越一定的规模门槛。干春晖等(2011)、张治栋和秦淑悦(2018)、武建新和胡建辉(2018)、黄月和郑婷婷(2019)、姜旭等(2019)认为产业结构合理化比产业结构高级化对 GTFP 的影响更显著,而张国庆和闫慧贞(2020)得到了相反的结论。黄月和洪功翔(2020)对 GTFP 还进行了分解,认为产业结构合理化对绿色技术进步增长有促进作用,而产业结构高级化对绿色技术效率增长有促进作用,而张军涛和范卓玮(2021)认为产业结构合理化对 GTFP 的作用主要通过生产技术效率提升和投入偏向型技术进步实现,产业结构高级化通过技术效率提升和产出偏向型技术进步对 GTFP 产生影响。

表 2-7　产业结构优化与 GTFP 的相关研究

作者	样本	因变量	自变量	研究方法	结论
Peneder(2003)	28 个经合组织国家(1990—1998)	人均 GDP	产业结构演进	GMM	促进
黄茂兴和李军军(2009)	中国 31 个省区市(1991—2007)	GDP	产业结构优化	FE	促进
黄亮雄等(2012)	中国 30 个省区市(1999—2007)	环境污染排放及能耗	产业结构调整指数	GMM	促进,抑制
冯志军等(2016)	广东省 21 个城市(2004—2013)	城市工业 GTFP	产业结构升级	FE	促进
余泳泽等(2016)	中国 29 个省区市(1997—2012)	省级 TFP	产业结构优化	FE、GMM	促进
谢婷婷和刘锦华(2019)	中国 30 个省区市(2007—2016)	绿色 GDP	产业结构优化	SDM	促进,不显著
刘赢时等(2018)	中国 260 个城市(2005—2014)	城市 GTFP	产业结构优化	MEM	促进
张国庆和闫慧贞(2020)	中国 30 个省区市(2000—2016)	省级 GTFP	产业结构合理化、高级化	SLM	促进
傅元海等(2016)	中国 30 个省区市(1996—2012)	经济增长效率	制造业结构合理化、高度化	GMM	促进,抑制
Guo 等(2021)	中国 26 个城市(2004—2017)	城市 GTFP	产业结构合理化、高级化	DID、MEM	促进,不显著
李太平和顾宇南(2021)	长江经济带 11 个省市(2007—2016)	人均 GDP	产业结构合理化	MEM	促进
韩晶等(2019)	中国 266 个城市(2006—2015)	城市 GTFP	产业结构合理化、高级化	GMM	促进,抑制
佘硕等(2020)	中国 284 个城市(2003—2016)	城市 GTFP	产业结构合理化、高级化	PSM、DID	促进,不显著
卫平和余奕杉(2018)	中国 285 个城市(2003—2015)	城市 TFP	产业结构合理化、高级化	GMM	促进
干春晖等(2011)	中国 30 个省区市(1978—2009)	GDP 增长率	产业结构合理化、高级化	FE	促进
张治栋和秦淑悦(2018)	长江经济带 108 个城市(2007—2016)	城市 GTFP	产业结构合理化、高级化	SDM	促进,抑制
武建新和胡建辉(2018)	中国 30 个省区市(2003—2012)	省级 GTFP	产业结构合理化、高级化	MEM	促进

续表 2-7

作者	样本	因变量	自变量	研究方法	结论
黄月和洪功翔（2020）	长江经济带 108 个城市（2006—2017）	城市 GTFP	产业结构合理化、高级化	GMM	促进
张军涛和范卓玮（2021）	东北地区 34 个城市（2005—2017）	城市 GTFP	产业结构合理化、高级化	Tobit、GMM	促进
郑婷婷（2019）	中国 285 个城市（2004—2016）	城市 GTFP	产业结构合理化、高级化	MEM	促进、不显著
姜旭等（2019）	湖北省 12 个城市（2003—2015）	城市 GTFP	产业结构合理化、高级化	GMM	促进
赵新宇和万宇佳（2018）	东北地区 34 个城市（1994—2015）	GDP	产业结构合理化、高级化	GMM	抑制
李子豪和毛军（2018）	中国 30 个省区市（2000—2014）	省级 GTFP	产业结构调整	GS3SLS	抑制
付凌晖（2010）	中国 30 个省区市（1978—2008）	GDP	产业结构高级化	GCT	不显著

注：DID、PSM、GS3SLS、GCT 分别表示双重差分法、倾向得分匹配法、广义三阶段空间最小二乘估计法、格兰杰因果关系检验。

(2)另一些学者认为,产业结构优化并不能有效提升GTFP。一方面,学者认为产业结构优化对GTFP产生负向影响。傅元海等(2016)认为制造业结构高级化对经济增长效率具有负面作用;韩晶等(2019)认为产业结构合理化对绿色增长的影响则因城市所处的发展阶段不同而有着明显差异,对于"追赶型"城市和"落后型"城市,合理化对于绿色增长反而有着负向的影响;赵新宇和万宇佳(2018)则认为产业结构合理化和高度化对经济增长有显著负面影响;黄亮雄等(2012)、李子豪和毛军(2018)、张治栋和秦淑悦(2018)认为产业结构优化通过对邻近地区具有一定的负外部性,会恶化周边地区环境。另一方面,学者们认为产业结构优化对GTFP的影响并不显著。付凌晖(2010)、Guo等(2021)认为由于第三产业引进和发展需要时间,产业结构高级化无法短时间内对GTFP起到促进作用,郑婷婷(2019)、佘硕等(2020)认为产业结构合理化对GTFP并未产生显著影响,而谢婷婷和刘锦华(2019)认为产业结构优化的空间溢出效应并不显著。

2.3　文献述评

通过文献梳理可知,产业集聚与GTFP相关研究已取得丰硕的成果,对本书研究具有一定的借鉴参考意义,但是产业协同集聚与GTFP相关研究尚处于起步阶段,需要进一步深入研究与完善,现有研究存在以下几方面的不足。

2.3.1　研究对象选择方面

现有文献主要从产业专业化集聚方面研究其对GTFP的影响,研究对象主要集中于制造业,后来延伸至服务业尤其是生产性服务业,也有少量文献涉及物流业、金融业等生产性服务业细分行业。但是从产业协同集聚视角开展对GTFP的影响尚处于起步阶段,而且主要聚焦于生产性服务业与制造业整体行业之间,容易忽略细分行业的异质性,而物流业具有其他生产性服务业不具备的独有特点,从其与制造业协同集聚为研究对象进行研究,有利于扩展产业协同集聚研究视角,为其他生产性服务业与制造业协同集聚提供理论参考。

2.3.2　研究内容选择方面

现有文献初步构建了生产性服务业与制造业协同集聚影响GTFP的理论框架,但是不同的生产性服务业具有不同的特点,该理论框架难以适应物流业与制造业协同集聚和GTFP的关系研究,而且现有理论框架主要考虑生产性服务业与制造业协同集聚对GTFP的直接影响,鲜有涉及中介间接影响和空间溢出影响,迫切需要从多维度构建物流业与制造业协同集聚影响GTFP的理论框架。

2.3.3　研究方法的选择方面

选择科学严谨的实证方法,是分析物流业与制造业协同集聚和 GTFP 之间关系的首要前提。现有研究对产业协同集聚与 GTFP 的关系尚未得出一致结论,可能的原因是实证方法选择存在不足,集中体现在以下几个方面:①主要采用 MLPI、SMLPI、GMLPI 等方法测度 GTFP,但是这些方法存在潜在的线性规划无解问题、忽略了技术退步情况、计算量非常复杂等缺陷;②没有关注产业协同集聚与 GTFP 的空间溢出效应的非线性关系,导致实证结果往往偏离现实;③没有深入分析产业协同集聚究竟通过何种渠道影响 GTFP;④没有对 GTFP 进行科学分解,没有厘清到底何种力量驱动 GTFP 增长。

2.3.4　研究数据的选择方面

从 GTFP 测算的样本选取看,现有研究主要集中于省级层面或产业层面,基于城市层面数据的研究较少,而且主要涉及长江经济带、京津冀、长三角、粤港澳大湾区、东北地区、长江中游、长株潭、四川省等区域,从全国尺度展开研究的较少。总之,城市作为经济增长的核心区域,从全国尺度并分区域研究城市 GTFP 至关重要。

因此,本书针对现有研究的缺陷与不足,构建了一个能够刻画产业协同集聚、产业结构优化与城市 GTFP 之间关系的理论分析框架,并提出了四个研究假说,对产业协同集聚如何影响城市 GTFP 进行理论阐释,进而同时采用空间杜宾模型、门槛回归模型、中介效应模型,实证分析了 2005—2018 年中国 284 个地级及以上城市物流业与制造业协同集聚对城市 GTFP 的影响机制,为提出的理论假说提供稳健的经验证据。

第3章 物流业与制造业协同集聚影响城市 GTFP 的理论分析

第 2 章文献综述表明,现有研究认为产业协同集聚与城市 GTFP 之间可能主要存在促进、抑制或非线性三种关系,那么物流业与制造业协同集聚是如何影响 GTFP 的呢? 本章拟从理论上初步对其进行解答,并为后续第 5、6、7 章的实证检验与分析奠定基础。

3.1 理论基础

3.1.1 新经济地理学理论

随着新经济地理学的产生与飞速发展,产业集聚问题逐渐成为主流经济学研究的重要议题。该理论构建了产业集聚一般分析框架,纳入了规模报酬递增、运输费用及要素流动性等假设,以 Dixit-Stiglitz 模型(简称 D-S 模型)作为基础理论。Fujita(1988)和 Krugman(1991)是该理论的主要代表人物,完成了对 D-S 模型空间意义的解释。Krugman(1991)在借鉴 D-S 模型的基础上,将规模报酬递增和不完全竞争市场引入一般均衡分析框架中,建立中心-外围模型(Core-Periphery,C-P 模型),对产业集聚的机理进行分析,其研究基础是规模经济、垄断竞争和运输成本。Venables(1996)则从产业关联的纵向视角出发,基于不完全竞争和运输成本会产生前向和后向关联的逻辑,研究发现运输成本是产业集聚还是扩散的重要原因,该模型修正了 C-P 模型在存在要素流动障碍时的解释局限。Krugman 和 Venables(1995)则在 C-P 模型的基础上构建了垂直关联模型(CPVL 模型),该模型融入了企业间的投入—产出关联,从产业纵向关联的角度对相关联产业之间的协同集聚进行了解释,为产业协同集聚的研究开拓了新思路。Amiti(2005)、Forslid 和 Midelfart(2005)等分析了贸易成本、政府产业政策等因素对产业协同集聚的影响,主要基于垂直关联产业的视角。

新经济地理学认为,产业空间集聚依赖于本地市场效应、生活成本效应与拥挤效应三种效应。其中,本地市场效应是指企业进行相关布局时,基于规模经济和节约运输成本的角度,倾向在市场规模大的地区布局,以便就近销售;生活成本效应,也称为价格效应,指集聚区内,如果企业生产的产品品种和数量越多,对应需要输入的产品就越少,最终产品价格会由于运输成本和贸易成本降低而相对较低;拥挤效应是指集聚区内如果企业集中程度提高,就会加剧资源和消费者的竞争,同时存在区域地方保护,使得企业在进行选址时对于竞争对手数量少的区域优先考虑,由此形成分散力。

物流业与制造业协同集聚能够通过降低货运成本,提升市场通达性和一体化程度,弱化边界效应带来商品市场分割现象,促进本地市场繁荣;同时,两业协同集聚通过竞争和示范效应激发企业创新活力,借助学习机制促进知识传播和技术进步,推动产销模式和物流体系转型升级,催生各类新业态、新技术和新模式,增加产品种类和提升产品质量;当两业协同集聚到一定程度时,会加剧资源抢夺,导致交通拥堵、过度竞争等负外部效应,产生拥挤效应。

3.1.2　外部性理论

单一产业或不同产业在一定地理空间范围集中受市场竞争等因素的影响,产业集聚会对周边区域产业发展产生一定的溢出效应,即产业集聚存在外部性。新古典经济学对工业企业空间布局的解释是最早开展产业集聚研究的探索。Marshall(1890)在《经济学原理》一书中介绍了单一产业的集聚,即生产相同或相似产品的企业在知识和技术上具有较强的相似性,推动这些企业在特定地理空间范围内集中。同时,产业集聚带来的正的外部性包括"劳动力池效应"、知识和技术的扩散、中间产品的共享等,产业集聚正外部性推动了企业进一步转移到特定区域,促进了产业集聚水平。这也为"外部性"视角下解释专业化集聚奠定了理论基础。Arrow(1962)、Romer(1986)运用内生经济增长理论中的"干中学""报酬递增"等模型解释了专业化集聚的外部性,并形成了 MAR 专业化集聚模型。Jacobs(1969)在研究中发现多产业集聚能够带来知识互补效应,进一步促进产业分工,延伸产业链,完善产业体系,产业集聚的竞争效应进一步推动了知识、技术的扩散和吸收,在此基础上,形成了考虑产业间集聚的 Jacobs 外部性模型。Porter(1990)认为地方竞争无处不在,无论产业专业化集聚还是多样化集聚,竞争会倒逼企业创新,优化生产工艺,强化产业集聚效果,形成 Porter 外部性,该理论主要强调产业集聚中的市场竞争效应。Glaeser 等(1992)比较分析了 MAR、Jacobs、Porter 三种外部性,认为 MAR 外部性针对的是单一产业的专业化集聚,而垄断与竞争相比更有利于发挥技术溢出,推动产业技术创新和生产率提高;Jacobs 外部性认为在促进技术创新与产业增长时,跨部门的产业集聚能够带来更多的知识、技术、人才的溢出,较单一产业的集聚更具有效率,同时,市场竞争更有利于知识、技术和人才等要素的自由流动,比垄断竞争更能促进产业的技术创新;Porter 则认为单一产业内要素的溢出效应相对于多产业集聚更有效率,但竞争性市场更有利于产业创新。

外部性理论是物流业与制造业协同集聚的重要理论基础。首先,物流业集聚或制造业集聚均有利于同行业内部知识溢出,共享劳动力、设施设备等资源,进而产生 MAR 外部性;物流业与制造业跨部门协同集聚,有利于不同产业知识相互碰撞,加速产业技术创新,形成 Jacobs 外部性;物流业与制造业协同集聚会产生竞争和示范效应,产生 Porter 外部性。

3.1.3　产业协同理论

协同学是德国物理学家 Haken 于 20 世纪 70 年代创立的,该理论主要研究复杂系统子系统之间的协同关系,主要采用自组织形式,在各种因素作用下形成有序或无序的状态。如果各子系统呈现相互协作、相互配合及相互促进特征,系统则呈现具有协同特征的有序状态;相反,如果各子系统呈现各自独立甚至相互牵制的特征则会导致协同呈现无序状态。在产业经济领域,产业协同是涵盖了产业链横向(不同产业各子系统)和纵向(单一产业各子系统)多要素、多系统整合的复杂系统,在这个系统中,纵向要素和横向要素的有序协作是产业协同的基础。产业协同突破了单一产业横纵向整合的界限,将不同产业边界整合到一个复杂系统中,这个复杂系统的升级需要产业间的深度配合、相互促进,通过高关联度、高融合度的产业动态升级演进带动知识、技术、管理等不断提升,进而带动产业竞争力的提升,最终实现"1+1>2"的协同效应。

物流业为制造业提供中间产品,贯穿于产品供应链各个环节,是提升制造业竞争力的重要手段,而制造业是物流业的主要需求来源。尽管制造业与物流业分别属于第二产业和第三产业,但是两者相互关联、相互促进,同属一个开放的系统。因此,物流业与制造业协同集聚是一种自发性的稳定形式,通过相互协调、融合互补,最终实现从无序到有序的转变。

3.1.4　产业关联理论

代表性产业关联理论包括 Leontief(1936)的投入产出理论、Hirschman(1958)的前向关联和后向关联理论。前者主要是运用投入产出法,分析各产业部门之间复杂的相互依赖关系;后者则对产业之间彼此联系和依赖的高低进行研究。制造业发展带来了大量生产性服务业需求,但制造业发展同样离不开物流等生产服务的支撑,物流业已经深入渗透到制造业的各个环节,物流业升级降低了交易成本,提升了制造企业竞争力,两者具有产业链中上下游产业之间的垂直关联,而产业间投入产出的深度关联进一步强化了产业间的协作深度,这些特征决定了物流业和制造业在特定地理空间范围集中的内在机制。随着专业化分工的深化,内生于制造业的物流业会从制造业中分离出来并得到发展,最终形成与制造业相匹配的物流业集聚,基于产业关联的载体能够形成产业联动,而且随着产业环境的变化,在物流、资金、信息等关联制造业与物流业,促进二者协同集聚的重要载体的基础上,必将衍生出新的关联载体。

3.2　物流业与制造业协同集聚影响城市 GTFP 的理论分析框架

物流业集聚或制造业集聚反映的是同一产业内的企业受生产要素、交易成本和区位优势等因素限制而选择彼此靠近发展的经济现象,而两者协同集聚则反映了不同行业间的企业由于差异性互补、最终生产部门和中间生产部门的相互需求而选择在空间上彼此邻近发展。基于"本地集聚效应→空间溢出效应→中介效应"研究脉络展开分析:首先,物流业与制造业协同集聚相对于单一的产业集聚在演进阶段上更为高级,主要通过正向效应(外部效应)和负向效应(磨合效应、拥挤效应、路径锁定效应)直接影响本地城市GTFP;然后,通过扩散效应和极化效应等空间溢出效应影响邻地城市 GTFP;最后,在物流业与制造业协同集聚对城市 GTFP 的影响过程中产业结构优化具有显著的中介效应。物流业与制造业协同集聚对城市 GTFP 的影响机理见图 3-1。

3.2.1　物流业与制造业协同集聚和本地城市绿色全要素生产率

由图 3-1 可知,物流业与制造业协同集聚可能产生正向效应和负向效应直接作用于本地城市 GTFP。

3.2.1.1　正向效应

根据外部性理论,物流业与制造业协同集聚会产生 MAR 外部性、Jacobs 外部性、Porter 外部性等三种正向效应作用于本地城市 GTFP。

(1)MAR 外部性。MAR 外部性主要是指物流业与制造业协同集聚通过劳动力池效应、投入产出关联联系效应和知识溢出效应影响城市 GTFP。其中,劳动力池效应是指物流业和制造业劳动力趋同,通过协同集聚可以实现物流业与制造业之间劳动力共享,提高工作岗位和劳动技能匹配度,提升劳动生产率,进而促进城市 GTFP 增长;投入产出关联效应是指物流业贯穿制造业采购、生产、流通等供应链环节,两业协同集聚有利于产业空间布局优化,降低企业物流成本,提升物流效率,促进产品回收、废旧物品集中处理,实现绿色增长;知识溢出效应是指物流业和制造业协同集聚便于企业交流,有利于技术创新和应用,降低单位生产成本和能源消耗的作用,最终实现绿色可持续性发展。

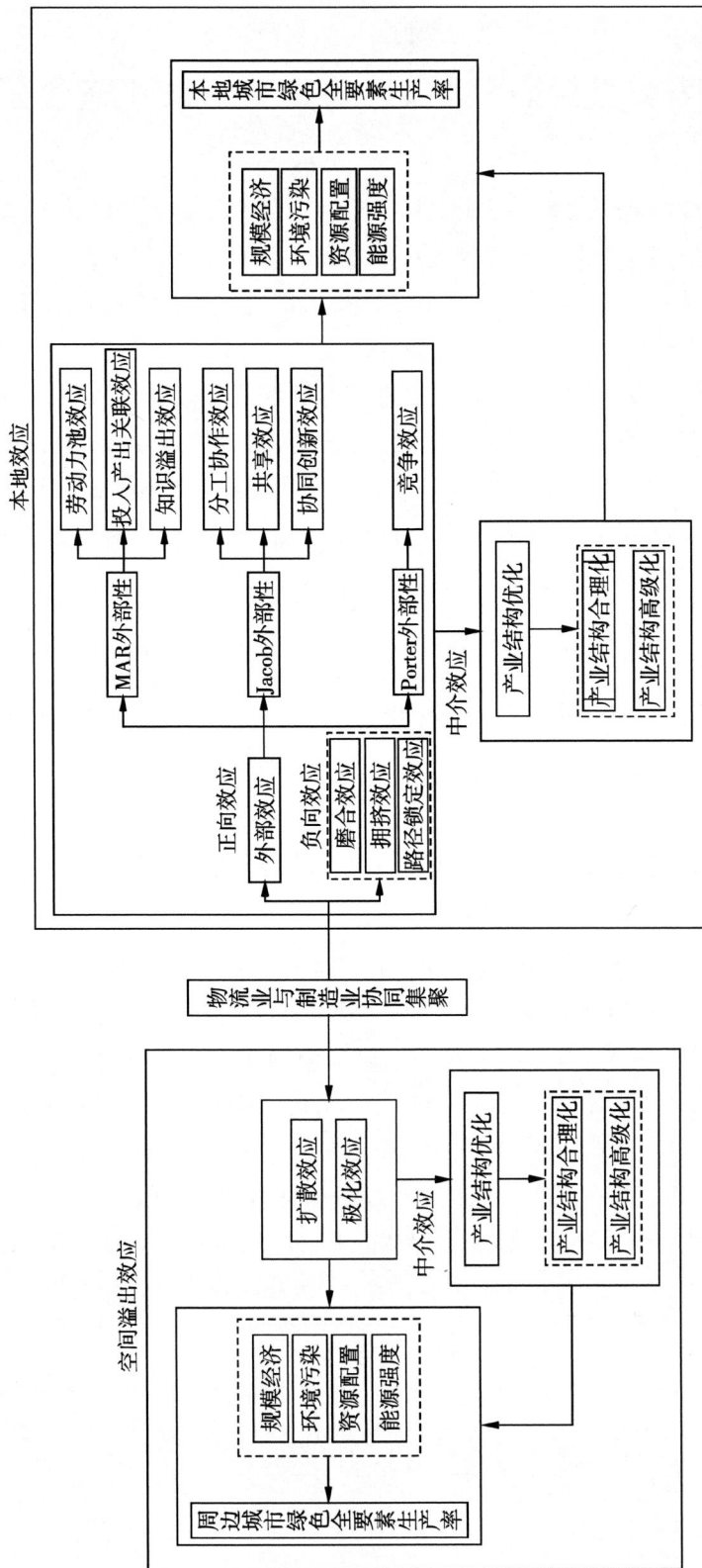

图3-1 物流业与制造业协同集聚影响GTFP的理论分析框架

（2）Jacobs 外部性。Jacobs 外部性主要通过分工协作效应、共享效应、协同创新效应影响城市 GTFP 增长。其中,分工协作效应是指随着制造业规模的不断扩大,物流业逐渐从制造业剥离出来,发展过程中互相促进和互相依赖,通过具有投入产出的前后向关联,物流业与制造业逐渐协同集聚,有利于形成互补性或配套的分工协同体系,降低制造企业运输成本、交易成本、沟通交流及分工协作成本,进而促进城市生产效率提高,带动城市 GTFP 增长;共享效应是指物流业与制造业在同一经济区域内集聚,有利于两业共享基础设施、人才、服务平台等资源,便于资源集中消耗、污染物的集中治理、异质性上下游产业间垂直或纵向关联,有助于构建循环经济体系,提高资源利用率和资源配置效率,推动两业协同绿色发展,促进 GTFP 增长;协同创新效应是指物流业与制造业协同集聚比专业化集聚更有利于跨行业碰撞,促进不同类型知识、创新技术相互融合,推进技术进一步创新和扩散,最终实现协同创新,推动 GTFP 增长。

（3）Porter 外部性。竞争效应是 Porter 外部性影响城市 GTFP 增长的主要原因。物流业与制造业在同一地区协同集聚,必然会引起同行业竞争。为了赢得客户,各企业会通过提升制造或服务能力,促进技术创新和技术进步,实现促进城市 GTFP 增长的目的。

3.2.1.2　负向效应

物流业与制造业协同集聚会产生磨合效应、拥挤效应和路径锁定效应等三种负向效应作用于本地城市 GTFP。

（1）磨合效应。在物流业与制造业协同集聚初期,物流企业与制造企业缺乏有效互动和深度融合,尚未发挥规模效应,产业布局不合理,存在资源错配和低效利用问题,两业之间协调性和适配性还有待加强,调整和优化原有生产、运营模式需要一定的时间,在该过程中对城市 GTFP 可能产生负面影响。

（2）拥挤效应。物流业与制造业在某一地区的产业集聚规模过度时,该区域的土地租金、交通费用、时间成本等就会相应增加,增加的相应成本抵消甚至超过了交易成本、人才搜寻成本等由于协同集聚带来的成本节约,从而降低了企业生产率。另外,密集的经济活动还会导致交通、公共基础设施拥挤以及环境恶化,规模效应逐渐消失,超出了本地区资源环境承载能力,阻碍城市 GTFP 的提升。

（3）路径锁定效应。物流业与制造业在同一地区内集聚,会同时吸引大量生产要素快速集聚,形成发展路径锁定。如果物流业与制造业发展路径选择不当会将产业带入恶性循环的发展模式,这种路径锁定阻碍了减排新技术变革和扩散,也对其他地区资源起到"挤占"效应。另外,由于存在沉没成本,产业协同集聚区的物流企业、制造企业退出门槛较高,导致生产率较低的企业长久停留最终演变成"僵尸企业",从而会降低相关企业的生产或服务效率,负锁定效应的协同集聚可能会降低城市 GTFP。

根据以上分析可知,物流业与制造业协同集聚和城市 GTFP 之间并非简单的线性关系:当物流业与制造业协同集聚水平较低时,物流服务水平不高,而且会与制造业争夺各种资源,物流业与制造业协同集聚对城市 GTFP 的负向效应大于正向效应,可能主要表现为负向影响,而随着物流业与制造业协同集聚水平的不断提升,其正向效应逐渐扩大,对城市 GTFP 的影响可能变为正向。由此提出第一个理论假说:

H1:在正向效应和负向效应共同作用下,物流业与制造业协同集聚和本地城市 GTFP 之间存在非线性的"U"型关系,即随着物流业与制造业协同集聚水平的提高,本地城市 GTFP 表现为先下降、后上升的变化趋势。

Williamson(1965)提出"威廉姆斯假说"(Williamson hypothesis),认为空间集聚在经济发展的不同时期对经济增长的影响会发生变化,在初期对效率提升作用较大,但当空间集聚达到一定规模门槛值时,空间集聚对经济增长的影响变小。根据该假说,物流业与制造业协同集聚对城市 GTFP 的作用受城市经济发展水平的影响,可能存在门槛。由此提出第二个理论假说:

H2:物流业与制造业协同集聚对城市 GTFP 的影响存在基于经济发展的单一门槛效应,在跨过门槛值之后其对城市 GTFP 的影响由正转负。

3.2.2　物流业与制造业协同集聚、空间溢出效应和城市 GTEP

扩散效应和极化效应等空间溢出效应是物流业与制造业协同集聚影响周边城市 GTFP 的重要因素。在物流业与制造业不断协同集聚的过程中,物流设施、制造设施及其他相关基础设施会得到不断完善,通过扩散效应为周边城市带来资本、人才、技术等资源,促进周边城市 GTFP 增长。但是如果城市形成了制造业增长极或物流业增长极,对周边城市产生极化效应,不断吸引周边城市资源在该城市集聚,阻碍了周边城市 GTFP 增长。根据张虎等(2017)的研究,中国制造业与生产性服务业以扩散效应区为主且仍在增多,极化效应区较少,因此,中国物流业与制造业集聚也可能呈现相同的特征。基于以上分析,提出第三个理论假说:

H3:在扩散效应和极化效应作用下,物流业与制造业协同集聚具有空间溢出效应,能够显著提升周边城市 GTFP。

3.2.3　物流业与制造业协同集聚、产业结构优化和城市 GTEP

产业结构优化是降低污染排放的有效途径和促进经济增长的重要驱动力,其中,产业结构的高级化和合理化是产业结构优化的重要部分。产业结构高级化指生产资源向价值链更高的产业转移配置;产业结构合理化是指生产要素和资源在价值链层产业部门之间进行流动配置,最终实现产业间协调发展和良性互动的目标。

物流业与制造业协同集聚,一方面,通过要素耦合效应,促进物流业与制造业之间资源的有效配置,推进产业间共生经济效应,改善资源结构,推动产业结构合理化;另一方面,通过产业关联效应,促进产业分工精细化、产业链不断延伸及互补性产业共同成长,提升物流业、制造业专业化集聚水平,推动先进制造业与现代物流业的快速发展,推动价值链更高产业转移配置,促进产业结构高级化。

　　产业结构高级化和合理化能够影响城市 GTFP。首先,产业结构优化必然导致集聚区企业之间的竞争更加激烈,"优胜劣汰"的竞争机制将逐步形成,从而促进企业生产工艺不断改进,研发投入不断加大,而资源和能源投入不断减少,生产效率得到不断提高。其次,产业结构优化可以使产业结构更加"清洁",节约大量资源和能源,降低污染排放,从而通过节约效应提高城市 GTFP;再次,产业结构优化会促使劳动力、能源、资本、土地等生产要素实现生产效率低行业到生产效率高行业的转移,优化资源配置,通过结构红利效应,进而会提高总生产率,促进经济增长,但是结构红利效应不一定存在,可能在某些地区或某个时间段存在,劳动力要素的产业间流动可能存在"结构红利"现象,但资本要素的产业间转移不一定满足"结构红利"假说,最终导致"结构负利"的情况产生,不能促进城市 GTFP 增长;最后,产业结构优化过程也是产业分工深化过程,由于分工专业化效应的存在,使得生产过程各个环节的专业化都得到不同程度的加强,规模报酬递增效应凸显,进而产业规模效率提升,城市 GTFP 增长得以实现。

　　基于以上分析,提出第四个理论假说:

　　H4:产业结构高级化和合理化在物流业与制造业协同集聚对城市 GTFP 的影响中发挥中介效应。

第4章 物流业与制造业协同集聚和城市 GTFP 的时空演化分析

第3章论述了物流业与制造业协同集聚影响城市 GTFP 的理论机制,然而二者之间的关系是否如理论分析那样,亟待验证。为此,本章对 2005—2018 年中国 284 个地级市及以上城市物流业与制造业协同集聚水平、城市 GTFP 进行测度,然后分析二者的时空演化特征,并对二者之间的关系进行初步判断。

4.1 研究方法

4.1.1 物流业与制造业协同集聚的测度方法

基于研究目的以及数据可得性,本书采用杨仁发(2013)对产业协同集聚水平的衡量方法,首先利用区位熵①计算城市物流业、制造业产业集聚度,然后通过产业集聚度的相对差异大小来衡量该城市两业协同集聚程度,具体计算公式如下:

$$LQ_{ji} = \frac{e_{ji}/E_j}{e_i/E} \tag{4-1}$$

$$LMCA_i = 1 - \frac{|LA_i - MA_i|}{LA_i + MA_i} \tag{4-2}$$

其中,LQ_{ji} 为 i 城市 j 产业的区位熵,表示 i 城市 j 产业在全国是否具有比较优势。若 $LQ_{ji} > 1$,表示 i 城市 j 产业在全国具有比较优势,在一定程度上反映出 j 产业的集聚能力较强;若当 $LQ_{ji} < 1$,则反之;若 $LQ_{ji} = 1$,表明 i 城市 j 产业在全国不具有显著的比较优势,j 产业的集聚能力并不明显。e_{ji} 为 i 城市 j 产业的从业人数,E_j 为全国 j 产业的从业人数,e_i 为 i 城市所有产业的从业人数,E 为全国所有产业的从业人数;$LMCA_i$ 为 i 城市物流业与制

---

① 哈盖特(Haggett)在进行区域分析时提出了区位熵的概念,区位熵不仅能直观反映区域产业发展空间格局特征,还能全面反映区域产业的发展强度,因此,该指标成为衡量产业专业化集聚最常用的指标。

造业协同集聚指数，LA_i、MA_i 分别为 i 城市物流业、制造业区位熵，代表 i 城市物流业集聚水平、制造业集聚水平。由公式（4-2）可知：i 城市的两个产业集聚水平越接近，产业协同集聚水平越高，这意味着，当 i 城市物流业集聚水平和制造业集聚水平均高或均一般或均低时，产业协同集聚水平较高，但是这几种情况下的产业协同集聚质量却有较大差异；当 i 城市物流业集聚水平高、制造业集聚水平低，或物流业集聚水平低、制造业集聚水平高时，产业协同集聚水平均较低，但是前者多出现于发展水平较高的地区。

4.1.2 城市绿色全要素生产率的测度方法

为了克服传统 MLPI、SMLPI、GMLPI 的缺陷，借鉴王兵等（2013）提出的 DDF-BMLPI 用来测度 GTFP：

$$
\begin{aligned}
BMLPI_t^{t+1} &= \frac{1 + \vec{D}_o^B(x^t, y^t, b^t; y^t, -b^t)}{1 + \vec{D}_o^B(x^{t+1}, y^{t+1}, b^{t+1}; y^{t+1}, -b^{t+1})} \\
&= \left[\frac{1 + \vec{D}_o^t(x^t, y^t, b^t; y^t, -b^t)}{1 + \vec{D}_o^{t+1}(x^{t+1}, y^{t+1}, b^{t+1}; y^{t+1}, -b^{t+1})} \right] \\
&\quad \times \left[\frac{1 + \vec{D}_o^B(x^t, y^t, b^t; y^t, -b^t)}{1 + \vec{D}_o^t(x^t, y^t, b^t; y^t, -b^t)} \times \frac{1 + \vec{D}_o^{t+1}(x^{t+1}, y^{t+1}, b^{t+1}; y^{t+1}, -b^{t+1})}{1 + \vec{D}_o^B(x^{t+1}, y^{t+1}, b^{t+1}; y^{t+1}, -b^{t+1})} \right] \\
&= GEC_t^{t+1} \times GTC_t^{t+1}
\end{aligned}
\tag{4-3}
$$

式中：GEC、GTC 分别表示绿色技术效率变化和绿色技术变化，$\vec{D}_o^t(x^t, y^t, b^t; y^t, -b^t)$ 表示在 t 期技术下，t 期评价对象的方向性距离函数。本书利用 DEA 来求解该函数，这需要解如下线性规划：

$$
\vec{D}_o^t(x^t, y^t, b^t; y^t, -b^t) = max\beta \quad s.t. \quad \sum_{k=1}^K z_k^t y_{km}^t \geqslant (1 + \beta) y_m^t, m = 1, \cdots, M;
$$

$$
\sum_{k=1}^K z_k^t b_{kj}^t = (1 - \beta) b_j^t, j = 1, \cdots, J; \sum_{k=1}^K z_k^t b_{kn}^t \leqslant x_n^t, n = 1, \cdots, N; z_k^t \geqslant 0, k = 1, \cdots, K
$$

$$
\tag{4-4}
$$

同理，可求两期技术下 $t+1$ 期评价对象的方向性距离函数 $\vec{D}_o^{t+1}(x^{t+1}, y^{t+1}, b^{t+1}; y^{t+1}, -b^{t+1})$。式中的 $\vec{D}_o^B(x^t, y^t, b^t; y^t, -b^t)$ 表示在 t 和 $t+1$ 期两期观测值构造的技术下（用 B 表示），t 期评价对象的方向性距离函数。利用 DEA 来求解方向性距离函数，这需要解线性规划：

$$\vec{D}_o^B(x^t, y^t, b^t; y^t, -b^t) = max\beta \quad s.t.$$

$$\sum_{k=1}^{K} z_k^t y_{km}^t + \sum_{k=1}^{K} z_k^{t+1} y_{km}^{t+1} \geqslant (1+\beta)y_m^t, m=1,\cdots,M;$$

$$\sum_{k=1}^{K} z_k^t b_{kj}^t + \sum_{k=1}^{K} z_k^{t+1} y_{kj}^{t+1} = (1-\beta)b_j^t, j=1,\cdots,J; \quad (4-5)$$

$$\sum_{k=1}^{K} z_k^t x_{kn}^t + \sum_{k=1}^{K} z_k^{t+1} x_{kn}^{t+1} \leqslant x_n^t, n=1,\cdots,N; z_k^t \geqslant 0, k=1,\cdots,K$$

同理,可求两期技术下 $t+1$ 期评价对象的方向性距离函数 $\vec{D}_o^B(x^{t+1}, y^{t+1}, b^{t+1}; y^{t+1}, -b^{t+1})$。

本书运用 Stata17 软件测算了 2005—2018 年中国 284 个地级及以上城市的绿色全要素生产率(GTFP)及其分解项绿色技术效率变化(GEC)、绿色技术变化(GTC)。若 GTFP>1(<1)表示城市绿色全要素生产率增长(下降),GEC、GTC>1(<1)表示管理和制度水平提升(下降)引起的绿色全要素生产率的改变、绿色技术进步(退步)引起的绿色全要素生产率的改变。

由于 DDF-BMLPI 反映的是本年度城市绿色全要素生产率相对于上一年度的变化率,借鉴程惠芳和陆嘉俊(2014)、汪辉平等(2016)、Shen 等(2019)等学者的做法,将 BMLPI 转换成累积城市绿色全要素生产率(GTFP),假定基年 2004 年 GTFP=1,2005 年 GTFP=2004 年 GTFP×2005BMLPI,并以此类推,绿色技术效率(GEC)和绿色技术变化(GTC)计算方法与 GTFP 相同。

在估算中国 284 个地级及以上城市 GTFP 时,采用的投入指标、产出指标如下。

4.1.2.1 投入指标

(1)劳动力投入。虽然从理论上讲,标准化的劳动时间更契合该指标,但由于种种因素的限制,该数据难以获得。因此,结合中国城市经济发展现状,本书选取城市年末单位从业人数表示劳动力投入水平。

(2)资本投入。选取资本存量来衡量资本投入,并借鉴张军等(2004)用永续盘存法进行计算,具体公式如下:

$$K_{it} = K_{i,t-1}(1-\delta_t) + I_{it} \quad (4-6)$$

其中,K_{it}、$K_{i,t-1}$ 分别表示第 i 个地区 t 年和 $t-1$ 年的资本存量;I_{it} 表示第 i 个地区 t 年的固定资产投资,采用固定资产投资价格指数将其换算为以 2004 年为基期的不变价格;δ_t 为第 t 年的折旧率,设定折旧率为 9.6%。

(3)能源消耗。以往学者们大多将折算为标准煤后的不同种类能源消耗量作为能源消耗指标,但无法获取各个城市的天然气、煤炭等不同种类的能源消耗数据。林伯强(2003)认为中国总能源的 GDP 弹性与电力需求相接近,因此,借鉴徐晓红等(2020)的做法,采用全市全年用电量表示能源消费水平。

4.1.2.2　产出指标

（1）期望产出。在已有文献关于城市 GTFP 测算中,期望产出一般采用地区国内生产总值（GDP）来表示。因而,本章将采用城市 GDP 作为期望产出指标,并利用价格指数换算为以 2004 年为基期的不变价格,以消除价格因素的影响。

（2）非期望产出。根据数据可得性,借鉴李德山和张郑秋（2020）的做法,选用城市工业废水排放量、工业二氧化硫排放量与工业烟尘排放量来表征城市非期望产出。

在研究时间跨度上,测算城市 GTFP 时间为 2004—2018 年,测算产业协同集聚度及其他控制变量时为 2005—2018 年[①];为了保证样本的统一性和数据的完整性,剔除了拉萨、巢湖、毕节、铜仁、莱芜等城市,最终选择了中国 284 个地级及以上城市为研究对象;主要指标是物流业与制造业相对集中的市辖区数据而非全市,采用插值法补齐个别缺失数据。数据主要来自 2005—2019 年《中国城市统计年鉴》《中国统计年鉴》和 30 个省区市统计年鉴,2005—2018 年 284 个地级及以上城市的国民经济公报。BMLPI 中的投入产出变量描述性统计如表 4-1 所示。

表 4-1　城市 GTFP 投入产出变量描述性统计

类型	指标	单位	样本量	平均值	标准差	最小值	最大值
投入	就业人数	百万人	4260	1.193	0.576	0.008	17.290
	资本存量	万亿元	4260	0.520	0.279	0.003	5.846
	城市全年全市用电量	百亿千瓦时	4260	1.536	0.937	0.002	16.000
期望产出	实际 GDP	百亿元	4260	16.910	8.117	0.098	233.600
非期望产出	工业二氧化硫排放量	千吨	4260	57.190	53.550	0.002	683.200
	工业废水排放量	千万吨	4260	9.282	7.109	0.007	93.810
	工业烟尘排放量	万吨	4260	3.302	2.731	0.003	53.610

4.1.3　空间分布方向性特征的测度方法

空间分布方向性分析是指区域经济属性在空间分布上的轮廓和主导方向。标准差椭圆（Standard Deviational Ellipse,SDE）是分析空间分布方向性特征的经典方法之一,其计算公式如下:

---

① 绿色全要素生产率 2004—2005 年度的数据对应产业协同集聚及其他解释变量、控制变量 2005 年的数据,依次类推。

标准差椭圆的形式为:

$$SDE_x = \sqrt{\dfrac{\sum\limits_{i=1}^{n} (x_i - \overline{X})^2}{n}} \tag{4-7}$$

$$SDE_y = \sqrt{\dfrac{\sum\limits_{i=1}^{n} (y_i - \overline{Y})^2}{n}} \tag{4-8}$$

其中,x_i 和 y_i 为要素的坐标,$\overline{X}$ 和 $\overline{Y}$ 为要素的平均中心坐标,n 为要素总数。

旋转角的计算方法为:

$$\tan\theta = \dfrac{A + B}{C} \tag{4-9}$$

$$A = (\sum_{i=1}^{n} \overline{x}^2_i - \sum_{i=1}^{n} \overline{y}^2_i) \tag{4-10}$$

$$B = \sqrt{(\sum_{i=1}^{n} \overline{x}^2_i - \sum_{i=1}^{n} \overline{y}^2_i)^2 + 4(\sum_{i=1}^{n} \overline{x_i}\overline{y_i})^2} \tag{4-11}$$

$$C = 2\sum_{i=1}^{n} \overline{x_i} \cdot \overline{y_i} \tag{4-12}$$

其中,$\overline{x_i}$ 和 $\overline{y_i}$ 为要素的平均中心和 X、Y 坐标的差。

X 轴和 Y 轴的标准差为:

$$\sigma_x = \sqrt{2} \sqrt{\dfrac{\sum\limits_{i=1}^{n} (\overline{x_i}\cos\theta - \overline{y_i}\sin\theta)^2}{n}} \tag{4-13}$$

$$\sigma_y = \sqrt{2} \sqrt{\dfrac{\sum\limits_{i=1}^{n} (\overline{x_i}\sin\theta - \overline{y_i}\cos\theta)^2}{n}} \tag{4-14}$$

SDE 通过椭圆的重心、方向、分布范围、扁率、转角等定量揭示数据空间分布特征及其时空演化过程。其中,重心是指椭圆的平均中心,反映数据空间分布结构的相对区位;椭圆的长半轴(X 轴)表示数据分布主要方向;短半轴(Y 轴)表示数据分布范围;扁率为长短半轴的比值;转角为长半轴与正北方向顺时针的夹角,表现地理要素分布方向。

4.2　物流业与制造业协同集聚时空演化分析

4.2.1　物流业与制造业协同集聚时间演化分析

本书选取的样本为 2005—2018 年中国 284 个地级市面板数据,按照国家统计局的划分标准将全国划分为东部、中部、西部、东北四区域。由公式 4-1、公式 4-2 计算得到中国 284 个地级及以上城市 2005—2018 年物流业集聚水平(LA)、制造业集聚水平(MA)、物流业与制造业协同集聚水平(LMCA),并计算其均值制作表 4-2 和图 4-1。

表 4-2　2005—2018 年中国整体及各区域物流业与制造业协同集聚度变化

年份	物流业与制造业协同集聚水平					物流业集聚水平					制造业集聚水平				
	全国	东部	中部	西部	东北	全国	东部	中部	西部	东北	全国	东部	中部	西部	东北
2005	0.676	0.667	0.711	0.629	0.729	0.851	0.880	0.850	0.870	0.735	0.873	1.136	0.821	0.689	0.785
2006	0.681	0.659	0.702	0.657	0.748	0.822	0.852	0.808	0.849	0.714	0.877	1.141	0.809	0.712	0.778
2007	0.658	0.628	0.680	0.647	0.709	0.836	0.842	0.843	0.846	0.776	0.860	1.152	0.769	0.693	0.752
2008	0.646	0.612	0.672	0.634	0.698	0.811	0.818	0.794	0.864	0.707	0.864	1.163	0.766	0.695	0.758
2009	0.641	0.625	0.655	0.637	0.654	0.796	0.834	0.762	0.836	0.683	0.863	1.183	0.766	0.677	0.746
2010	0.634	0.609	0.656	0.610	0.706	0.882	0.936	0.813	0.910	0.834	0.857	1.149	0.801	0.658	0.742
2011	0.655	0.632	0.675	0.644	0.696	0.795	0.833	0.743	0.816	0.772	0.852	1.137	0.775	0.673	0.754
2012	0.639	0.637	0.652	0.621	0.659	0.802	0.851	0.767	0.817	0.724	0.838	1.132	0.763	0.648	0.736
2013	0.662	0.636	0.680	0.662	0.688	0.883	0.871	0.908	0.908	0.795	0.820	1.119	0.748	0.646	0.665
2014	0.668	0.644	0.689	0.650	0.723	0.867	0.854	0.914	0.870	0.786	0.815	1.092	0.766	0.624	0.704
2015	0.663	0.637	0.699	0.634	0.712	0.859	0.834	0.893	0.874	0.804	0.832	1.110	0.790	0.627	0.734
2016	0.659	0.629	0.701	0.630	0.708	0.847	0.814	0.880	0.854	0.837	0.824	1.115	0.789	0.606	0.713
2017	0.669	0.641	0.723	0.627	0.715	0.846	0.815	0.852	0.875	0.843	0.828	1.130	0.797	0.612	0.671
2018	0.661	0.647	0.706	0.617	0.698	0.847	0.792	0.811	0.909	0.918	0.815	1.125	0.791	0.580	0.666
均值	0.658	0.636	0.686	0.636	0.703	0.839	0.845	0.831	0.864	0.781	0.844	1.135	0.782	0.653	0.729

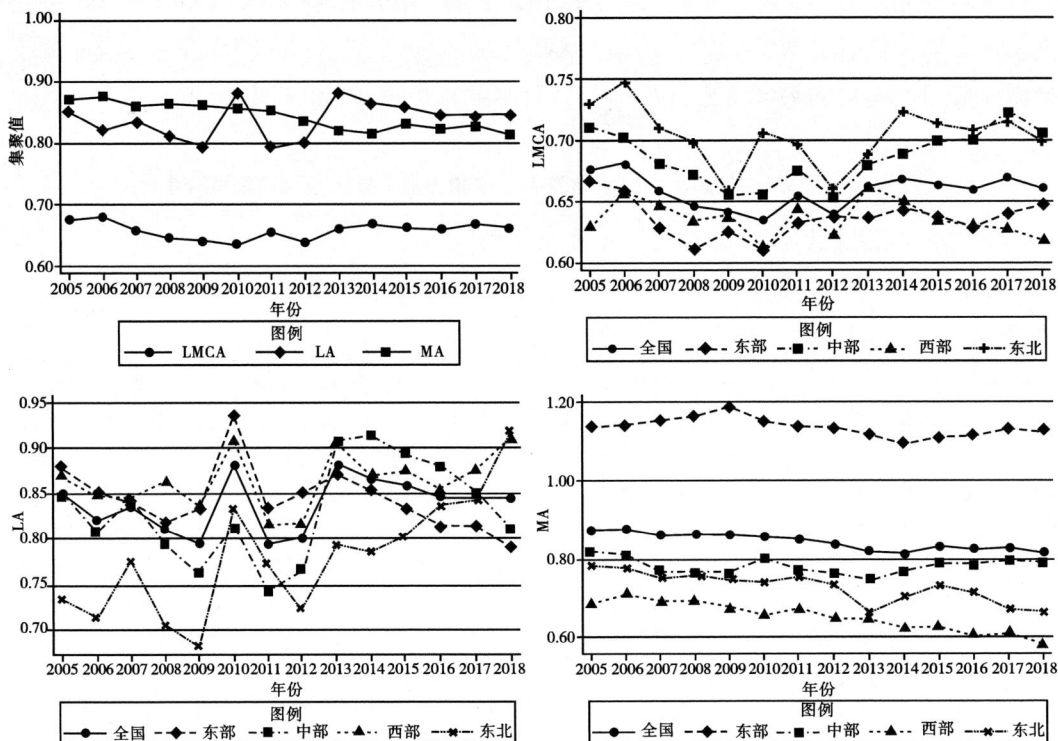

图 4-1　2005—2018 年全国及四大区域物流业集聚、制造业集聚及两业协同集聚水平变化趋势

4.2.1.1　全国物流业与制造业协同集聚时间演化

由表 4-2 和图 4-1 可知,2005—2018 年全国物流业与制造业协同集聚均值为0.658,属于中等水平,而且稳定在[0.6,0.7]狭小区间略微波动,大致呈"V"型时间演化特征,可以分为"下降—上升"两个阶段:第一阶段,下降期(2005—2010 年)。2005—2010 年物流业与制造业协同集聚水平由 0.676 下降至 0.634。第二阶段,上升期(2011—2018年)。2011—2018 年物流业与制造业协同集聚水平由 0.655 波动上扬至 0.661。

由公式 4-1、4-2 可知,物流业与制造业协同集聚水平主要跟物流业集聚水平和制造业集聚水平有关。因此,全国物流业与制造业协同集聚水平较为稳定的主要原因是中国物流业、制造业集聚水平也较为稳定,但是两者出现了截然相反的集聚趋势,制造业集聚呈持续下降态势,而物流业集聚水平呈波动上升态势。由于中国物流业发展相对制造业较为滞后,2010 年之前制造业集聚水平一直高于物流业集聚水平,较早出现了专业化集聚态势,而 2009 年国务院下发了中国第一个物流业专项规划《物流业调整和振兴规划》,也是十大振兴产业中唯一的服务业规划,自此物流业发展上升为国家战略,得到社会各界的关注和支持,不同类型的物流园区如雨后春笋般建立起来,成为物流业集聚的空间载体,促进了物流业快速集聚,2012 年之后物流业集聚水平持续高于制造业集聚水平。

4.2.1.2　分地区物流业与制造业协同集聚时间演化

由表 4-2 和图 4-1 可知,2005—2018 年,不同地域维度下物流业与制造业协同集聚水平均基本呈相似的波动变化,而且存在明显差异,表现出"东北—中部—东部—西部"递减的态势。东北和中部地区物流业与制造业协同集聚水平均值分别为 0.703、0.686,分别位列第一位、第二位,高于全国平均水平 0.658,且呈"W"型变化趋势,双谷底分别在2009 年和 2012 年;东部和西部地区物流业与制造业协同集聚水平均值都为 0.636,并列第三位,低于全国平均水平 0.658,分别呈"W"型和下降—上升交替进行的"锯齿"形变化趋势。不同区域物流业与制造业协同集聚水平出现不同的变化趋势,主要与不同区域物流业集聚水平和制造业集聚水平变化趋势有关:制造业集聚水平呈阶梯差异,东部地区均值为 1.135,高于全国平均水平 0.844 及其他三区域平均水平(中部、东北、西部分别为 0.782、0.729、0.653),除中部地区以外,均呈略微波动下降趋势;而物流业集聚水平区域差异较小,西部和东部物流业集聚水平分别为 0.864、0.845,高于全国平均水平0.839,而中部和东北地区物流业集聚水平分别为 0.831、0.781,低于全国平均水平 0.839,均呈"下降—上升"交替趋势,且在 2010 年达到局部小高峰。由以上物流业集聚水平、制造业集聚水平的变化趋势分析可知,由于东北和中部地区物流业集聚水平和制造业集聚水平差异较小,而东部和西部差异较大,导致物流业与制造业协同集聚呈"东北—中部—东部—西部"递减的态势。

4.2.2　物流业与制造业协同集聚空间演化分析

为了分析物流业与制造业协同集聚空间演化特征,首先运用 ArcGIS10.8 生成标准差椭圆[①]进行空间分布方向性分析(如表 4-3 所示),然后基于自然断裂点分级法将城市物流业集聚水平、制造业集聚水平、物流业与制造业协同集聚水平划分为 5 个层次(如表 4-4 所示)。

---

　　① 注:由于在处理图层时未进行投影坐标系转化,故椭圆长度、面积、长轴、短轴表示的是弧度单位。

表 4-3 2005—2018 年中国物流业集聚、制造业集聚及其协同集聚标准差椭圆参数变化

集聚类型	年份	周长	面积	重心坐标		X 轴长度	Y 轴长度	转角	扁率
LMCA	2005	59.334	259.067	114.463	33.013	11.436	7.212	48.050	1.586
	2006	59.638	261.078	114.378	33.084	11.522	7.213	48.544	1.597
	2007	59.456	259.904	114.295	33.067	11.469	7.214	48.526	1.590
	2008	59.645	261.708	114.274	33.053	11.499	7.245	48.518	1.587
	2009	59.506	261.687	114.268	33.056	11.418	7.296	49.087	1.565
	2010	59.611	262.975	114.341	33.099	11.422	7.329	48.564	1.558
	2011	59.295	260.038	114.288	32.982	11.369	7.281	48.939	1.561
	2012	59.178	262.086	114.375	32.870	11.198	7.450	49.375	1.503
	2013	59.483	260.985	114.257	32.990	11.436	7.264	49.273	1.574
	2014	59.934	264.810	114.330	32.997	11.530	7.311	50.422	1.577
	2015	59.553	260.375	114.441	32.999	11.504	7.205	49.639	1.597
	2016	59.569	260.514	114.415	33.005	11.507	7.207	49.790	1.597
	2017	58.979	255.716	114.413	32.942	11.378	7.154	49.213	1.590
	2018	58.111	249.531	114.371	32.981	11.152	7.123	49.103	1.566
LA	2005	60.268	272.037	113.905	32.753	11.394	7.600	45.991	1.499
	2006	61.015	278.929	113.815	32.794	11.530	7.701	46.891	1.497
	2007	61.495	281.326	113.906	32.895	11.717	7.643	45.484	1.533
	2008	60.950	278.117	113.686	32.786	11.528	7.680	47.155	1.501
	2009	61.200	280.675	113.717	32.958	11.563	7.727	46.375	1.496
	2010	62.090	288.005	113.829	33.197	11.773	7.787	46.662	1.512
	2011	61.760	285.846	113.952	33.199	11.668	7.799	46.946	1.496
	2012	61.369	283.743	113.903	32.953	11.518	7.842	47.399	1.469
	2013	61.809	290.955	113.772	32.991	11.429	8.104	50.062	1.410
	2014	60.958	281.705	113.804	33.010	11.346	7.904	49.134	1.436
	2015	61.220	282.666	113.758	33.083	11.474	7.842	49.683	1.463
	2016	61.420	283.797	113.851	33.224	11.549	7.822	49.543	1.476
	2017	61.405	284.584	113.795	33.279	11.498	7.879	50.937	1.459
	2018	63.298	301.974	113.739	33.378	11.874	8.096	52.142	1.467

续表 4-3

集聚类型	年份	周长	面积	重心坐标		X轴长度	Y轴长度	转角	扁率
MA	2005	57.299	251.497	114.643	32.435	10.501	7.624	47.779	1.377
	2006	57.425	252.933	114.555	32.418	10.501	7.667	48.155	1.370
	2007	57.625	255.281	114.576	32.347	10.497	7.741	48.863	1.356
	2008	57.404	253.438	114.562	32.289	10.449	7.721	48.287	1.353
	2009	57.535	254.824	114.632	32.244	10.456	7.758	48.202	1.348
	2010	57.048	251.003	114.594	32.162	10.333	7.733	47.534	1.336
	2011	57.316	252.050	114.593	32.182	10.476	7.659	47.690	1.368
	2012	56.920	248.110	114.684	32.152	10.436	7.568	46.105	1.379
	2013	56.888	247.851	114.566	31.905	10.429	7.565	44.801	1.379
	2014	56.825	246.248	114.669	31.983	10.487	7.475	45.271	1.403
	2015	56.852	246.251	114.722	32.004	10.506	7.461	44.350	1.408
	2016	56.358	242.236	114.774	31.987	10.399	7.415	44.054	1.403
	2017	55.746	237.628	114.675	31.859	10.245	7.383	44.310	1.388
	2018	55.510	236.491	114.748	31.938	10.140	7.424	43.302	1.366

表 4-4　集聚水平划分标准

	低集聚度	较低集聚度	中等集聚度	较高集聚度	高集聚度
物流业集聚水平	0.011—0.496	0.497—0.806	0.807—1.200	1.201—1.840	1.841—3.560
制造业集聚水平	0.004—0.375	0.376—0.709	0.710—1.060	1.061—1.500	1.501—3.080
物流业与制造业协同集聚水平	0.012—0.347	0.348—0.558	0.559—0.721	0.722—0.857	0.858—1.000

4.2.2.1　物流业与制造业协同集聚空间分布方向特征分析

由表 4-3 可知,首先,从空间分布重心看,2005—2018 年,物流业集聚、物流业与制造业协同集聚的空间分布重心始终在河南省驻马店市,制造业集聚分布重心始终在信阳市。三者重心移动方向不同,物流业集聚重心整体向西北移动,制造业集聚重心整体向东南移动,而物流业与制造业协同集聚重心整体向西南移动,但是移动距离最小。产生这种结果的原因可能在于:研究期内,重庆、西安、成都稳居中欧班列开行量前三名,以 2018 年末为例,其开行量占同期全国中欧班列的 67.8%,成为国内最主要的中欧班列集散地,推动了中国物流业集聚重心向西北方向移动,而制造业集聚主要受国内外市场的影响,尤其是国外市场拉动向沿海集聚,物流业集聚和制造业集聚共同作用使两业协同集聚重心向西南方向移动。

其次,从空间分布覆盖范围看,2005—2018 年制造业集聚、物流业与制造业协同集聚空间分布范围均在波动中呈下降趋势,前者椭圆面积在 2007 年达到最大值 255.281,然后波动下降至 2018 年的 236.491,而后者椭圆面积 2014 年达到最大值 264.810,然后一直下降至 2018 年的 249.531,主要跟两者椭圆的短半轴长度在波动变短有关;物流业集聚空间分布范围在波动中呈上升趋势,其椭圆面积在 2005 年最小为 272.037,到 2018 年达到最大值 301.974,也主要是跟椭圆的短半轴长度波动变长有关。

最后,从空间分布方向变化来看,物流业集聚椭圆转角由 2005 年的 45.991 波动上升至 2018 年的 52.142,制造业集聚椭圆转角由 2005 年的 47.779 增加到 2007 年的 48.863 再波动下降到 2018 年的 43.302,物流业与制造业协同集聚椭圆转角由 2005 年的 48.050 波动增加至 2014 年的 50.422 再波动下降至 2018 年的 49.103,说明中国物流业集聚、制造业集聚及物流业与制造业协同集聚在空间上均呈"东北—西南"方向,而且物流业集聚椭圆转角呈逆时针旋转,制造业集聚、物流业与制造业协同集聚均是先顺时针再逆时针旋转。三者椭圆的长轴和短轴长度相差较大,由此证实了物流业集聚、制造业集聚、物流业与制造业协同集聚的空间分布具有明显的方向性,而且三者扁率变化幅度较小,说明研究期内中国城市物流业集聚、制造业集聚、物流业与制造业协同集聚空间结构特征较为稳定,保持"南—北"方向为主,"东—西"方向为辅的空间结构。

4.2.2.2　物流业与制造业协同集聚空间格局演化分析

(1)物流业集聚空间格局演化分析。中国物流业集聚整体水平较低,区域差异不明显,主要集聚于东部京津冀城市群和长三角城市群,中部长江中游城市群,西部成渝、关中平原、北部湾、兰西等城市群,东北地区齐齐哈尔、黑河、呼伦贝尔等黑龙江、内蒙古交界处。2005 年高水平集聚城市为防城港、黑河、秦皇岛、齐齐哈尔、徐州、大同等 15 个城市,较高集聚水平城市为 46 个,中等及以下水平城市为 223 个,占比达 78.5%;2011 年高水平集聚城市减少到 11 个,较高集聚水平城市减少到 41 个,中等及以下水平城市增加至 232 个,占比达 81.7%;2018 年高水平集聚城市略微增加至 13 个,较高集聚水平城市继续减少至 31 个,中等及以下水平城市增加至 240 个,占比达 84.5%。

(2)制造业集聚空间格局演化分析。中国制造业集聚空间分异显著,主要分布于东部沿海地区,呈现"五核连片"演化特征。其中,"五核"是指京津冀、山东半岛、长三角、海峡西岸、珠三角等东部沿海地区城市群,"连片"是指制造业核心集聚区域向周边扩散并逐渐连为一体。具体来看,2005 年高水平集聚城市为 25 个,较高集聚水平城市为 70 个,中等及以下水平城市为 189 个,占比达 66.5%;2011 年高水平集聚城市增加到 29 个,较高集聚水平城市减少到 58 个,中等及以下水平城市增加至 197 个,占比达 69.4%;2018 年高水平集聚城市略微减少至 26 个,较高集聚水平城市继续减少至 47 个,中等及以下水平城市增加至 211 个,占比达 74.3%。

（3）物流业与制造业协同集聚空间格局演化分析。中国物流业与制造业协同集聚空间分异显著，主要以城市群为核心载体，呈现"核心—外围"的地理分布特征，同水平协同集聚城市连片分布明显，集聚重心向中西部转移，整体集聚略有下降。2005 年，各区域物流业与制造业协同集聚高低交错，协同集聚主要分布于东部京津冀、长三角等城市群，中部中原城市群、长江中游城市群，西部成渝城市群、关中平原城市群、广西壮族自治区，东北地区哈长城市群、辽中南城市群，以高水平协同集聚城市为核心，其他水平协同集聚城市分布其外围，而且同水平协同集聚呈片状分布，高水平协同集聚城市有 74 个，低水平协同集聚城市有 28 个；2011 年相比较 2005 年，除了长三角城市群物流业与制造业协同集聚水平提高较大而且连片分布，其他区域变化不大；2018 年，以郑州、焦作、平顶山、信阳、蚌埠、宿州等高水平物流业与制造业协同集聚城市为核心的中原城市群，以武汉、长沙、南昌、咸宁、九江等高水平协同集聚城市为核心的长江中游城市群，以重庆、成都、雅安、乐山、眉山等高水平协同集聚城市为核心的成渝城市群等中西部城市群集聚水平不断提升，除了天津、青岛、大连、厦门、丹东、通化、东营等城市外，其他沿海城市均降为较高水平以下，而且集聚重心向中西部转移。另外，高水平物流业与制造业协同集聚城市降为 60 个，低水平协同集聚城市增加至 36 个。

总之，物流业与制造业协同集聚空间分异显著，主要以城市群为核心载体，呈现"核心—外围"的地理分布特征，同水平物流业与制造业协同集聚城市连片分布明显，集聚重心向中西部转移，整体集聚略有下降，而物流业集聚整体水平较低，区域差异不明显，制造业主要集聚于东部沿海地区，而且有连片发展趋势。可能的原因是，自我国改革开放以来，优先发展东部沿海地区政策及沿海港口的交通优势吸引了大批制造企业在东部沿海地区建厂，东部制造业得到飞速发展，而物流业的发展有别于制造业，它主要是服务于生产、生活，贯穿于国民经济的各个领域，于是在国家物流业发展战略的引导下，各地纷纷建设物流园区、物流中心等物流基础设施，尤其是中欧班列的开通更使地区争夺资源的情况出现，导致各地区物流业集聚程度差异不太明显，物流业与制造业不同的集聚特征是两者协同集聚空间分异的主要原因。

4.3　城市 GTFP 时空演化分析

4.3.1　城市绿色全要素生产率时间演化分析

根据公式 4-3 测算城市 GTFP 变动及其分解项，结果如表 4-5、图 4-2 所示。

表 4-5 2005—2018 年中国城市 GTFP 及分解项变化

年份	GTFP					绿色技术效率					绿色技术进步				
	全国	东部	中部	西部	东北	全国	东部	中部	西部	东北	全国	东部	中部	西部	东北
2005	0.992	0.974	0.995	0.992	1.028	1.043	1.066	1.040	1.019	1.051	0.959	0.919	0.965	0.986	0.983
2006	1.022	0.999	1.019	1.040	1.043	1.044	1.058	1.030	1.053	1.020	0.984	0.947	0.994	0.997	1.024
2007	1.060	1.031	1.038	1.088	1.116	1.057	1.042	1.044	1.070	1.096	1.008	0.991	1.006	1.021	1.028
2008	1.088	1.073	1.047	1.120	1.144	1.027	1.008	1.009	1.032	1.102	1.065	1.066	1.039	1.094	1.051
2009	1.134	1.121	1.089	1.162	1.206	1.025	1.001	1.029	1.026	1.078	1.110	1.121	1.066	1.132	1.134
2010	1.150	1.163	1.075	1.179	1.221	1.016	0.999	0.979	1.030	1.108	1.140	1.168	1.098	1.150	1.139
2011	1.154	1.141	1.113	1.204	1.159	0.987	0.971	0.989	1.018	0.944	1.176	1.179	1.127	1.190	1.244
2012	1.178	1.170	1.120	1.238	1.187	0.994	1.011	0.974	1.015	0.946	1.200	1.166	1.161	1.241	1.275
2013	1.198	1.198	1.142	1.237	1.232	0.992	0.993	0.987	0.987	1.011	1.223	1.212	1.175	1.271	1.247
2014	1.219	1.206	1.155	1.278	1.260	0.980	0.962	0.982	0.999	0.972	1.250	1.261	1.188	1.273	1.313
2015	1.257	1.232	1.170	1.337	1.323	0.989	0.970	0.979	1.016	0.989	1.279	1.277	1.207	1.319	1.355
2016	1.335	1.320	1.274	1.377	1.411	0.964	0.943	0.988	0.961	0.967	1.394	1.405	1.302	1.437	1.477
2017	1.356	1.352	1.266	1.396	1.479	0.918	0.916	0.930	0.898	0.940	1.485	1.493	1.371	1.538	1.600
2018	1.389	1.397	1.280	1.418	1.552	0.920	0.918	0.925	0.910	0.933	1.513	1.540	1.393	1.543	1.660
几何均值	1.024	1.024	1.018	1.025	1.032	0.994	0.994	0.994	0.993	0.995	1.030	1.031	1.024	1.031	1.037

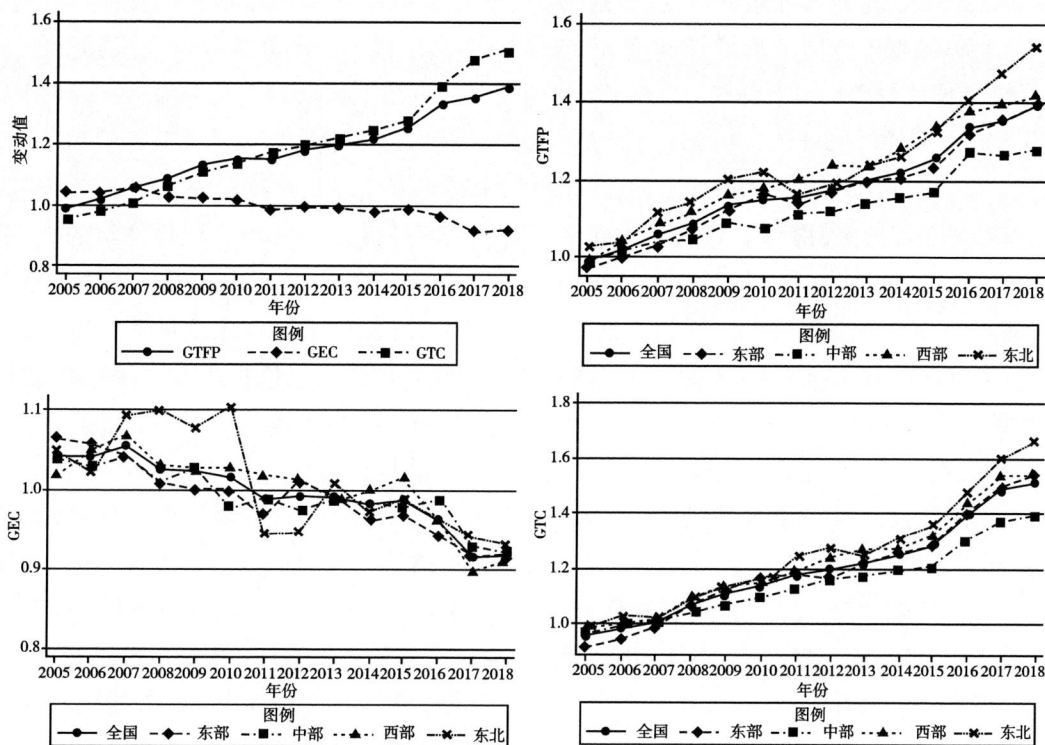

图 4-2 2005—2018 年全国及四大区域城市 GTFP 及其分解项的变动趋势

4.3.1.1 全国城市 GTFP 及其分解项时间演化分析

由表 4-5 和图 4-2 可知,2005—2018 年全国城市 GTFP、绿色技术进步和绿色技术效率的年均增长分别为 2.4%、3.0% 和 -0.6%,2018 年比 2005 年分别增加了 40.0%、57.8%、-11.8%。从整体来看,城市 GTFP、绿色技术进步呈增长趋势,而绿色技术效率呈下降趋势。这说明全国城市 GTFP 增长主要受绿色技术进步的推动,与 Tao 等(2017)、Liu 等(2020)的观点较为一致,绿色技术进步带来的"增长效应"弥补了绿色技术效率下降对城市 GTFP 的负向作用,而且由绿色技术效率推动转为绿色技术进步驱动:2005—2007 年,绿色技术效率实现了提升而绿色技术进步不大,该阶段中国城市 GTFP 增长主要靠提高资源配置效率推动;从 2008 年开始,绿色技术进步速度超过了绿色技术效率提升速度,而且绿色技术持续进步,绿色技术效率逐渐下降,尤其是"十三五"以来,两者差距急速拉大。这说明受经济危机的影响,资源配置效率不断降低,由于经济进入新常态和高质量发展阶段,绿色技术进步成为促进城市 GTFP 增长的主要驱动力。

4.3.1.2 分地区城市 GTFP 及其分解项时间演化分析

由表 4-5 和图 4-2 可知,2005—2018 年,中国四大区域 GTFP 均呈增长态势,但存在地区差异,其增长动力均来自绿色技术进步。总体来看,东北地区 GTFP 增长速度最快,为3.2%；其次是西部和东部地区，分别为2.5%和2.4%；中部地区增长最慢，年均增长仅为1.8%，低于全国平均增长速度2.4%。而四大区域GTFP分解项发展呈相反的方向，绿色技术效率均呈下降趋势，而且下降速度几乎一致（东北、东部、中部、西部分别为-0.5%、-0.6%、-0.6%、-0.7%）；四大区域绿色技术进步趋势跟城市GTFP较为一致，表现为持续增长的趋势，其中东北地区绿色技术进步平均增长速度最快，为3.7%，其次为东部和西部地区，均为3.1%，而中部平均增长速度最慢，为2.4%。值得注意的是，东北地区GTFP和技术进步增长速度最快，西部和东部地区次之，中部地区增长最慢。原因可能在于：2007年国务院批复了《东北地区振兴规划》，深化了工业企业体制机制创新，加大了资源型城市可持续发展力度，2007—2010年东北地区绿色技术效率增长幅度较大，而其他区域绿色技术效率仍处于下降通道，而且东北地区样本城市最少，仅为34个，本溪、大连、鞍山等"优秀离群城市"较大地提高了东北地区GTFP平均水平；尽管东部地区整体经济发展水平较高，但是污染排放也较多，而西部地区具有环境质量优势，并在"西部大开发"和"一带一路"倡议的支持下，显著提高了西部地区的经济发展水平，且河池、白银、咸阳、南充等"优秀离群城市"也提高了西部GTFP平均水平，由于GTFP是基于多投入、多产出视角对经济、环境的综合考量，导致东部和西部GTFP增长水平不相上下；相对于东部沿海开放、西部大开发和振兴东北等老工业基地等国家战略，中部崛起战略实施最晚，这可能是中部地区GTFP增长最慢的原因之一。值得注意的是，在2015年"十三五"将绿色发展理念作为国民经济发展的重要方向后，四个地区的GTFP出现了陡峭的上升。

总之，中国城市GTFP和绿色技术进步整体呈持续增长趋势，而绿色技术效率呈下降趋势，全国城市GTFP增长主要受绿色技术进步的推动，绿色技术进步带来的"增长效应"弥补了绿色技术效率下降对城市GTFP的负向作用，而且由绿色技术效率推动转为绿色技术进步驱动。分区域来看，城市GTFP、绿色技术进步平均增长速度由快到慢依次是东北、西部、东部、中部，绿色技术效率下降速度由快到慢的依次是西部和东部、中部、东北。

4.3.2　城市绿色全要素生产率空间演化分析

与物流业与制造业协同集聚空间演化分析的思路一致，首先运用ArcGIS10.8生成标准差椭圆进行空间分布方向性分析（如表4-6所示），然后基于自然断裂点分级法将GTFP及其分解项划分为5个层次（如表4-7所示）。

表 4-6　2005—2018 年中国 GTFP 及其分解项标准差椭圆参数变化

GTFP 类型	年份	周长	面积	重心坐标		X 轴长度	Y 轴长度	转角	扁率
GTFP	2005	61.034	278.230	114.064	32.965	11.576	7.651	49.056	1.513
	2006	60.801	275.939	114.013	32.947	11.540	7.612	49.167	1.516
	2007	61.045	277.490	114.051	33.016	11.619	7.603	49.117	1.528
	2008	61.004	276.899	114.064	32.988	11.621	7.585	49.247	1.532
	2009	61.098	277.529	114.081	33.036	11.649	7.584	48.942	1.536
	2010	61.096	277.995	114.077	33.028	11.626	7.611	49.258	1.527
	2011	60.853	277.726	113.922	32.985	11.486	7.697	49.454	1.492
	2012	60.394	273.295	113.933	33.050	11.412	7.623	49.238	1.497
	2013	60.422	273.156	114.010	33.097	11.437	7.603	49.618	1.504
	2014	60.310	271.875	113.960	33.060	11.429	7.573	49.759	1.509
	2015	60.687	274.531	113.937	33.101	11.537	7.575	50.003	1.523
	2016	60.154	269.198	114.063	33.035	11.460	7.477	49.606	1.533
	2017	60.517	272.958	114.097	33.187	11.506	7.552	50.525	1.524
	2018	60.653	274.080	114.136	33.183	11.537	7.562	50.557	1.526
GEC	2005	60.962	277.962	114.147	32.920	11.544	7.665	49.219	1.506
	2006	60.707	275.689	114.026	32.856	11.493	7.636	49.459	1.505
	2007	60.847	275.984	114.082	33.069	11.567	7.595	49.740	1.523
	2008	61.168	277.131	114.169	33.042	11.709	7.534	48.987	1.554
	2009	60.664	273.646	114.144	33.063	11.564	7.533	48.894	1.535
	2010	61.021	276.106	114.125	33.095	11.668	7.533	49.119	1.549
	2011	60.225	272.484	113.874	32.847	11.344	7.646	49.296	1.484
	2012	59.677	266.936	113.945	32.749	11.272	7.539	48.250	1.495
	2013	60.219	270.776	114.087	32.957	11.425	7.545	48.440	1.514
	2014	59.818	267.182	113.966	32.911	11.349	7.494	49.069	1.514
	2015	60.343	271.184	113.933	32.875	11.483	7.518	49.060	1.527
	2016	59.646	265.333	114.034	32.855	11.332	7.453	48.108	1.520
	2017	59.809	266.821	114.123	32.971	11.361	7.476	48.632	1.520
	2018	59.753	266.756	114.051	32.947	11.329	7.495	49.061	1.512

续表 4-6

GTFP 类型	年份	周长	面积	重心坐标		X 轴长度	Y 轴长度	转角	扁率
GTC	2005	60.984	278.699	113.950	32.976	11.522	7.700	49.634	1.496
	2006	61.037	278.906	114.022	33.018	11.545	7.690	49.614	1.501
	2007	61.030	279.353	114.025	32.912	11.519	7.720	49.239	1.492
	2008	60.832	278.713	113.960	32.900	11.422	7.768	49.989	1.470
	2009	61.386	282.876	114.013	32.933	11.573	7.781	49.889	1.487
	2010	61.197	281.909	114.030	32.910	11.498	7.805	49.886	1.473
	2011	61.679	284.473	114.126	33.078	11.683	7.751	49.818	1.507
	2012	61.734	285.235	114.044	33.232	11.681	7.773	50.591	1.503
	2013	61.258	281.893	113.977	33.099	11.539	7.777	50.731	1.484
	2014	61.425	283.239	114.087	33.109	11.580	7.786	50.342	1.487
	2015	61.412	282.647	114.062	33.168	11.601	7.756	50.616	1.496
	2016	61.430	282.207	114.080	33.127	11.635	7.721	50.995	1.507
	2017	61.689	285.199	114.056	33.152	11.654	7.790	51.354	1.496
	2018	61.825	286.204	114.145	33.146	11.692	7.792	50.937	1.500

表 4-7 城市 GTFP 增长水平划分标准

项目	快速下降	缓慢下降	低增长	较高增长	高增长
GTFP	0.302—0.787	0.788—1.000	1.001—1.220	1.221—1.540	1.541—3.270
绿色技术效率	0.505—0.830	0.831—1.000	1.001—1.180	1.181—1.440	1.441—1.960
绿色技术变化	0.321—0.701	0.702—1.000	1.001—1.300	1.301—1.600	1.601—4.330

4.3.2.1 城市 GTFP 及分解项空间分布方向特征分析

由表 4-6 可知,首先,从空间分布重心看,2005—2018 年,城市 GTFP 及其分解项的空间分布重心始终在河南省驻马店市;三者重心移动方向不同,城市 GTFP 重心先向西北再向东北移动,城市绿色技术效率重心先向西南再向东北移动,城市绿色技术进步重心向东北移动。

其次,从空间分布覆盖范围看:2005—2018 年,城市 GTFP 及绿色技术效率空间分布范围均在波动中呈下降趋势,两者椭圆面积均在 2005 年为最大值,分别是 278.230、277.962,然后波动下降至 2016 年的最小值,分别为 269.198、265.333,随后上升至 2018 年的 274.080、266.756,但是仍然小于 2005 年值,主要跟两者椭圆的短半轴长度在波动变短有关;城市绿色技术进步空间分布范围在波动中呈上升趋势,其椭圆面积在 2005 年最小为 278.699,到 2018 年达到最大值为 286.204,也主要是跟椭圆的短半轴长度波动变长有关。

最后,从空间分布方向变化来看,城市 GTFP 椭圆转角由 2005 年的 49.056 波动上升至 2018 年的 50.557,城市技术效率椭圆转角由 2005 年的 49.219 波动下降至 2018 年的 49.061,城市技术进步椭圆转角由 2005 年的 49.634 波动上升到 2018 年的 50.937。这说明中国城市 GTFP 及其分解项在空间上均呈“东北—西南”方向,而且城市 GTFP 及技术进步椭圆转角呈顺时针旋转,技术效率椭圆呈逆时针旋转。三者椭圆的长轴和短轴长度相差较大,由此证实了中国城市 GTFP 及其分解项空间分布具有明显的方向性,而且三者扁率变化幅度较小,说明研究期内中国城市 GTFP 及其分解项空间结构特征较为稳定,保持“南—北”方向为主、“东—西”方向为辅的空间结构。

4.3.2.2　城市 GTFP 及其分解项空间格局演化分析

(1)城市 GTFP 增长空间格局演化分析。城市 GTFP 增长空间分布差异显著,高增长区域由“分散分布”向“一核五群多点”集聚演化。2005 年,GTFP 高增长的城市仅有梅州市和渭南市,较高增长的城市有白山、辽源、潮州、安顺、曲靖,低增长的城市主要分布在东北和西部地区,绝大多数城市 GTFP 为下降;2011 年,GTFP 高增长的城市主要集中于西部地区的兰西城市群和关中平原城市群,以及周边的固原市、庆阳市等地区,数量增长至 26 个城市,除了环渤海地区城市 GTFP 增长较高以外,其他沿海地区城市 GTFP 增长较低;2018 年,城市 GTFP 高增长演化为“一核五群多点”格局,其中“一核”是指包括山东半岛城市群、京津冀城市群、辽中南城市群、山西省和内蒙古自治区中部地区的环渤海地区,“五群”是指西部的兰西城市群、关中平原城市群、成渝城市群、北部湾城市群以及中部的长江中游城市群,“多点”是指沿海地区的上海市、温州市、福州市以及西部地区的昆明、乌鲁木齐等城市,城市 GTFP 高增长和较高增长的城市分别为 87 个、86 个,占全部城市的 60.9%。

(2)城市绿色技术效率增长空间格局演化分析。中国城市绿色技术效率增长城市较为分散,整体呈下降趋势。2005 年绿色技术效率高增长的城市仅包括梅州、潮州、忻州、临沧、黑河 5 个,较高增长的城市有曲靖、宿迁、苏州、长沙、烟台、威海、连云港、南昌、湛江、哈尔滨等 25 个,低增长的城市有 30 个,下降的城市共计 224 个;2011 年绿色技术效率高增长的城市为百色、娄底、六盘水、株洲、固原、晋中、咸阳 7 个,较高增长的城市为 26 个,低增长的城市增长为 52 个,下降的城市为 196 个;2018 年绿色技术效率高增长的城市减少为朝阳、南充、张家界 3 个,较高增长的城市减少为 15 个,低增长的城市减少为 35 个,下降的城市增长为 231 个。

(3)城市绿色技术进步空间格局演化分析。中国城市技术由“局部进步”演化为“全面进步”,低速增长区域呈集中分布。2005 年,绿色技术高增长的城市仅有渭南市和白银市,较高增长的城市为安顺市和乌兰察布市,低增长的城市为乌海、平凉、张家口、白山 4

个城市,其他276个城市均表现为技术退步;2011年,绿色技术高增长和较高增长的城市主要分布于东北和西部地区,大部分城市绿色技术进步是低增长;2018年,绿色技术高增长和较高增长的城市主要分布于哈长、辽中南、京津冀、山东半岛、长三角、珠三角、长江中游(环鄱阳湖城市群除外)、北部湾、成渝、关中平原、兰西、呼包鄂榆等城市群,低增长城市主要分布于中部中原城市群和环鄱阳湖城市群、东部海峡西岸城市群西部以及东北地区哈长城市群西部。

　　总之,城市 GTFP 增长空间分布差异显著,高增长区域由"分散分布"向"一核五群多点"集聚演化;绿色技术效率增长城市较为分散,整体呈下降趋势;由"局部绿色技术进步"演化为"全面绿色技术进步",低速增长区域呈集中分布。

第 5 章 | 物流业与制造业协同集聚影响城市 GTFP 的空间溢出效应

第 3 章主要从本地效应、空间溢出效应、中介效应对物流业与制造业协同集聚影响城市 GTFP 的理论机理进行了分析,而且物流业与制造业协同集聚具有正向效应和负向效应,第 4 章对物流业与制造业协同集聚和城市 GTFP 的时空演化进行分析时发现,二者之间可能存在非线性关系。因此,从本章开始进行深入的实证检验。本章主要基于 2005—2018 年中国 284 个地级及以上城市的面板数据,运用空间计量模型进行实证分析,验证物流业与制造业协同集聚影响城市 GTFP 的空间效应。

5.1 研究设计

5.1.1 研究方法

5.1.1.1 空间计量模型

空间计量模型能够结合空间地理因素与经济环境因素进行分析,克服 OLS 方法忽略样本空间相关性和异质性而造成误差的问题。常用的空间计量模型主要包括空间滞后模型(spatial lag model,SLM)、空间误差模型(spatial error model,SEM)和空间杜宾模型(spatial dubin model,SDM)。

(1)空间滞后模型(SLM)。该模型主要用于分析被解释变量观测值与周边地区的被解释变量观测值是否相关,空间滞后项反映了空间异质性,其计算公式为:

$$y_{it} = \partial + \rho \sum_{j=1}^{N} W_{ij} y_{it} + \beta X_{it} + u_i + v_t + \varepsilon_{it}$$
$$\varepsilon_{it} : N(0, \sigma^2 I_n)$$

$$(5-1)$$

式中 y_{it} 是被解释变量;∂ 为常数项;ρ 为空间相关系数,反映被解释变量观测值空间关联度;X_{it} 为解释变量;β 为解释变量系数;u_i 为个体效应;v_t 为时间效应;ε_{it} 为随机扰动项;σ 为随机扰动项的方差;I_n 为单位矩阵。$\sum_{j=1}^{N} W_{ij} y_{it}$ 是空间滞后项;W_{ij} 是空间权重矩阵。

(2)空间误差模型(SEM)。该模型主要用于分析误差因素对区域经济活动的影响,其空间异质性通过随机扰动项反映出来,其计算公式为:

$$y_{it} = \partial + X_{it}\beta + u_i + v_t + \mu_{it}$$
$$\mu_{it} = \lambda \sum_{j=1}^{N} W_{ij}\mu_{it} + \varepsilon_{it}, \varepsilon_{it} : N(0, \sigma^2 I_n) \tag{5-2}$$

式中 λ 为空间误差相关系数,衡量区域间随机干扰项对因变量的影响; μ_{it} 为空间误差项,在空间上具有相关性; $\sum_{j=1}^{N} W_{ij}\mu_{it}$ 是空间误差滞后项。

(3)空间杜宾模型(SDM)。该模型同时考虑了被解释变量和解释变量的空间相关性,其计算公式为:

$$y_{it} = \partial + \rho \sum_{j=1}^{N} W_{ij}y_{it} + X_{it}\beta + \lambda \sum_{j=1}^{N} W_{ij}X_{it} + \nu_i + \varphi_t + \varepsilon_{it}$$
$$\varepsilon_{it} : N(0, \sigma^2 I_n) \tag{5-3}$$

具体选择哪种空间计量模型,可以通过理论分析(被解释变量与哪些自变量存在交互效应)或统计检验(Hausman 检验、LM 检验、LR 检验或 Wald 检验)来确定。

5.1.1.2 空间自相关检验

目前常用莫兰指数(Moran's I)检验空间自相关,包括全局莫兰指数(Global Moran's I)和局部莫兰指数(Local Moran's I),本书运用 ArcGIS10.8 软件来进行测量。

(1)全局空间自相关。当分析变量全局空间特征时,一般采用全局莫兰指数进行测度,其计算公式为:

$$I = \frac{\sum_{i=1}^{n} \sum_{j=1}^{n} W_{ij}(x_i - \bar{x})(x_j - \bar{x})}{S^2 \sum_{i=1}^{n} \sum_{j=1}^{n} W_{ij}} \tag{5-4}$$

式中 I 为全局莫兰指数, $S^2 = \frac{1}{n}\sum_{i=1}^{n}(x_i - \bar{x})^2$ 为样本方差, x_i 、 x_j 为空间位置 i 和 j 的观察值, W_{ij} 为空间权重矩阵(后面进行详细介绍)。 I 的取值范围一般是 $[-1,1]$ 。当 $I>0$ 时,表示变量存在空间正相关;当 $I<0$ 时,表示存在空间负相关;当 $I=0$ 时,表示不存在空间相关性。

(2)局部空间自相关。全局莫兰指数衡量的是整体空间集聚情况,为了更好地衡量区域之间差异性集聚情况,使用局部空间自相关指数(Local Moran's I)更为合理,其计算公式为:

$$I_i = \sum_{j=1}^{n} W_{ij}z_i z_j \tag{5-5}$$

式中: z_i 和 z_j 表示地区 i 和地区 j 标准化后的某个属性值, W_{ij} 表示标准化后的空间权重矩阵。当局部 Moran's I 指数值 >0 时,表示同类型属性值空间单元比较邻近;当局部 Moran's I 指数值 <0 时,表示不同类型属性值空间单元比较邻近。根据 LISA(local indicators of spatial association)集聚图可以将空间单元集聚分为"高—高"集聚(High-High)、"高—低"集聚(High-Low)、"低—高"集聚(Low-High)、"低—低"集聚(Low-Low)等四种集聚模式。其中,"高—高"集聚(High-High)模式是指本地区和周边地区属性值均高;"高—低"集聚(High-Low)模式是指本地区属性值高,而周边地区属性值低,是一种集聚高地;"低—高"集聚(Low-High)模式是指本地区属性值低,而周边地区属性值高,出现集聚洼地;"低—低"集聚(Low-Low)模式是指本地区和周边地区属性值均低。

5.1.2　模型构建

借鉴 Miller 和 Upadhyay(2000)的研究思路,假定城市生产函数为柯布-道格拉斯生产函数,其具体形式如下:

$$Y_{it} = A_{it}(g)F(K, L, E) \tag{5-6}$$

其中,i 为城市;t 为年份;Y 表示国内生产总值;K 为资本投入;L 代表劳动力投入;E 则是能源投入;$A_{it}(g)$ 表示希克斯中性(Hicks-neutral)技术进步的效率函数。本书认为城市 GTFP 不仅受到城市人力资本水平的影响,而且还会受到物流业与制造业协同集聚水平的影响。据此,在式(5-6)的基础上引入物流业与制造业协同集聚变量。参考 Hulten 等(2006)的做法,假定生产函数中的希克斯效率项 $A_{it}(g)$ 及其组成部分是多元组合的,即:

$$A_{it} = g(LMCA_{it}) = A_{i0}e^{\alpha_{it}} \cdot LMCA_{it}^{\beta_1} \tag{5-7}$$

将式(5-7)代入式(5-6),并且在等式两边同时除以 $F(K, L, E)$,便可得到城市 GTFP 的计算公式如下:

$$GTFP_{it} = \frac{Y_{it}}{F(K, L, E)} = A_{i0} \cdot e^{\alpha_{it}} \cdot LMCA_{it}^{\beta_1} \tag{5-8}$$

由式(5-8)可知,城市 GTFP 不但取决于 K, L, E,还受到物流业与制造业协同集聚的影响。进一步对其两边取自然对数可以得到:

$$\ln GTFP_{it} = \beta_1 \ln LMCA_{it} + \varphi_1 \sum_{i=1}^{N} X_{it} + u_i + v_t + \varepsilon_{it} \tag{5-9}$$

式中被解释变量 $GTFP$ 表示城市绿色全要素生产率;核心解释变量 $LMCA$ 为物流业与制造业协同集聚指数;X 为一系列控制变量,包括 GOV、T、$ROAD$、POP;β_1、φ_1 为核心解释变量 $LMCA$ 和控制变量的估计回归系数;u_i 为城市个体效应;v_t 为时间效应;ε_{it} 为随机干扰项。同理,可以将 $GTFP$ 替换为绿色技术效率变化 GEC、绿色技术变化 GTC 来考察核心解释变量 $LMCA$ 对 $GTFP$ 分解项的影响,下面亦是如此处理,不再赘述。

根据第 3 章的理论分析,物流业与制造业协同集聚和城市 GTFP 可能存在非线性关系,因此在方程(5-6)的基础上加上物流业与制造业协同集聚的二次项。另外,物流业与制造业协同集聚不仅影响本地城市 GTFP,还通过空间溢出效应影响周边城市 GTFP,而且物流业与制造业协同集聚、城市 GTFP 均存在明显的空间关联性。本书进一步构建了含有空间加权项的空间计量模型,以检验某一地区物流业与制造业协同集聚对周边城市 GTFP 产生的影响,由于空间杜宾模型(SDM)能够很好地反映由被解释变量和解释变量引起的空间相关性,即使实际数据应采用空间自回归模型(SAR)或空间误差模型(SEM),SDM 仍能获得无偏估计系数,因此基于方程(5-6)构建 SDM:

$$\ln GTFP_{it} = \rho \sum_{j=1, j \neq i}^{N} W_{ij} \ln GTFP_{it} + \beta_1 \ln LMCA_{it} + \beta_2 (\ln LMCA_{it})^2 + \beta_3 \sum_{j=1, j \neq i}^{N} W_{ij} \ln LMCA_{it}$$

$$+ \beta_4 \sum_{j=1, j \neq i}^{N} W_{ij} (\ln LMCA_{it})^2 + \varphi_1 \sum_{i=1}^{N} X_{it} + \varphi_2 \sum_{j=1, j \neq i}^{N} W_{ij} X_{it} + u_i + v_t + \varepsilon_{it}$$

$$(5-10)$$

式中 ρ 为衡量城市 GTFP 的空间自相关效应,W_{ij} 为空间权重矩阵,β_3、β_4、φ_2 分别为核心解释变量和控制变量对周边城市 GTFP 的影响待估系数。

空间权重矩阵是 SDM 的核心。根据地理学第一定律,空间溢出效应受距离的影响,距离越近空间溢出效应越大,因而本书将采用反距离平方空间权重矩阵 W_1 测度莫兰指数,其具体形式为:

$$W_1 = \begin{cases} 1/d_{ij}^2, & i \neq j \\ 0, & i = j \end{cases} \qquad (5-11)$$

式中 d_{ij} 表示根据城市经纬度得到的城市 i 和城市 j 的空间距离。

5.1.3　变量选择

5.1.3.1　被解释变量

选择城市绿色全要素生产率(GTFP)、绿色技术效率(GEC)、绿色技术进步(GTC)为本书的被解释变量。具体计算过程见公式(4-3)。

5.1.3.2　核心解释变量

物流业与制造业协同集聚水平(LMCA)为本书的核心解释变量。具体测度方法见公式(4-1)、(4-2)。

5.1.3.3　控制变量

(1)政府干预(GOV):采用政府财政支出占 GDP 比重来衡量政府的干预能力。为了解决市场失灵,政府往往采用经济、行政或法律手段进行市场干预,引导产业结构升级,淘汰落后产能,同时,可能采用行政命令型环境规制管理企业污染,容易导致资源错配或资源扭曲,进而影响城市 GTFP。

(2)科技投入水平(T):采用政府科技支出占 GDP 的比重来衡量。一般来说,加大科技投入,能够促进企业创新动力,改变企业生产组织方式,推动绿色技术进步,提高能源利用率,实现节能减排,提升城市 GTFP。

(3)基础设施($ROAD$):采用人均城市道路面积来衡量。通过加强城市基础设施建设,可以降低运输和交易成本,促进信息平等交换,进而影响 GTFP,但是如果城市基础设施没有与其他城市形成联系网络,其改善未必能够提高城市 GTFP,而且交通基础设施改善,促使行驶车辆增加,造成更多的环境污染。

(4)人口密度(POP):采用市辖区人口除以市辖区建成区面积来衡量。人口密度能够反映城市蔓延和人口空间集聚情况。人口空间密度增加有利于发挥规模效应,提高劳动力资源,但也会增加能源需求,加大环境承载能力,还可能产生拥挤效应,不利于城市 GTFP 增长。

5.1.4　数据说明

目前,中国国民行业分类中没有将物流业列为独立的行业,而是将交通运输、仓储和邮政业作为统计行业,其基本能够代表现代物流业的发展状况,借鉴现有文献的做法,用交通运输、仓储和邮政业数据来代替物流业数据。由于 2003 年对产业统计口径进行了较大调整,而《中国城市统计年鉴》从 2005 年才开始统计交通运输、仓储和邮政业数据,因此,本书选择的研究期间是 2005—2018 年。数据主要来自 2005—2019 年《中国城市统计年鉴》《中国统计年鉴》和 30 个省区市统计年鉴以及 284 个地级及以上城市的国民经济公报;各城市经纬度来自国家地理信息中心(http://www.ngcc.cn/ngcc/)。首先,为了消除通货膨胀的影响,以 2004 年为基期对价格相关变量进行调整;其次,采用插值法解决异常值或缺失值的问题,数据缺失严重的城市被排除在外;最后,为了减小异方差,对门槛变量 $PGDP$[①] 以外其他所有变量进行了对数化处理。

描述性统计、多重共线性检验和相关系数检验结果见表 5-1 和表 5-2。由表 5-1 和表 5-2 可知,数据总体波动较小,不存在极值问题,同时,基于多重共线性检验,方差膨胀因子的最小值和最大值分别为 1.02 和 1.10,均小于临界值 10,说明解释变量之间不存在严重的多重共线性。图 5-1 描述了物流业与制造业协同集聚(LMCA)与 GTFP 及其分解项之间关系的散点图、二次回归拟合趋势线,其中物流业与制造业协同集聚与 GTFP、绿色技术效率变化(GEC)存在明显的"U"型关系,与 GTC(绿色技术进步)似乎不存在非线性关系,这为本书的假设提供了初步经验支持,更为严谨的结论需要经过下面深入的计量分析。

---

① 为了便于经济学解释,所以不再取对数,而且对回归结果没有任何影响。

表 5-1 变量描述性统计

类型	变量名称	符号	单位	样本量	平均值	标准差	最小值	最大值
被解释变量	城市绿色全要素生产率	$\ln GTFP$	—	3976	0.125	0.290	−1.421	1.331
	绿色技术效率	$\ln GEC$	—	3976	−0.023	0.200	−0.687	0.673
	绿色技术进步	$\ln GTC$	—	3976	0.148	0.258	−1.421	1.498
核心解释变量	物流业与制造业协同集聚度	$\ln LMCA$	—	3976	−0.525	0.568	−4.756	0.000
	制造业集聚度	$\ln MA$	—	3976	−0.397	0.804	−6.034	1.126
	物流业集聚度	$\ln LA$	—	3976	−0.347	0.607	−4.577	1.444
门槛变量	人均 GDP	$PGDP$	万元	3976	5.456	4.618	0.207	38.378
中介变量	产业结构高级化	$\ln SH$	—	3976	1.424	0.815	−1.474	3.793
	产业结构合理化	$\ln SR$	—	3976	−2.505	1.400	−10.698	0.661
控制变量	政府干预	$\ln GOV$	—	3976	−1.965	0.489	−4.584	1.007
	科技投入水平	$\ln T$	—	3976	−1.757	0.326	−5.300	0.523
	基础设施	$\ln ROAD$	m²/人	3976	2.256	0.621	−3.912	4.686
	人口密度	$\ln POP$	万人/km²	3976	0.221	1.172	−3.719	4.187

表 5-2 VIF 检验和变量相关性分析

	VIF	$\ln GTFP$	$\ln GEC$	$\ln GTC$	$\ln LMCA$	$\ln MA$	$\ln LA$	$PGDP$	$\ln SH$	$\ln SR$	$\ln GOV$	$\ln T$	$\ln ROAD$	$\ln POP$
$\ln GTFP$	—	1.000												
$\ln GEC$	—	0.496	1.000											
$\ln GTC$	—	0.740	−0.216	1.000										
$\ln LMCA$	1.03	0.098	0.042	0.077	1.000									
$\ln MA$	1.20	0.101	0.024	0.096	0.437	1.000								
$\ln LA$	1.02	0.087	0.126	0.000	0.065	−0.152	1.000							
$PGDP$	1.70	0.301	−0.024	0.356	0.049	0.308	−0.002	1.000						
$\ln SH$	4.39	0.236	0.020	0.250	0.136	0.267	0.069	0.528	1.000					
$\ln SR$	1.21	−0.144	−0.114	−0.074	−0.033	−0.176	−0.039	−0.269	−0.094	1.000				
$\ln GOV$	1.10	0.014	−0.104	0.097	−0.067	−0.292	0.074	−0.194	−0.130	0.150	1.000			
$\ln T$	1.09	0.012	−0.049	0.051	−0.023	−0.024	−0.007	0.102	0.069	0.211	−0.261	1.000		
$\ln ROAD$	1.02	0.124	−0.049	0.177	0.052	0.264	0.026	0.578	0.301	−0.303	−0.086	−0.084	1.000	
$\ln POP$	1.03	0.152	0.070	0.117	0.136	0.158	0.113	0.254	0.839	−0.140	−0.101	0.062	0.053	1.000

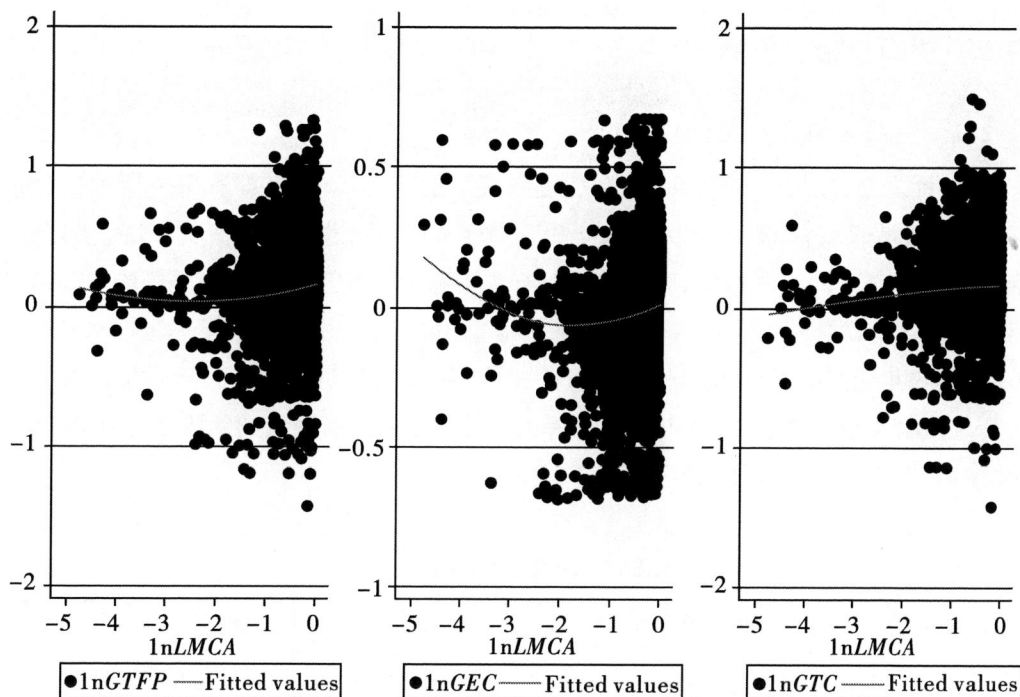

图 5-1 LMCA 与 GTFP 及其分解项的散点图和二次回归拟合趋势线

5.2 实证分析

5.2.1 面板单位根检验

为了避免由于样本数据的非平稳性而导致的"伪回归",采用 Harris-Tzavalis(简称 HT)检验和 Im-Pesaran-Shin(简称 IPS)检验验证了数据的平稳性。表 5-3 的结论表明,在这两个检验中,除 lnPGDP 外,所有其他变量都显著地拒绝了原假设,这意味着在控制截距项和进一步控制时间趋势之后,单位根都不存在。因此,在随后的回归中可以忽略非平稳问题。

表 5-3 面板单位根检验

变量	HT 检验	IPS 检验	结论	变量	HT 检验	IPS 检验	结论
$\ln GTFP$	0.309***	2.606***	平稳	$\ln SH$	0.076***	3.261***	平稳
$\ln GEC$	0.134***	-2.911***	平稳	$\ln SR$	0.281***	-2.459***	平稳
$\ln GTC$	0.240***	-2.315***	平稳	$\ln GOV$	0.289***	-2.497***	平稳
$\ln LMCA$	0.047***	-3.003***	平稳	$\ln T$	0.137***	-3.077***	平稳
$\ln MA$	0.040***	-2.788***	平稳	$\ln ROAD$	0.205***	-2.787***	平稳
$\ln LA$	0.087***	-2.692***	平稳	$\ln POP$	0.067***	-3.246***	平稳
$PGDP$	0.718	-1.452	不平稳				

5.2.2 空间自相关检验

5.2.2.1 全局空间自相关检验

在估计之前,先用全局 Moran 指数检验各变量的空间自相关(如表5-4所示)。由表5-4可知,被解释变量 lnGTFP 大多数年份通过了 10% 显著性水平检验、lnGTC 大多数年份通过了 5% 显著性水平检验,而 lnGEC 仅有 4 年通过了 10% 显著性水平检验;核心解释变量 lnLMCA 有 7 年通过了 10% 显著性水平检验、lnMA 全部通过了 1% 显著性水平检验,lnLA 仅有 3 年通过了 10% 显著性水平检验;除了 lnPOP 有 1 年通过了 5% 显著性水平检验,其他控制变量均通过了 1% 显著性水平检验。另外,这些变量的绝大多数年份 Moran 指数为正,说明这些变量具有显著的正向空间自相关。

表 5-4 全局空间自相关检验

年份	lnGTFP	lnGEC	lnGTC	lnMA	lnLA	lnLMCA	lnGOV	lnT	lnROAD	lnPOP
2005	0.070***	0.019	0.097***	0.121***	0.029*	0.014	0.062***	0.057***	0.197***	0.080***
2006	0.022	0.010	0.064***	0.147***	0.021	0.025	0.062***	0.095***	0.202***	0.089***
2007	0.034***	0.019	0.025	0.088***	0.051***	0.031*	0.069***	0.120***	0.167***	0.077***
2008	0.040**	0.059***	0.046***	0.101***	0.019	−0.006	0.083***	0.125***	0.207***	0.078***
2009	0.027*	0.028*	0.051***	0.111***	0.020	−0.007	0.088***	0.127***	0.180***	0.060***
2010	0.028*	0.007	0.038***	0.092***	0.037**	−0.003	0.084***	0.141***	0.202***	0.073***
2011	0.007	−0.012	0.043**	0.165***	0.005	0.003	0.076***	0.194***	0.214***	0.035**
2012	0.018	0.016	0.045***	0.202***	0.016	0.042**	0.079***	0.113***	0.152***	0.069***
2013	0.037**	0.014	0.025	0.162***	0.018	0.005	0.090***	0.214***	0.188***	0.065***
2014	0.033**	0.041**	0.021	0.204***	0.002	0.051***	0.096***	0.201***	0.181***	0.089***
2015	0.043**	0.014	0.042**	0.196***	0.009	0.056***	0.101***	0.191***	0.162***	0.095***
2016	0.049***	0.025	0.037**	0.202***	0.003	0.075***	0.104***	0.233***	0.171***	0.101***
2017	0.038**	0.009	0.042**	0.206***	0.009	0.073***	0.099***	0.280***	0.180***	0.100***
2018	0.042**	0.044**	0.042**	0.199***	0.005	0.070***	0.077***	0.213***	0.176***	0.043**

注:*、**、***分别表示 10%、5% 和 1% 的显著性水平。下面不再赘述。

5.2.2.2 局部空间自相关检验

为了进一步研究不同区域之间的相关程度,基于地理距离平方倒数空间矩阵 W_1 绘制了中国 2005—2018 年 284 个地级及以上城市物流业与制造业协同集聚、绿色全要素生产率 Moran 散点图和 LISA 图。

（1）物流业与制造业协同集聚局部空间自相关分析。由图 5-2 可知，2005、2011、2018 年三年均"高—高"集聚为主，说明高值集聚效应明显。物流业与制造业协同集聚存在一定的局部空间自相关，且集聚趋势越来越明显。"高—高"集聚区主要分布于信阳、武汉、随州、孝感、合肥、六安等豫鄂皖交界处和通辽、赤峰、四平、阜新等内蒙古、吉、辽交界处，并沿京九线延伸至廊坊、衡水、聊城、菏泽、商丘、阜阳、九江等地区，而且以合肥、淮南、蚌埠等城市为核心的江淮城市群和以长沙、湘潭、岳阳等城市为核心的环长株潭城市群中部地区集聚范围不断扩大。"高—低"集聚区 2005 年主要分布于甘肃省酒泉、张掖、武威、兰州等城市；2011 年向东南延伸至天水市和平凉市，而银川、乌海、呼和浩特、朔州、太原、雅安、崇左等零星分布的"高—低"集聚城市不再显著，东部沿海的绍兴市和舟山市成为新的"高—低"集聚城市；2018 年原来"高—低"集聚城市不再显著，广州、深圳、白银、攀枝花、克拉玛依、包头等 6 个城市成为新的"高—低"集聚城市，周边多为"低—低"集聚区。"低—高"集聚区主要分布于白城、四平、吉林、马鞍山、铜陵、黄石等"高—高"集聚区周边。"低—低"集聚区由 2005 年和 2011 年的 3 个增加至 2018 年的 10个，主要分布于河源、惠州、佛山、珠海、呼和浩特、定西、平凉等"高—低"集聚区周边。

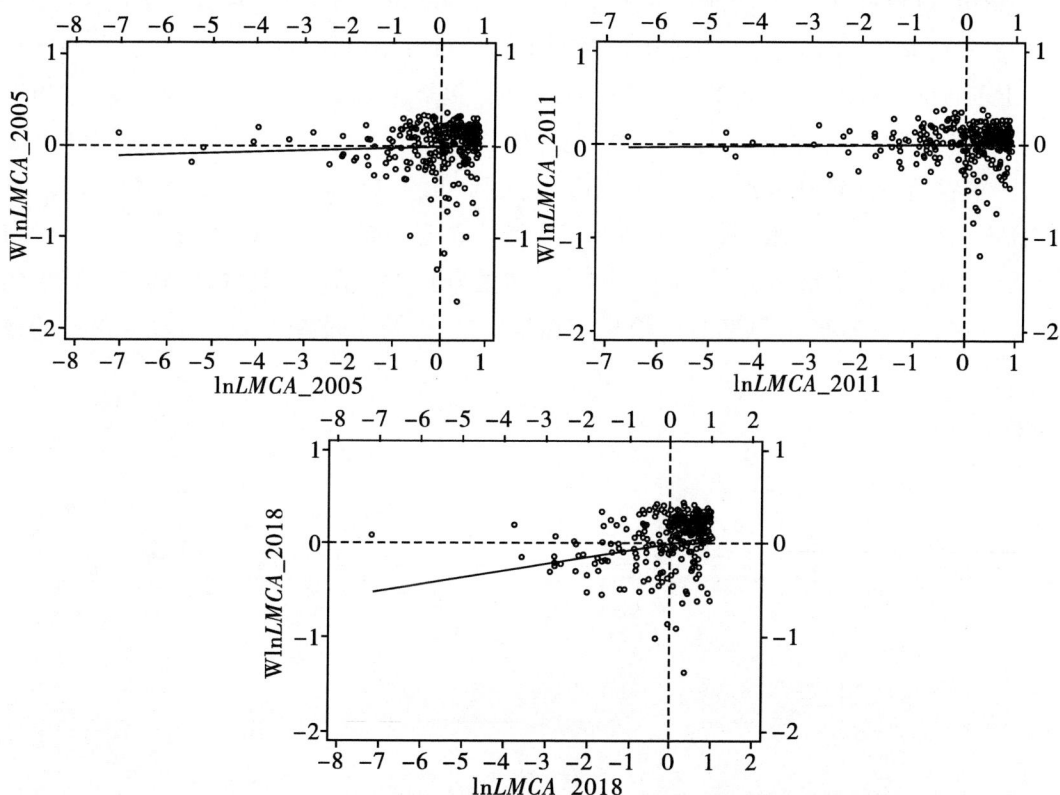

图 5-2　物流业与制造业协同集聚的 Moran 散点图

(2)城市GTFP局部空间自相关分析。由图5-3可知,城市GTFP与其空间滞后项的散点主要分布在第一和第三象限,表明中国城市GTFP以空间正向关联为主。城市GTFP增长存在一定的局部空间自相关,且集聚趋势越来越明显。"高—高"集聚区2005年主要分布于三门峡、运城、西安、咸阳、商洛、铜川、宝鸡等豫晋陕交界处,昆明、曲靖、六盘水、贵阳、百色等云贵桂交界处,以及广东省的潮州、梅州、汕头、揭阳、河源等城市和福建省的漳州市;2011年除了西安、宝鸡、咸阳等3个城市仍为"高—高"集聚区外,北京、承德、秦皇岛等京津冀地区,四川省的资阳市和内江市,湖南湘潭市为新增"高—高"集聚区;2018年主要分布于辽宁省,山东省的威海、烟台、潍坊以及河北省的廊坊、秦皇岛、唐山等环渤海地区,四川省的资阳、德阳、遂宁、内江、广元等城市,以及甘肃省的兰州市和宝鸡市。"高—低"集聚区2005年主要分布在长三角的铜陵、温州、南通等城市,甘肃省的武威市和白银市,宁夏回族自治区的吴忠市,广东省的广州市、珠海市和清远市,广西壮族自治区的梧州市和桂林市,以及四川省的雅安市;2011年主要集中于长三角的温州、铜陵、安庆、舟山等城市,以及朔州市和重庆市;2018年主要集中于山西省的太原市和朔州市,广西壮族自治区的南宁市和防城港市,以及浙江省的温州市。"低—高"集聚区主要分布于"高—高"集聚区附近,2005年包括七台河、吉林、延安、赣州、龙岩等5个城市;2011年增长13个城市,分别为四川省的乐山、宜宾、广安等城市,甘肃省的平凉、天水、陇南等城市,以及丹东、萍乡、安顺、中卫、金昌、乌海等城市;2018年减少为8个城市,分别为四川省的宜宾市和广安市,甘肃省的陇南市和金昌市,河北省的承德市、辽宁省的阜新市,山东省的临沂市,吉林省的四平市。"低—低"集聚区城市数量不断减少,主要集中于"高—低"集聚区周边:2005年为23个,包括长三角的上海、南京、苏州、杭州等20个城市,广东省的肇庆市和云浮市,以及四川省的眉山市;2011年减少至10个,包括浙江省的杭州、金华、绍兴、丽水、衢州、台州等城市及安徽省的黄山市、山西省的临汾市、云南省的保山市和普洱市;2018年减少至8个,包括内蒙古自治区的呼和浩特市,山西省的吕梁、临汾、运城等城市,陕西省的榆林市和延安市,以及安徽省的黄山市和云南省的普洱市。

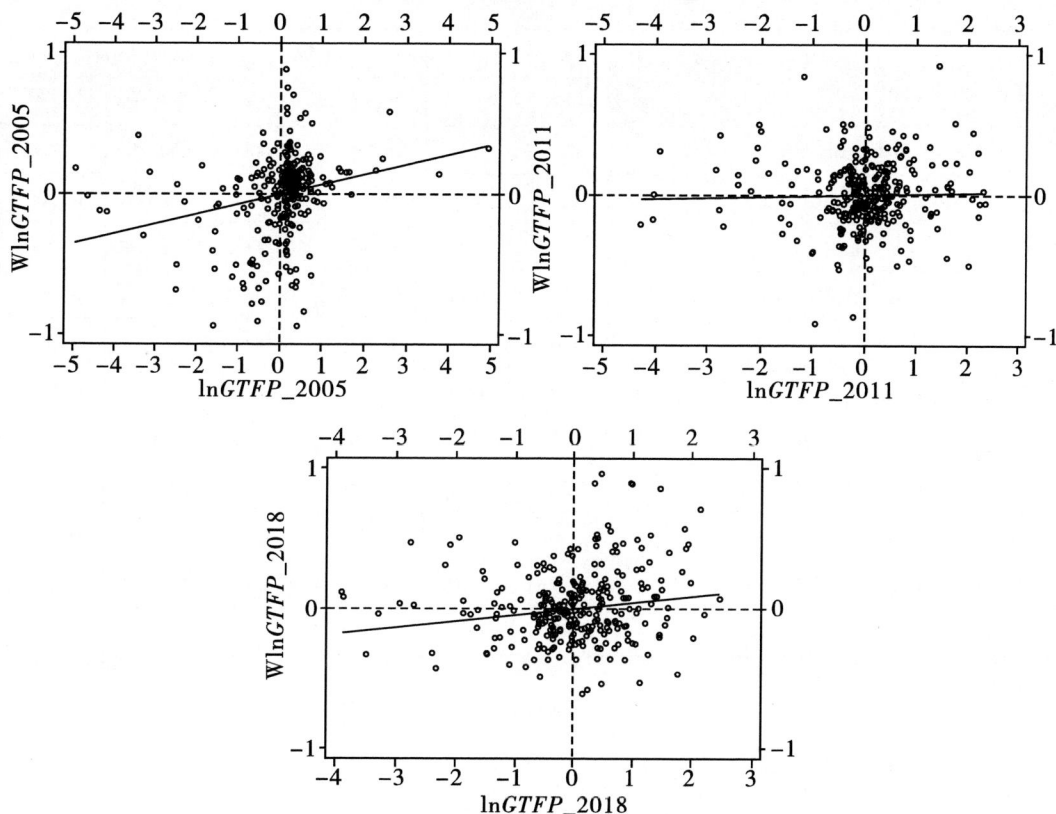

图 5-3　中国城市 GTFP 的 Moran 散点图

5.2.3　空间计量模型选择

经过 LM 检验、Hausman 检验、Wald 检验和 LR 检验选择空间计量模型的具体形式，检验结果如表 5-5 所示。检验步骤如下：第一，通过对不包含空间效应的模型进行 OLS 估计，得到拉格朗日乘数（LM）及其稳健统计量（R-LM），检验是选择使用 SLM 还是 SEM。第二，如果 LM 检验显示拉格朗日乘数（LM）及其稳健统计量（R-LM）均显著，则根据 Elhorst（2014）的研究选择 SDM。第三，对 SDM 进行 Hausman 检验，以判断模型选择 FE 还是 RE。第四，采用 LR 检验法对 SDM 的 FE 进行检验，判断 SDM 是否包含空间 FE 或时间 FE。第五，对 SDM 进行 Wald 检验和 LR 检验，以判断其是否退化为 SLM 或 SEM 模型。经过以上几个检验步骤，本书应采用双重 FE 的 SDM。

表5-5 空间计量模型选择检验

检 验	ln*GTFP*		ln*GEC*		ln*GTC*	
	统计值	P 值	统计值	P 值	统计值	P 值
LM（error）test	301.072	0.000	56.841	0.000	1220.993	0.000
Robust LM（error）test	8.232	0.004	53.357	0.000	25.614	0.000
LM（lag）test	348.193	0.000	91.480	0.000	1573.980	0.000
Robust LM（lag）test	55.353	0.000	87.996	0.000	378.601	0.000
Wald test spatial lag	23.680	0.001	20.510	0.002	11.250	0.081
LR test spatial lag	23.650	0.001	20.470	0.002	11.250	0.081
Wald test spatial error	25.780	0.000	20.990	0.002	12.620	0.049
LR test spatial error	25.720	0.000	20.950	0.002	12.600	0.050
Hausman test	32.550	0.000	73.730	0.000	95.920	0.000
LR test SDM with Spatial Fixed−effects	108.71	0.000	64.860	0.000	148.79	0.000
LR test SDM with Time Fixed−effects	4733.99	0.000	3503.07	0.000	4299.10	0.000

5.2.4 空间计量模型估计结果

首先,系统分析物流业与制造业协同集聚对城市 GTFP 及其分解项的影响;其次,为了研究考虑和不考虑能源与环境约束的情境下产业集聚对经济增长效率的影响差异,分析了物流业与制造业协同集聚对城市 TFP[①] 的影响;最后,实证研究了物流业集聚、制造业集聚分别对城市 GTFP、TFP 及其分解项的影响。基于方程(5-10),应用极大似然估计法(MLE)进行参数估计和实证分析,得到的回归结果如表5-6至表5-11所示。

5.2.4.1 物流业与制造业协同集聚对城市 GTFP 的影响

由表5-6可知,在不考虑空间影响的情况下,模型(1)中的 ln*LMCA* 的一次项和二次项系数被高估,而模型(2)仅考虑个体固定效应的 SDM 估计被低估,模型(3)仅考虑时间固定效应的 SDM 估计被高估,模型(4)双向固定效应的 SDM 估计结果较为合适,作为主要分析模型。由模型(4)可知,ln*LMCA* 的一次项和二次项系数均为正,且均在1%水平下显著,说明物流业与制造业协同集聚和城市 GTFP 之间存在显著的"U"型关系,即随着物流业与制造业协同集聚水平提升,其对城市 GTFP 的影响由抑制转为促进,这与陈阳和唐晓华(2018)的研究结论较为一致;ln*LMCA* 一次项空间滞后项系数在5%显著性水平下为0.141,说明物流业与制造业协同集聚对周边地区物流业与制造业协同集聚具有正向影

---

① 运用 DEA−BMLPI 计算 TFP 及其分解项技术效率(GEC)、技术进步(GTC)。

响,存在空间溢出效应;ρ 为 0.126 且在 1% 水平显著,说明城市 GTFP 对周边地区的城市 GTFP 具有正向促进作用,具有明显的空间关联性特征。

表 5-6　物流业与制造业协同集聚影响 GTFP 的 SDM 估计结果

变量	(1)	(2)	(3)	(4)
	OLS	个体固定效应	时间固定效应	双向固定效应
$\ln LMCA$	0.087***	0.046***	0.090***	0.050***
	(4.75)	(3.14)	(5.20)	(3.44)
$(\ln LMCA)^2$	0.017***	0.010**	0.021***	0.012***
	(3.29)	(2.54)	(3.77)	(2.87)
$\ln GOV$	0.028***	−0.048***	−0.062***	−0.056***
	(2.76)	(−4.46)	(−5.64)	(−5.27)
$\ln T$	0.027**	0.044***	−0.034**	0.040***
	(1.97)	(3.56)	(−2.06)	(3.20)
$\ln ROAD$	0.057***	−0.038***	0.017*	−0.047***
	(7.77)	(−3.78)	(1.91)	(−4.70)
$\ln POP$	0.033***	−0.006*	0.028***	−0.007**
	(8.47)	(−1.93)	(7.26)	(−2.25)
常数项	0.127***			
	(3.30)			
$W*\ln LMCA$		0.061	−0.023	0.141**
		(1.09)	(−0.31)	(2.45)
$W*(\ln LMCA)^2$		−0.002	−0.007	0.022
		(−0.16)	(−0.29)	(1.37)
$W*\ln GOV$		0.112***	−0.089**	−0.157***
		(3.97)	(−2.03)	(−3.45)
$W*\ln T$		0.033	−0.164***	−0.080*
		(1.21)	(−3.40)	(−1.81)
$W*\ln ROAD$		0.170***	−0.120***	−0.012
		(6.47)	(−4.89)	(−0.32)
$W*\ln POP$		0.050***	0.018	0.025*
		(3.71)	(1.24)	(1.74)

续表5-6

变量	(1)	(2)	(3)	(4)
	OLS	个体固定效应	时间固定效应	双向固定效应
rho		0.362***	0.206***	0.126***
		(9.42)	(4.48)	(2.69)
sigma2_e		0.023***	0.073***	0.022***
		(44.46)	(44.53)	(44.57)

注:*、**、***分别表示10%、5%和1%的显著性水平;括号内为t值。下同。

由于 SDM 存在因变量空间滞后项,回归系数不能反映变量的真实边际效应,本书依据 LeSage 和 Pace(2008)的方法,进一步分解空间权重矩阵 W_1 下空间杜宾模型的直接(本地)效应与间接(溢出)效应(如表5-7所示)。

表5-7 物流业与制造业协同集聚影响城市 GTFP 的空间效应分解

变量	直接效应			间接效应		
	(1)	(2)	(3)	(4)	(5)	(6)
	个体固定效应	时间固定效应	双向固定效应	个体固定效应	时间固定效应	双向固定效应
ln*LMCA*	0.048***	0.090***	0.051***	0.119	−0.005	0.168**
	(3.18)	(5.06)	(3.45)	(1.33)	(−0.06)	(2.46)
(ln*LMCA*)^2	0.010**	0.021***	0.012***	0.002	−0.004	0.027
	(2.52)	(3.73)	(2.90)	(0.06)	(−0.11)	(1.35)
ln*GOV*	−0.045***	−0.062***	−0.056***	0.148***	−0.123**	−0.182***
	(−4.41)	(−5.89)	(−5.49)	(3.63)	(−2.30)	(−3.65)
ln*T*	0.046***	−0.036**	0.040***	0.076*	−0.208***	−0.082*
	(3.71)	(−2.16)	(3.19)	(1.95)	(−3.63)	(−1.67)
ln*ROAD*	−0.034***	0.016*	−0.047***	0.238***	−0.145***	−0.020
	(−3.57)	(1.82)	(−4.85)	(6.47)	(−5.08)	(−0.51)
ln*POP*	−0.005	0.029***	−0.007**	0.075***	0.031	0.028*
	(−1.51)	(7.50)	(−2.15)	(3.33)	(1.62)	(1.65)

由表 5-7 可知,从模型(3)的直接效应来看,物流业与制造业协同集聚对城市 GTFP 具有先抑制后促进的作用,二者之间存在显著的"U"型关系。可能的原因是物流业是在制造业充分发展基础之上发展起来的,在物流业与制造业协同集聚水平达到"U"型曲线拐点之前(lnLMCA<-2.125 即 LMCA<0.119),不同效率水平的物流业部门在城市内部简单"堆积",未能与制造业有效互动,分工协作效应、协同创新效应等外部效应难以发挥,而且加剧了城市土地、能源、劳动力等有限供给资源的竞争,导致资源价格上涨,提高了制造企业生产成本,降低了制造企业竞争力,同时,为了吸引更多的企业入驻园区,政府也会采用放松环境管制、低价补偿能源土地等要素的方式来吸引企业,加剧了环境污染,抑制了城市 GTFP 的提升;当物流业与制造业协同集聚水平越过"U"型曲线的拐点之后(lnLMCA>-2.125,即 LMCA>0.119),通过政府等外力对协同集聚的推动效果出现边际递减,主要依靠内在动力和市场力量,这时的协同集聚更具内生联系性和互动融合性,两业融合发展将产生互补效应、关联效应和外部经济效应,通过互相促进优化资源配置效率,释放更大的规模经济效应超过拥挤效应,降低协同集聚区交易成本,促进当地生产率提高,同时,技术进步和大规模污染治理促进污染减排效应逐渐显现,有利于清洁技术溢出,物流业与制造业协同集聚带动了城市 GTFP 增长。由附录 1 可知,截至 2018 年年底,只有黑龙江省黑河市、湖南省怀化市、内蒙古自治区乌兰察布市低于拐点值(0.119),也就是其他 281 个城市均跨越了拐点(0.119),即 98.9% 的城市物流业与制造业协同集聚促进了城市 GTFP 增长,说明物流业与制造业协同集聚在整体上对城市 GTFP 具有显著的促进作用。从模型(6)的间接效应来看,lnLMCA 二次项回归系数不显著,一次项回归系数为 0.168 且在 5% 水平上显著,大于直接效应的一次项回归系数 0.051,说明物流业与制造业协同集聚对周边城市 GTFP 具有显著的促进作用,而且溢出效应大于本地效应。可能是由于物流业与制造业协同集聚对周边地区能够产生"扩散效应",将本地劳动力、技术向周边扩散,提升周边城市 GTFP。以上实证结果验证了假说 H1 和 H3。

控制变量的系数可以得到以下结果:

(1)政府干预。政府干预(lnGOV)直接效应和间接效应系数均为负数,且在 1% 水平下显著,说明政府干预对本地及周边城市 GTFP 均产生负向影响。可能的原因是:政府干预可能会造成重复投资和建设,不利于城市资源配置,造成环境负外部性;以经济增长为核心的政绩考核机制,促使政府更关注短期增长,忽视可持续发展,阻碍本地城市 GTFP 增长;如果本地进行政府干预,邻近城市政府也可能会模仿,采用类似的形式干预市场,不利于周边城市 GTFP 增长。这与陈阳和唐晓华(2019)、胡绪华和陈默(2019)的研究结论基本一致。

(2)科技投入(lnT)。科技投入(lnT)直接效应系数为 0.040 且在 1% 水平上显著,间接效应系数为 -0.082 且在 10% 水平上显著,说明加大科技投入,可以促进本地城市 GTFP 提高,但是对周边城市 GTFP 具有抑制作用。其主要原因是:通过加大科技投入,可以促进技术创新,提高资源利用效率和企业生产效率,减少污染物排放,进而提高本地GTFP;但是由于"极化效应",本地生产技术提高可能吸引周边地区要素,对周边地区城市 GTFP 增长产生抑制作用。这与纪玉俊和李志婷(2020)的研究结论基本一致。

(3)基础设施水平(lnROAD)。基础设施水平(lnROAD)直接效应和间接效应系数分别为-0.047、-0.020,前者在 1% 水平显著,后者不显著,说明提升基础设施水平,反而降低了本地 GTFP,对周边地区城市 GTFP 没有影响,主要是由基础设施存在重复性、同质化建设,造成了较高的资源浪费,加大了环境污染,阻碍了本地城市 GTFP 增长。这与陈阳和唐晓华(2018)、李光龙和范贤贤(2019)的观点一致。

(4)人口密度(lnPOP)。人口密度(lnPOP)直接效应和间接效应系数分别为-0.007、0.028,并通过了 5% 和 10% 显著性水平检验,说明增加人口密度不利于本地城市 GTFP 提高,但是有利于周边城市 GTFP 增长,主要是因为过度的人口集聚,会产生大量资源需求,造成交通拥堵,不利于本地城市 GTFP 的提高,但是人口在本地集聚,可以为邻地提供劳动力,带动周边地区城市 GTFP 提高。这与张平淡和陈臻(2020)的研究观点较为类似。

5.2.4.2 物流业与制造业协同集聚对城市 GTFP 分解项的影响

由表 5-8 可知,在不考虑空间影响的情况下,以 lnGEC 为被解释变量的模型(1)中的 lnLMCA 的一次项和二次项系数被高估,而模型(2)仅考虑个体固定效应的 SDM 估计被低估,模型(3)仅考虑时间固定效应的 SDM 估计被高估,模型(4)双向固定效应的 SDM 估计结果较为合适,作为主要分析模型。由模型(4)可知,lnLMCA 的一次项和二次项系数均为正,而且在 1% 水平上显著,说明物流业与制造业协同集聚与绿色技术效率之间存在显著的"U"型关系,这与陈阳和唐晓华(2018)的研究结论比较类似。也就是说,随着物流业与制造业协同集聚水平的提高,其对绿色技术效率的影响先下降、后上升;lnLMCA 一次项空间滞后项显著为正,说明物流业与制造业协同集聚具有空间溢出效应,能够促进周边地区产业协同集聚;回归空间滞后项系数 ρ 为 0.072,但是不显著,说明绿色技术效率不存在空间溢出效应。由模型(8)可知,lnLMCA 的一次项和二次项系数均为正,但是没有通过显著性检验,说明物流业与制造业协同集聚没有促进绿色技术进步;回归空间滞后项系数 ρ 为 0.600 且通过 1% 显著性水平检验,说明绿色技术进步具有空间溢出效应,能够促进周边地区绿色技术进步。

表 5-8　物流业与制造业协同集聚影响城市 GTFP 分解项的 SDM 估计结果

变量	lnGEC				lnGTC			
	(1)	(2)	(3)	(4)	(5)	(6)	(7)	(8)
	OLS	个体固定效应	时间固定效应	双向固定效应	OLS	个体固定效应	时间固定效应	双向固定效应
lnLMCA	0.080***	0.032***	0.065***	0.033***	0.007	0.015	0.026*	0.017
	(5.88)	(2.69)	(5.30)	(2.78)	(0.42)	(1.20)	(1.87)	(1.35)
(lnLMCA)^2	0.026***	0.010***	0.021***	0.010***	−0.008	0.001	−0.000	0.002
	(5.63)	(3.04)	(5.40)	(2.90)	(−1.56)	(0.21)	(−0.05)	(0.55)
lnGOV	−0.055***	−0.009	−0.012	−0.010	0.083***	−0.040***	−0.051***	−0.046***
	(−7.58)	(−1.00)	(−1.50)	(−1.10)	(9.64)	(−4.37)	(−5.61)	(−5.01)
lnT	−0.054***	0.025**	−0.011	0.024**	0.081***	0.018*	−0.023*	0.016
	(−5.18)	(2.43)	(−0.96)	(2.31)	(6.38)	(1.70)	(−1.67)	(1.50)
lnROAD	−0.022***	−0.029***	0.020***	−0.024***	0.079***	−0.014	−0.003	−0.023***
	(−4.38)	(−3.49)	(3.18)	(−2.87)	(12.19)	(−1.61)	(−0.46)	(−2.68)
lnPOP	0.009***	−0.005*	0.013***	−0.004*	0.024***	−0.002	0.015***	−0.003
	(3.37)	(−1.92)	(4.77)	(−1.67)	(7.35)	(−0.73)	(4.78)	(−1.05)
常数项	−0.152***				0.279***			
	(−5.34)				(8.19)			
W * lnLMCA	0.082*	0.081	0.120**	−0.019	−0.083	0.017	−0.019	
	(1.79)	(1.55)	(2.52)	(−0.39)	(−1.40)	(0.35)	(−0.39)	
W * (lnLMCA)^2	0.008	−0.011	0.009	−0.006	0.008	0.012	−0.006	
	(0.65)	(−0.66)	(0.69)	(−0.44)	(0.43)	(0.83)	(−0.44)	
W * lnGOV	−0.026	−0.072**	−0.037	0.094***	−0.017	−0.101***	0.094***	
	(−1.14)	(−2.34)	(−1.00)	(3.89)	(−0.48)	(−2.60)	(3.89)	
W * lnT	0.015	−0.035	−0.004	0.017	−0.119***	−0.062	0.017	
	(0.67)	(−1.04)	(−0.12)	(0.73)	(−3.04)	(−1.63)	(0.73)	
W * lnROAD	−0.103***	−0.096***	−0.016	0.162***	−0.025	−0.000	0.162***	
	(−4.85)	(−5.57)	(−0.52)	(6.71)	(−1.28)	(−0.01)	(6.71)	
W * lnPOP	−0.008	0.011	0.005	0.042***	0.008	0.019	0.042***	
	(−0.69)	(1.02)	(0.43)	(3.60)	(0.67)	(1.58)	(3.60)	
rho	0.207***	0.093*	0.072	0.600***	0.303***	0.268***	0.600***	
	(4.86)	(1.95)	(1.53)	(20.05)	(6.79)	(6.07)	(20.05)	
sigma2_e	0.015***	0.037***	0.015***	0.017***	0.048***	0.016***	0.017***	
	(44.54)	(44.58)	(44.58)	(44.30)	(44.47)	(44.51)	(44.30)	

同样依据 LeSage 和 Pace(2008)的方法,进一步分解空间权重矩阵 W_1 下 SDM 模型的直接(本地)效应与间接(溢出)效应(如表 5-9 所示)。

表 5-9 物流业与制造业协同集聚影响城市 GTFP 分解项的空间效应分解

空间效应	变量	lnGEC			lnGTC		
		(1)	(2)	(3)	(4)	(5)	(6)
		个体固定效应	时间固定效应	双向固定效应	个体固定效应	时间固定效应	双向固定效应
直接效应	lnLMCA	0.034***	0.066***	0.034***	0.015	0.025*	0.018
		(2.72)	(5.22)	(2.78)	(1.13)	(1.75)	(1.37)
	(lnLMCA)^2	0.010***	0.021***	0.010***	0.001	−0.000	0.002
		(3.06)	(5.36)	(2.90)	(0.16)	(−0.00)	(0.61)
	lnGOV	−0.008	−0.011	−0.009	−0.036***	−0.050***	−0.047***
		(−0.98)	(−1.50)	(−1.06)	(−4.15)	(−5.83)	(−5.31)
	lnT	0.025**	−0.011	0.024**	0.020*	−0.024*	0.016
		(2.49)	(−0.95)	(2.34)	(1.87)	(−1.82)	(1.46)
	lnROAD	−0.030***	0.020***	−0.024***	−0.007	−0.004	−0.023***
		(−3.78)	(3.18)	(−2.96)	(−0.88)	(−0.50)	(−2.77)
	lnPOP	−0.005*	0.013***	−0.004	0.000	0.016***	−0.002
		(−1.91)	(4.92)	(−1.62)	(0.00)	(4.97)	(−0.88)
间接效应	lnLMCA	0.111*	0.095	0.130**	−0.024	−0.105	0.029
		(1.85)	(1.60)	(2.46)	(−0.19)	(−1.20)	(0.42)
	(lnLMCA)^2	0.013	−0.010	0.010	−0.014	0.011	0.016
		(0.74)	(−0.53)	(0.68)	(−0.39)	(0.38)	(0.79)
	lnGOV	−0.033	−0.078**	−0.037	0.177***	−0.042	−0.149***
		(−1.21)	(−2.35)	(−0.96)	(3.21)	(−0.86)	(−2.93)
	lnT	0.025	−0.037	−0.000	0.069	−0.173***	−0.074
		(0.95)	(−1.02)	(−0.01)	(1.33)	(−3.30)	(−1.50)
	lnROAD	−0.139***	−0.103***	−0.019	0.370***	−0.037	−0.009
		(−5.61)	(−5.74)	(−0.61)	(7.45)	(−1.43)	(−0.23)
	lnPOP	−0.010	0.014	0.006	0.102***	0.019	0.026
		(−0.66)	(1.14)	(0.45)	(3.25)	(1.06)	(1.49)

　　(1)物流业与制造业协同集聚对绿色技术效率变化的影响。由表 5–9 中模型(3)的直接效应来看,物流业与制造业协同集聚和绿色技术效率变化之间存在显著的"U"型关系:当 ln$LMCA$<−1.7,即 $LMCA$<0.183 时,物流业与制造业协同集聚阻碍本地绿色技术效率改善;当 ln$LMCA$>−1.7,即 $LMCA$>0.183 时,物流业与制造业协同集聚有利于改善本地绿色技术效率。可能的原因是:在物流业与制造业刚开始协同集聚时,可能存在资源错配现象,设施设备共享率较低,没有实现规模经济,抑制了城市绿色技术效率的提高;当物流业与制造业协同集聚跨越曲线拐点(0.183)时,规模效应不断显现,资源配置效率提高,企业管理制度和水平不断提升,从而推动城市绿色技术效率提高。截至 2018 年年底,284 个样本城市中 275 个城市(占比为 96.8%)已经跨越了拐点,这意味着,对于绝大多数城市而言,物流业与制造业协同集聚能够改善城市绿色技术效率。从模型(3)的间接效应来看,ln$LMCA$ 二次项回归系数不显著,一次项回归系数为 0.130 且通过了 5% 显著性水平检验,但是小于直接效应的一次项回归系数 0.034,说明物流业与制造业协同集聚能够改善周边城市绿色技术效率,而且空间溢出效应小于本地效应。可能的原因是:当物流业与制造业协同集聚水平较低时,物流业或制造业发展不平衡,为了促进产业协同发展,可能会提升管理水平,而协同集聚对周边地区可能产生竞争效应,倒逼周边地区也提升管理水平,但是可能对提升本地管理水平的影响更大。从控制变量的系数来看,ln$T$ 直接效应回归系数为 0.024,且通过了 5% 显著性水平检验,间接效应回归系数不显著,说明加大科技投入,提升了本地的绿色技术效率。可能是因为加大科技投入,能够提升地区的管理水平,提高本地的绿色技术效率,但是对周边地区的绿色技术效率影响不显著。ln$ROAD$ 直接效应回归系数为−0.024,且通过了 1% 显著性水平检验,间接效应回归系数为−0.019,但是不显著,说明提升基础设施水平,降低了本地绿色技术效率,对周边地区绿色技术效率没有产生影响。可能是因为本地基础设施水平提高,便于要素流动,成为招商引资的优势,政府可能没有动力去提高管理水平;其他控制变量的直接效应和间接效应系数均不显著。

　　(2)物流业与制造业协同集聚对绿色技术变化的影响。由表 5–9 模型(6)可知,无论直接效应还是间接效应,ln$LMCA$ 的一次项和二次项系数均为正,但是不显著,说明物流业与制造业协同集聚对绿色技术变化没有影响。其原因可能是:技术进步主要源自研发投资和创新,与绿色技术效率提升相比,推动绿色技术进步更难,而物流业与制造业协同发展水平较低,没有发挥较好的协同效应,且物流业作为生产性服务业,其集聚对制造业效率提升影响显著,而推动制造业技术进步不仅需要物流业更高的集聚度、更高质量的服务,而且需要制造业的服务化,需要制造业与物流业深度融合发展,而目前物流业与制造业协同集聚对绿色技术进步的推动有限,需要两业协同集聚到更高水平,才能真正发挥集聚功效。从控制变量的系数来看,lnGOV 的直接效应和间接效应系数均为负,且通过了 1% 显著性水平检验,说明政府干预都不利于本地和周边地区的绿色技术进步。可能的原因是：不当的政府干预往往会扭曲市场竞争并阻碍技术创新，不同地区政府竞争，会争夺技术资源，不利于本地和周边地区的技术创新。$\ln ROAD$ 的直接效应系数为 -0.023，且通过了 1% 显著性水平检验，其间接效应系数为 -0.009，但是没有通过显著性检验，说明提高基础设施水平反而阻碍了本地绿色技术进步，对周边地区的绿色技术进步没有影响。可能的原因是：基础设施水平提高，与其他地区联系更加紧密，本地技术创新容易被周边地区模仿，产生同质化技术，与本地技术进行竞争，进而抑制本地绿色技术进步；其他变量的直接效应和间接效应系数均不显著。

5.2.4.3　物流业与制造业协同集聚对传统经济效率(TFP)及其分解项的影响

长期以来，中国经济发展过程中忽视了能源和环境的约束，造成了严重的环境污染，追求经济高质量增长和可持续发展的绿色经济模式在全世界广受欢迎。传统经济效率(TFP)与 GTFP 的区别在于，GTFP 考虑了能源投入和非期望产出。为了进一步深入探究物流业与制造业协同集聚对 GTFP 的影响，在不考虑能源和环境约束的情况下，探讨了物流业与制造业协同集聚对 TFP 的影响。为了比较，还列出了物流业与制造业协同集聚对 GTFP 的估计结果(如表 5-10 所示)。

表 5-10　物流业与制造业协同集聚对城市 TFP 及分解项影响估计

空间效应	变量	物流业与制造业协同集聚对 TFP 及分解项的影响估计			物流业与制造业协同集聚对 GTFP 及分解项的影响估计		
		(1)	(2)	(3)	(4)	(5)	(6)
		$\ln TFP$	$\ln TEC$	$\ln TC$	$\ln GTFP$	$\ln GEC$	$\ln GTC$
直接效应	$\ln LMCA$	0.032*	−0.027	0.031***	0.051***	0.033***	0.018
		(1.72)	(−1.50)	(2.76)	(3.45)	(2.78)	(1.37)
	$(\ln LMCA)^2$	0.005	−0.007	0.007**	0.012***	0.010***	0.002
		(1.03)	(−1.51)	(2.37)	(2.90)	(2.90)	(0.61)
	$\ln GOV$	−0.062***	−0.012	−0.019**	−0.056***	−0.010	−0.047***
		(−4.86)	(−0.96)	(−2.57)	(−5.49)	(−1.10)	(−5.31)
	$\ln T$	0.048***	−0.007	0.013	0.040***	0.024**	0.016
		(3.16)	(−0.50)	(1.46)	(3.19)	(2.31)	(1.46)
	$\ln ROAD$	−0.003	0.035***	−0.008	−0.047***	−0.024***	−0.023***
		(−0.28)	(3.06)	(−1.13)	(−4.85)	(−2.87)	(−2.77)
	$\ln POP$	−0.001	−0.002	0.001	−0.007**	−0.004*	−0.002
		(−0.26)	(−0.64)	(0.42)	(−2.15)	(−1.67)	(−0.88)

续表 5-10

空间效应	变量	物流业与制造业协同集聚对 TFP 及分解项的影响估计			物流业与制造业协同集聚对 GTFP 及分解项的影响估计		
		（1）	（2）	（3）	（4）	（5）	（6）
		lnTFP	lnTEC	lnTC	lnGTFP	lnGEC	lnGTC
间接效应	lnLMCA	0.020	−0.087	0.438**	0.168**	0.130**	0.029
		(0.16)	(−0.86)	(2.41)	(2.46)	(2.46)	(0.42)
	（lnLMCA）^2	−0.002	−0.020	0.086*	0.027	0.010	0.016
		(−0.06)	(−0.69)	(1.65)	(1.35)	(0.68)	(0.79)
	lnGOV	−0.463***	−0.121	−0.077	−0.182***	−0.037	−0.149***
		(−4.88)	(−1.62)	(−0.61)	(−3.65)	(−0.96)	(−2.93)
	lnT	−0.183**	−0.071	0.145	−0.082*	−0.000	−0.074
		(−2.03)	(−0.97)	(1.20)	(−1.67)	(−0.01)	(−1.50)
	lnROAD	0.041	−0.034	0.053	−0.020	−0.019	−0.009
		(0.55)	(−0.57)	(0.52)	(−0.51)	(−0.61)	(−0.23)
	lnPOP	0.008	−0.035	0.034	0.028*	0.006	0.026
		(0.26)	(−1.38)	(0.75)	(1.65)	(0.45)	(1.49)

根据表 5-10 中模型（1）的估计结果，从直接效应来看，lnLMCA 的一次项系数为 0.032 且通过了 10% 显著性水平检验，但是二次项系数没有通过显著性检验，说明物流业与制造业协同集聚能够促进 TFP 提升，该结论与模型（4）中物流业与制造业协同集聚和 GTFP 呈"U"型曲线关系有所差异；从间接效应来看，lnLMCA 的一次项系数和二次项系数均不显著，说明物流业与制造业协同集聚对周边地区 TFP 没有显著影响，这与模型（4）的物流业与制造业协同集聚能够显著促进周边地区 GTFP 不同。其原因可能是：目前物流业、制造业整体发展水平较低，还存在人口红利，在不考虑能源投入和环境污染的情况下，物流业与制造业协同集聚能够促进经济增长，但是由于集聚效应有限，辐射效应较弱，难以推动周边地区 TFP 增长。

根据表 5-10 中模型（2）的估计结果可知，无论是直接效应还是间接效应，lnLMCA 的一次项系数和二次项系数均不显著，说明物流业与制造业协同集聚对本地和周边地区技术效率均没有显著影响，而模型（5）表示物流业与制造业协同集聚与本地绿色技术效率呈"U"型关系，能够促进邻近地区绿色技术效率。其原因可能是：在不考虑能源投入和环境污染的情况下，物流业、制造业可能会选择粗放型发展模式，没有动力提高资源配置效率，对本地及周边地区技术效率不会产生影响。由模型（3）估计结果可知，从直接效应来看,lnLMCA 的一次项系数和二次项系数分别是 0.031、0.007,且分别通过了 1%、5% 显著性水平检验;从间接效应来看,lnLMCA 的一次项系数和二次项系数分别是 0.438、0.086,且分别通过了 5%、10% 显著性水平检验,说明物流业与制造业协同集聚和本地及周边地区技术水平之间均存在"U"型关系,且空间溢出效应大于本地效应,这与模型(6)表示物流业与制造业协同集聚对本地及周边地区技术变化均没有产生显著影响有明显的区别。其原因可能是:在不考虑能源投入和环境污染的情况下,技术创新可能相对更容易,物流业与制造业协同集聚有利于知识溢出,通过产业关联效应推动整体技术进步。

5.2.4.4 物流业和制造业单一产业集聚对城市 GTFP、TFP 及其分解项的影响

(1)制造业集聚对 GTFP 及其分解项的影响。由表 5-11 中模型(1)可知,从直接效应来看,lnMA 的一次项系数为-0.019 但是不显著,二次项系数为-0.004 且在 10% 水平上显著,说明制造业集聚与本地 GTFP 呈"倒 U"型关系。也就是说,当 lnMA<0(即 MA<1)时,制造业集聚可以促进本地 GTFP 提升,当 lnMA>0(即 MA>1)时,制造业集聚会抑制本地 GTFP 提升。从间接效应来看,lnMA 的一次项系数和二次项系数均不显著,说明制造业集聚对周边地区的 GTFP 没有显著影响。其原因可能是:当制造业集聚水平较低时,制造企业在特定空间范围内集聚有利于吸引高技术人才,共享环保设备,发挥规模效应,有效改善城市能源效率和减少污染物排放,提升城市 GTFP;当制造业集聚水平跨过拐点后,过多的制造企业集中,会引起交通拥挤、要素边际收益降低、交易成本上升、能源消耗增加、污染排放加重等一系列问题,抑制城市 GTFP 增长。这一结论与陈阳和唐晓华(2018,2019)的研究观点较为一致。

由表 5-11 中模型(2)(3)可知,制造业集聚会抑制本地城市绿色技术效率,对周边地区城市绿色技术效率、本地及周边城市绿色技术进步没有显著影响。其可能的原因是:地方政府为了促进地方增长,建设了大量的工业园区,出台了支持制造业发展的政策,同时,政府出于自身利益考虑竞相降低环境标准或放松环境管制来吸引流动性要素资源,从而产生"逐底竞争"效应,导致制造业缺乏动力去提升管理效率、改革经营体制和治理内部结构,不利于城市绿色技术效率。目前中国制造企业研发投入较低,主要集中于低端制造和加工环节,考虑能源投入和污染排放的约束条件下,技术创新难度非常大,加之目前制造业缺乏创新能力,导致难以推动技术进步。

由表 5-11 中模型(4)(5)(6)可知,相对于制造业集聚对 GTFP 的影响,制造业集聚对 TFP 和技术效率没有产生显著影响,但是与本地技术进步呈"U"型关系。其可能的原因是:当制造业集聚水平较低时,企业竞争不够激烈,缺乏动力去进行技术创新,但是当制造业集聚水平较高时,企业竞争加剧,倒逼企业进行创新,进而推动城市技术进步。

(2)物流业集聚对 GTFP 及其分解项的影响。由表 5-11 中模型(7)至模型(9)可知,物流业集聚对本地和周边地区 GTFP 及分解项均没有显著影响。其可能的原因是:物流业本身绿色环保特征并不明显,而且目前物流业发展效率相对滞后,仍以粗放型发展模

式为主,难以推动本地和周边地区 GTFP 增长。

由表 5-11 中模型(10)可知,从直接效应来看,lnLA 的一次项系数不显著,二次项系数为-0.012 且通过了 5% 显著性水平检验,说明物流业集聚与本地 TFP 呈"倒 U"型曲线关系,即当 lnLA<0(即 LA<1)时,物流业集聚可以促进本地 TFP 提升,当 lnLA>0(即 LA>1)时,物流业集聚会抑制本地 GTFP 提升。从间接效应来看,lnLA 的一次项系数为 0.222 且通过了 5% 显著性水平检验,二次项系数不显著,说明物流业集聚能够促进周边地区 TFP 提升。其原因可能是:当物流业集聚水平较低时,通过集聚可以发挥规模效应,吸引更多的制造企业入驻,促进本地 TFP 增长,但是当物流业集聚超过拐点后,会产生拥挤效应,存在重复建设问题,降低产业集聚效益,抑制本地 TFP 增长;由于物流业已经发展起来,当地的物流业可能已经可以满足当地物流需求,所以物流业集聚空间溢出效应难以发挥,对周边地区 TFP 没有产生影响。

由表 5-11 模型(11)间接效应可知,lnLA 的一次项系数为-0.176 且通过了 5% 显著性水平检验,二次项系数不显著,说明物流业集聚会抑制周边地区技术效率提升。其原因可能是:物流业集聚会对周边地区资源产生虹吸效应,抑制周边地区的技术效率。由表 5-11 模型(12)可知,物流业集聚对本地及周边地区技术变化均没有显著影响,可能是因为目前物流业主要属于劳动密集型产业,对地区整体技术的影响有限。

总之,通过以上分析可知,物流业与制造业协同集聚仅能推动本地 TFP 提升,其驱动力来自城市技术进步,而物流业与制造业协同集聚影响 GTFP 的驱动力或阻力来自城市绿色技术效率。也就是说,如果不考虑物流业与制造业协同集聚对能源和环境的改善作用,可能会扭曲物流业与制造业协同集聚对经济效率的影响。在实际的经济活动中,除了劳动和资本外,能源和环境污染物也是不可缺少的组成部分。因此,在能源和环境约束下的 GTFP 估算结果更接近实际,更科学合理。

5.2.5　异质性分析

由于中国幅员辽阔,经济发展水平也具有差异性,地区间物流业与制造业协同集聚、城市 GTFP 存在不平衡。因此,采用第 4 章的处理方法,将全样本 284 个地级及以上城市划分为东、中、西部及东北地区,检验不同地区物流业与制造业协同集聚对城市 GTFP 影响的区域异质性,回归结果如表 5-12 所示。

表 5-11　单一产业集聚对城市 GTFP 及其分解项估计结果

空间效应	变量	制造业集聚对 GTFP 及分解项的影响估计			制造业集聚对 TFP 及分解项的影响估计			物流业集聚对 GTFP 及分解项的影响估计			物流业集聚对 TFP 及分解项的影响估计		
		(1) lnGTFP	(2) lnGEC	(3) lnGTC	(4) lnTFP	(5) lnTEC	(6) lnTC	(7) lnGTFP	(8) lnGEC	(9) lnGTC	(10) lnTFP	(11) lnTEC	(12) lnTC
直接效应	lnMA	-0.019 (-1.61)	-0.019** (-1.98)	0.000 (0.03)	0.008 (0.58)	-0.016 (-1.15)	0.028*** (3.24)						
	$(\ln MA)^2$	-0.004* (-1.65)	-0.003 (-1.43)	-0.001 (-0.54)	0.002 (0.52)	-0.004 (-1.39)	0.006*** (3.04)						
	lnLA							-0.012 (-1.18)	-0.003 (-0.39)	-0.009 (-0.96)	-0.019 (-1.42)	-0.020 (-1.57)	-0.001 (-0.07)
	$(\ln LA)^2$							-0.005 (-1.35) (-1.96)	-0.000 (-0.09) (-1.52)	-0.005 (-1.48) (-0.77)	-0.012** (-2.57) (-0.11)	-0.001 (-0.15) (-0.81)	-0.003 (-0.97) (0.63)
间接效应	lnMA	0.057 (1.10)	0.031 (0.77)	0.030 (0.57)	0.026 (0.28)	-0.005 (-0.06)	-0.007 (-0.05)						
	$(\ln MA)^2$	0.005 (0.37)	-0.006 (-0.60)	0.012 (0.99)	0.010 (0.42)	-0.006 (-0.34)	-0.014 (-0.43)						
	lnLA							0.046 (0.86)	0.013 (0.31)	0.038 (0.71)	0.222** (2.29)	-0.176** (-2.31)	0.184 (1.31)
	$(\ln LA)^2$							-0.008 (-0.41) (1.76)	-0.016 (-1.02) (0.47)	0.010 (0.48) (1.61)	0.023 (0.64) (0.35)	-0.014 (-0.48) (-1.69)	0.006 (0.12) (0.99)

表 5-12　分区域物流业与制造业协同集聚影响城市 GTFP 及分解项的空间效应分解

空间效应	变量	东部地区			中部地区			西部地区			东北地区		
		(1)	(2)	(3)	(4)	(5)	(6)	(7)	(8)	(9)	(10)	(11)	(12)
		lnGTFP	lnGEC	lnGTC	lnGTFP	lnGEC	lnGTC	lnGTFP	lnGEC	lnGTC	lnGTFP	lnGEC	lnGTC
空间效应	lnLMCA	-0.046**	0.020	-0.066***	0.079***	0.058***	0.022	0.038	-0.012	0.050*	0.183***	0.082**	0.103***
		(-2.10)	(1.15)	(-3.21)	(3.25)	(2.76)	(0.95)	(1.12)	(-0.43)	(1.84)	(4.52)	(2.21)	(2.98)
	$(\ln LMCA)^2$	-0.013**	0.002	-0.016***	0.025***	0.016**	0.009	0.003	-0.001	0.005	0.044***	0.030***	0.014*
		(-2.22)	(0.54)	(-2.84)	(3.47)	(2.55)	(1.36)	(0.35)	(-0.17)	(0.60)	(4.35)	(3.24)	(1.67)
直接效应	lnGOV	-0.003	-0.022	0.021	-0.016	-0.011	-0.003	-0.088***	0.017	-0.104***	-0.101***	-0.036	-0.063***
		(-0.19)	(-1.60)	(1.27)	(-0.94)	(-0.75)	(-0.20)	(-4.05)	(1.01)	(-6.09)	(-3.90)	(-1.50)	(-2.81)
	lnT	0.003	0.004	0.002	0.066***	0.025	0.042**	0.037	0.030	0.007	-0.010	0.018	-0.031
		(0.15)	(0.20)	(0.10)	(3.23)	(1.42)	(2.16)	(1.42)	(1.45)	(0.35)	(-0.32)	(0.61)	(-1.11)
	lnROAD	-0.017	-0.027**	0.009	-0.075***	-0.044***	-0.031*	-0.038**	-0.017	-0.021	-0.040	0.032	-0.075***
		(-1.14)	(-2.31)	(0.67)	(-4.24)	(-2.85)	(-1.88)	(-1.98)	(-1.13)	(-1.34)	(-1.23)	(1.09)	(-2.72)
	lnPOP	0.003	0.003	0.000	-0.006	-0.004	-0.002	-0.012*	-0.004	-0.007	-0.023***	-0.025***	0.003
		(0.77)	(1.04)	(0.02)	(-1.18)	(-0.96)	(-0.32)	(-1.73)	(-0.78)	(-1.35)	(-2.78)	(-3.31)	(0.36)

续表 5-12

空间效应	变量	东部地区			中部地区			西部地区			东北地区		
		(1) lnGTFP	(2) lnGEC	(3) lnGTC	(4) lnGTFP	(5) lnGEC	(6) lnGTC	(7) lnGTFP	(8) lnGEC	(9) lnGTC	(10) lnGTFP	(11) lnGEC	(12) lnGTC
空间效应	lnLMCA	0.082	−0.036	0.148	0.034	0.090	−0.063	0.166	0.258***	−0.100	−0.179	−0.040	−0.119
		(0.87)	(−0.61)	(1.48)	(0.38)	(1.25)	(−0.76)	(1.51)	(2.86)	(−1.02)	(−1.46)	(−0.41)	(−1.37)
	$(\ln LMCA)^2$	0.007	−0.009	0.020	−0.015	0.005	−0.020	0.028	0.043	−0.016	−0.039	−0.026	−0.010
		(0.24)	(−0.55)	(0.71)	(−0.51)	(0.20)	(−0.74)	(0.81)	(1.52)	(−0.52)	(−1.32)	(−1.10)	(−0.45)
	lnGOV	−0.010	−0.009	0.019	0.046	−0.060	0.113	0.049	0.070	−0.016	−0.238***	−0.091*	−0.138***
		(−0.12)	(−0.15)	(0.21)	(0.58)	(−0.93)	(1.53)	(0.77)	(1.36)	(−0.29)	(−3.63)	(−1.71)	(−2.92)
间接效应	lnT	−0.126	−0.132*	0.030	−0.027	−0.190***	0.172**	−0.075	−0.054	−0.018	0.189**	0.144**	0.036
		(−1.14)	(−1.91)	(0.27)	(−0.35)	(−3.03)	(2.43)	(−0.99)	(−0.88)	(−0.28)	(2.51)	(2.37)	(0.66)
	lnROAD	0.166**	0.043	0.122	0.111*	−0.072	0.186***	−0.032	−0.082**	0.045	0.291***	0.099	0.168**
		(2.27)	(0.97)	(1.60)	(1.79)	(−1.42)	(3.16)	(−0.64)	(−2.04)	(1.03)	(3.03)	(1.30)	(2.48)
	lnPOP	−0.018	−0.024	0.012	0.034	0.003	0.032	0.033	0.007	0.030	0.040	0.040*	−0.001
		(−0.74)	(−1.61)	(0.48)	(1.60)	(0.20)	(1.60)	(1.44)	(0.36)	(1.45)	(1.44)	(1.79)	(−0.04)

5.2.5.1　分地区物流业与制造业协同集聚对城市绿色全要素生产率的影响

由表 5-12 中模型(1)(4)(7)(10)可知,物流业与制造业协同集聚对城市 GTFP 影响的直接效应存在地区异质性,东部地区主要表现为"倒 U"型关系,中部和东北地区为"U"型关系,西部地区不显著;而物流业与制造业协同集聚对城市 GTFP 影响的间接效应均不显著。

首先,物流业与制造业协同集聚对本地城市 GTFP 的影响在东部地区表现为"倒 U"型。东部地区物流业与制造业协同集聚作用于本地城市 GTFP 直接效应的一次项和二次项系数分别为-0.046、-0.013,且均通过了 5% 显著性水平检验,说明东部地区物流业与制造业协同集聚和城市 GTFP 为显著的"倒 U"型关系:当 $\ln LMCA < -1.769$(即 $LMCA < 0.170$)时,物流业与制造业协同集聚对本地城市 GTFP 有显著的促进作用;当 $\ln LMCA > -1.769$(即 $LMCA > 0.170$)时,物流业与制造业协同集聚对本地城市 GTFP 起抑制作用,符合"威廉姆斯假说"。尽管物流业与制造业协同集聚对本地城市 GTFP 的影响是先促进后抑制,但是其拐点值仅为 0.170,在 1204 个样本中仅有 33 个小于 0.170。也就是说当物流业与制造业还未真正形成协同集聚,两者在空间上的集中就已经开始对城市 GTFP 产生负面作用,与纪玉俊和孙红梅(2020)的观点较为一致。可能的原因在于:东部沿海地区是制造业主要集聚地,制造业产生大量物流需求,吸引大量的物流企业在此集聚,物流企业通过为制造业提供专业化物流服务,促进制造业转型升级,推动城市 GTFP 增长,但是随着物流企业不断集聚,协同集聚水平不断上升,到达一定程度后,不利于产业"梯度转移",形成发展路径锁定,而且制造业对环境污染较为严重,不利于本地城市 GTFP 增长。

其次,物流业与制造业协同集聚对本地城市 GTFP 的影响在中部和东北地区均表现为"U"型。中部地区物流业与制造业协同集聚作用于城市 GTFP 直接效应的一次项系数和二次项系数分别为 0.079、0.025,且均通过了 1% 显著性水平检验,说明中部地区物流业与制造业协同集聚和城市 GTFP 为显著的"U"型关系:当 $\ln LMCA < -1.580$(即 $LMCA < 0.206$)时,物流业与制造业协同集聚对本地城市 GTFP 起抑制作用;当 $\ln LMCA > -1.580$(即 $LMCA > 0.206$)时,物流业与制造业协同集聚对本地城市 GTFP 有显著的促进作用。东北地区物流业与制造业协同集聚作用于城市 GTFP 直接效应的一次项和二次项系数分别为 0.183、0.044,且均通过了 1% 显著性水平检验,说明东北地区物流业与制造业协同集聚和城市 GTFP 为显著的"U"型关系。当 $\ln LMCA < -2.080$(即 $LMCA < 0.125$)时,物流业与制造业协同集聚对本地城市 GTFP 起抑制作用;当 $\ln LMCA > -2.080$(即 $LMCA > 0.125$)时,物流业与制造业协同集聚对本地城市 GTFP 有显著的促进作用。中部和东北地区制造业或物流业专业化集聚水平、协同集聚水平特征跟全国层面较为一致,因此物流业与制造业协同集聚和城市 GTFP 关系都呈"U"型,原因也基本一致,不再赘述。

最后,物流业与制造业协同集聚对本地城市 GTFP 的影响在西部地区不显著。西部地区物流业与制造业协同集聚作用于城市 GTFP 直接效应的一次项和二次项系数分别为 0.038、0.003，但是没有通过显著性水平检验，说明物流业与制造业协同集聚对城市 GTFP 的影响不显著。可能的原因是：西部地区制造业自营物流居多，没有将物流环节进行大量外包，不利于物流业和制造业发展，对城市 GTFP 的影响不显著。

另外，四个地区物流业与制造业协同集聚对周边城市 GTFP 均没有产生影响，说明各区域物流业与制造业协同集聚扩散效应和极化效应均发挥不足，粗放型生产方式和片面追求各自利益的发展策略，互相之间恶性竞争，没有形成协调的空间效应，没有促进周边城市 GTFP 增长。

5.2.5.2 分地区物流业与制造业协同集聚对城市绿色全要素生产率分解项的影响

（1）物流业与制造业协同集聚对绿色技术效率的影响。由表 5-12 中模型（2）（5）（8）（11）可知，中部和东北地区物流业与制造业协同集聚和本地绿色技术效率存在"U"型关系，西部地区物流业与制造业协同集聚能够改善周边城市绿色技术效率，而东部地区物流业与制造业协同集聚对本地和周边地区绿色技术效率影响均不显著。

首先，中部和东北地区物流业与制造业协同集聚作用于绿色技术效率的直接效应系数均显著为正，间接效应回归系数均不显著，说明这两个地区的物流业与制造业协同集聚与本地绿色技术效率之间存在明显的"U"型关系：当 $LMCA$ 低于拐点①时，物流业与制造业协同集聚抑制城市绿色技术效率提高；当 $LMCA$ 高于拐点时，物流业与制造业协同集聚显著促进城市绿色技术效率提高。可能的原因是：当中部和东北地区物流业与制造业发展不平衡时，二者之间竞争效应较强，不利于绿色技术效率的提高，但是随着两者不断融合，促进合作制度的不断完善，有利于绿色技术效率的提高。

其次，西部地区物流业与制造业协同集聚作用于绿色技术效率的间接效应一次项系数显著为正，二次项系数没有通过显著性水平检验，直接效应回归系数均不显著，说明西部地区物流业与制造业协同集聚对本地绿色技术效率的影响不显著，但是能够促进周边地区绿色技术效率提升。可能是因为不同地区之间基于发展需要，争夺物流或制造资源，本地物流业与制造业协同集聚可能会倒逼周边地区提升绿色技术效率。

最后，东部地区的物流业与制造业协同集聚作用于绿色技术效率的直接效应和间接效应系数均不显著，说明东部地区物流业与制造业协同集聚对本地和周边地区绿色技术效率的影响不显著。可能的原因是：东部地区技术水平较高，物流业与制造业协同集聚难以推动本地和周边地区绿色技术效率提高。

（2）物流业与制造业协同集聚对绿色技术进步的影响。由表 5-12 中模型（3）（6）（9）（12）可知，东部地区物流业与制造业协同集聚与本地绿色技术进步存在"倒 U"型关

---

① 中部和东北地区 $LMCA$ 的拐点分别是 0.163、0.255。

系,东北地区物流业与制造业协同集聚与本地绿色技术进步存在"U"型关系,西部地区物流业与制造业协同集聚有利于促进本地绿色技术进步,这三个地区物流业与制造业协同集聚对周边地区绿色技术进步影响均不显著,中部地区对本地和周边绿色技术进步影响亦均不显著。

首先,东部地区物流业与制造业协同集聚对本地绿色技术进步影响的一次项和二次项系数分别为-0.066、-0.016,且均在1%水平上显著,间接效应的一次项和二次项系数均不显著,说明物流业与制造业协同集聚和本地绿色技术进步之间存在显著的"倒 U"型关系:当 $\ln LMCA < -2.063$(即 $LMCA < 0.127$)时,物流业与制造业协同集聚能够促进本地绿色技术进步;当 $\ln LMCA > -2.063$(即 $LMCA > 0.127$)时,物流业与制造业协同集聚会抑制本地绿色技术进步,而物流业与制造业协同集聚对周边地区绿色技术进步的影响不显著。可能的原因是:东部地区制造业发展水平高于物流业,物流业为了满足制造业的物流服务要求,必须努力提升企业物流技术水平,进而推动城市绿色技术进步,但是当两者发展水平较为协调时,物流业缺乏动力改进技术,可能会抑制城市的绿色技术进步。另外,本地物流业与制造业协同集聚扩散效应没有得到较好发挥,对周边地区绿色技术进步的影响不显著。

其次,东北地区物流业与制造业协同集聚对本地绿色技术进步影响的一次项和二次项系数分别为0.103、0.014,分别在1%、10%水平上显著,间接效应的一次项和二次项系数均不显著,说明物流业与制造业协同集聚和本地绿色技术进步之间存在显著的"U"型关系:当 $\ln LMCA < -3.679$(即 $LMCA < 0.025$)时,物流业与制造业协同集聚会抑制本地绿色技术进步;当 $\ln LMCA > -3.679$(即 $LMCA > 0.025$)时,物流业与制造业协同集聚能够促进本地绿色技术进步,而物流业与制造业协同集聚对周边地区绿色技术进步影响不显著。可能的原因是:当物流业与制造业协同集聚水平较低时,两者发展水平差距较大,前期可能主要进行物流基础设施建设,挤占了技术开发资金,阻碍了城市绿色技术进步,但是两者发展水平逐渐缩小后,通过发挥共享效应和溢出效应,可以促进城市绿色技术进步;另外,东北地区物流业与制造业协同集聚的扩散效应没有得到较好的发挥,并没有推动周边地区绿色技术进步。

再次,西部地区物流业与制造业协同集聚对本地绿色技术进步影响的一次项系数为0.050,且在10%水平上显著,二次项系数不显著,同时间接效应的一次项和二次项系数均不显著,说明物流业与制造业协同集聚显著促进了本地绿色技术进步,对周边地区的绿色技术进步没有影响。可能的原因是:西部地区制造业和物流业发展相对滞后,通过学习或引进其他地区先进技术,发挥后发优势,可以带动本地绿色技术进步,但是对周边地区的绿色技术进步不能产生影响。

最后,中部地区物流业与制造业协同集聚对绿色技术进步直接效应和间接效应回归系数均不显著,说明中部地区物流业与制造业协同集聚对本地和周边地区绿色技术进步的影响不显著。可能的原因是:中部地区物流业与制造业还处于快速发展阶段,可能"拿来主义"更多,自主创新能力较弱,不能对本地和周边地区绿色技术进步产生影响。

总之,物流业与制造业协同集聚对本地城市 GTFP 的影响表现为先下降、后上升的"U"型曲线特征,对周边城市 GTFP 具有显著促进作用,主要通过改善绿色技术效率影响城市 GTFP,而且对城市 GTFP 及其分解项的影响存在区域异质性。

5.2.6 稳健性检验

本书从以下三个方面检验物流业与制造业协同集聚对城市 GTFP 影响的稳健性,结果如表 5-13 所示。

(1)更换空间权重矩阵。空间计量模型对空间权重矩阵较为敏感,为了进一步确保研究结论的可靠性,参照袁华锡等(2019)的做法,通过采用邻接空间权重矩阵(W_2)对前述主要结果进行稳健性分析,其计算公式为:

$$\ln GTFP_{it} = \lambda_1 \ln LMCA_{it} I(PGDP_{it} \leqslant \tau_1) + \lambda_2 \ln LMCA_{it} I(\tau_1 < PGDP_{it} \leqslant \tau_2) + \cdots$$
$$+ \lambda_n \ln LMCA_{it} I(PGDP_{it} > \tau_{n-1}) + \beta X_{it} + u_i + v_t + \varepsilon_{it} \tag{5-12}$$

由表 5-13 中模型(1)(4)(7)可知,物流业与制造业协同集聚和本地城市 GTFP、绿色技术效率仍为"U"型关系,能够促进周边城市 GTFP 增长和绿色技术效率改善,对本地绿色技术进步和周边城市 GTFP 影响均不显著,其他控制变量的估计系数与主回归结果基本一致,说明本书的核心结论不会因为空间权重矩阵度量方法的改变而发生较大变化,回归结果较为稳健。

(2)去除数据异常值。为了解决样本中可能存在的异常值,对核心解释变量 $\ln LMCA$ 进行前后 1% 的双侧缩尾处理。由表 5-13 中模型(2)(5)(8)可知,除了个别变量的显著性水平略有变化以外,核心解释变量 $\ln LMCA$ 和控制变量的回归结果与主回归结果较为一致,说明回归结果较为稳健。

(3)剔除特殊样本。在总样本中,北京、天津、上海、重庆等 4 个直辖市的行政级别高于其他城市,经济特征不同,可能影响回归结果。因此,我们从总样本中剔除了这 4 个直辖市。由表 5-13 中模型(3)(6)(9)可知,核心解释变量 $\ln LMCA$ 和控制变量的回归结果与主回归结果较为一致,说明回归结果较为稳健。

总之,通过以上三种方法重新估计物流业与制造业协同集聚和城市 GTFP 之间的关系,核心解释变量 $\ln LMCA$ 和控制变量估计结果与主结果一致,说明本章的研究结论较为稳健。

表 5-13　物流业与制造业协同集聚影响城市 GTFP 及分解项的稳健性检验结果

	自变量	lnGTFP			lnGEC			lnGTC		
		(1) W_2	(2) 缩尾	(3) 剔除直辖市	(4) W_2	(5) 缩尾	(6) 剔除直辖市	(7) W_2	(8) 缩尾	(9) 剔除直辖市
空间效应	ln$LMCA$	0.051***	0.048***	0.053***	0.034***	0.029**	0.035***	0.018	0.019	0.018
		(3.45)	(2.76)	(3.53)	(2.78)	(2.04)	(2.85)	(1.37)	(1.29)	(1.39)
	(ln$LMCA$)²	0.012***	0.012*	0.012***	0.010***	0.009*	0.010***	0.002	0.003	0.002
		(2.90)	(1.96)	(2.94)	(2.90)	(1.85)	(2.93)	(0.61)	(0.54)	(0.63)
	lnGOV	-0.056***	-0.056***	-0.056***	-0.009	-0.009	-0.008	-0.047***	-0.047***	-0.047***
		(-5.49)	(-5.47)	(-5.39)	(-1.06)	(-1.01)	(-0.94)	(-5.31)	(-5.33)	(-5.30)
直接效应	ln$T$	0.040***	0.040***	0.041***	0.024**	0.025**	0.024**	0.016	0.015	0.017
		(3.19)	(3.21)	(3.27)	(2.34)	(2.41)	(2.33)	(1.46)	(1.41)	(1.55)
	ln$ROAD$	-0.047***	-0.047***	-0.043***	-0.024***	-0.024***	-0.023***	-0.023***	-0.023***	-0.021**
		(-4.85)	(-4.86)	(-4.45)	(-2.96)	(-2.98)	(-2.80)	(-2.77)	(-2.75)	(-2.45)
	lnPOP	-0.007**	-0.006**	-0.007**	-0.004	-0.004	-0.005**	-0.002	-0.002	-0.002
		(-2.15)	(-2.09)	(-2.32)	(-1.62)	(-1.56)	(-1.97)	(-0.88)	(-0.87)	(-0.75)

续表 5-13

空间效应	自变量	lnGTFP			lnGEC			lnGTC		
		(1) W₂	(2) 缩尾	(3) 剔除直辖市	(4) W₂	(5) 缩尾	(6) 剔除直辖市	(7) W₂	(8) 缩尾	(9) 剔除直辖市
空间效应	lnLMCA	0.168**	0.172**	0.175***	0.130**	0.142**	0.133**	0.029	0.023	0.035
		(2.46)	(2.06)	(2.58)	(2.46)	(2.19)	(2.50)	(0.42)	(0.27)	(0.51)
	$(\ln LMCA)^2$	0.027	0.029	0.029	0.010	0.013	0.012	0.016	0.016	0.017
		(1.35)	(0.92)	(1.47)	(0.68)	(0.53)	(0.76)	(0.79)	(0.51)	(0.85)
间接效应	lnGOV	−0.182***	−0.183***	−0.166***	−0.037	−0.039	−0.027	−0.149***	−0.148***	−0.142***
		(−3.65)	(−3.64)	(−3.31)	(−0.96)	(−1.01)	(−0.69)	(−2.93)	(−2.89)	(−2.79)
	lnT	−0.082*	−0.086*	−0.069	−0.000	−0.006	0.005	−0.074	−0.073	−0.067
		(−1.67)	(−1.75)	(−1.42)	(−0.01)	(−0.15)	(0.13)	(−1.50)	(−1.46)	(−1.35)
	lnROAD	−0.020	−0.019	−0.013	−0.019	−0.018	−0.025	−0.009	−0.009	0.006
		(−0.51)	(−0.49)	(−0.33)	(−0.61)	(−0.59)	(−0.81)	(−0.23)	(−0.23)	(0.14)
	lnPOP	0.028*	0.029*	0.027	0.006	0.006	0.008	0.026	0.027	0.023
		(1.65)	(1.68)	(1.59)	(0.45)	(0.44)	(0.58)	(1.49)	(1.53)	(1.31)

第6章 物流业与制造业协同集聚影响城市 GTFP 的门槛效应

根据"威廉姆斯假说",物流业与制造业协同集聚对城市 GTFP 的影响可能受到经济发展水平的制约存在门槛效应。因此,本章将运用门槛回归模型重点探讨中国物流业与制造业协同集聚影响城市 GTFP 门槛特征。

6.1 研究设计

6.1.1 模型构建

为了考察经济增长过程中物流业与制造业协同集聚对城市 GTFP 的门槛特征,借鉴 Hansen(1999)门槛回归模型的估计方法,构建以 $PGDP$ 为门槛变量和以物流业与制造业协同集聚指数为门槛依赖变量的门槛回归模型,其方程为:

$$\ln GTFP_{it} = \lambda_1 \ln LMCA_{it} I(PGDP_{it} \leqslant \tau_1) + \lambda_2 \ln LMCA_{it} I(\tau_1 < PGDP_{it} \leqslant \tau_2) + \cdots$$
$$+ \lambda_n \ln LMCA_{it} I(PGDP_{it} > \tau_{n-1}) + \beta X_{it} + u_i + v_t + \varepsilon_{it} \tag{6-1}$$

式中:$PGDP_{it}$ 为门槛变量,$\tau_1, \tau_2, \cdots, \tau_{n-1}$ 为门槛值,$\lambda_1, \lambda_2, \cdots, \lambda_n$ 为不同门槛区间估计参数,$I(\cdot)$ 为示性函数,当门槛变量满足括号内条件时为 1,否则为 0;其他符号的含义同第 5 章。

6.1.2 变量选择

根据"威廉姆斯假说",经济发展水平与城市 GTFP 息息相关,因此,以 2004 年不变价格的人均 GDP 作为衡量经济发展水平的指标。将 $PGDP$ 选为门槛回归模型中的门槛变量,用以检验与分析物流业与制造业协同集聚对不同经济发展阶段城市 GTFP 影响的差异,其他变量与第 5 章一致。

6.2 实证分析

6.2.1 全样本门槛效应分析

6.2.1.1 门槛效应检验

选 $PGDP$ 作为门槛变量,检验"威廉姆斯假说"是否仍然适用于产业协同集聚的情形,根据 Hansen 的思路,门槛估计之前需要先确定门槛的数量和大小,利用 Stata17 软件,采用 Bootstrap 法抽样 500 次检验门槛效应是否存在,检验结果如表 6-1 所示。

（1）以 $\ln GTFP$ 为被解释变量。由表 6-1 可知,以 $\ln GTFP$ 为被解释变量的模型单一门槛 F 统计量在 1% 水平上显著,而双重门槛未通过显著性检验,因此,可以确定该模型只存在 1 个门槛值,为 7.364;同时,由图 6-1 可以看出,在给定 1% 的显著性水平下,门槛值对应的 LR 统计量小于临界值 10.592（虚线）,不能拒绝"门槛值等于真实值"的原假设,由此可以认为上述门槛值是真实有效的。

（2）以 $\ln GEC$ 为被解释变量。由表 6-1 可知,以 $\ln GEC$ 为被解释变量的模型双重门槛 F 统计量在 1% 水平上显著,而三重门槛未通过显著性检验,因此,可以确定门槛值的个数为 2 个,分别为 2.214、11.466;同时,由图 6-2 可以看出,在给定 1% 的显著性水平下,两个门槛值所对应的 LR 统计量均小于临界值 10.592,不能拒绝"门槛值等于真实值"的原假设,由此可以认为上述门槛值是真实有效的。

（3）以 $\ln GTC$ 为被解释变量。由表 6-1 可知,以 $\ln GTC$ 为被解释变量的模型双重门槛 F 统计量在 1% 水平上显著,而三重门槛未通过显著性检验,因此,可以确定门槛值的个数为 2 个,分别为 5.280、10.709;同时,由图 6-3 可以看出,在给定 1% 的显著性水平下,两个门槛值所对应的 LR 统计量均小于临界值 10.592,不能拒绝"门槛值等于真实值"的原假设,由此可以认为上述门槛值是真实有效的。

表 6-1 门槛效应检验

被解释变量	模型	F 值	P 值	门槛值	95% 置信区间
$\ln GTFP$	单一门槛	94.53	0.000	7.364	[7.152,7.428]
	双重门槛	20.93	0.246	5.215	[4.807,5.230]
$\ln GEC$	单一门槛	48.35	0.004	2.214	[2.164,2.230]
	双重门槛	41.56	0.000	11.466	[10.978,11.608]
	三重门槛	11.04	0.646	0.812	[0.662,0.830]

续表 6-1

被解释变量	模型	F 值	P 值	门槛值	95% 置信区间
lnGTC	单一门槛	67.43	0.002	5.280	[4.850,5.309]
	双重门槛	167.03	0.000	10.709	[10.577,10.837]
	三重门槛	23.21	0.884	2.388	[2.288,2.403]

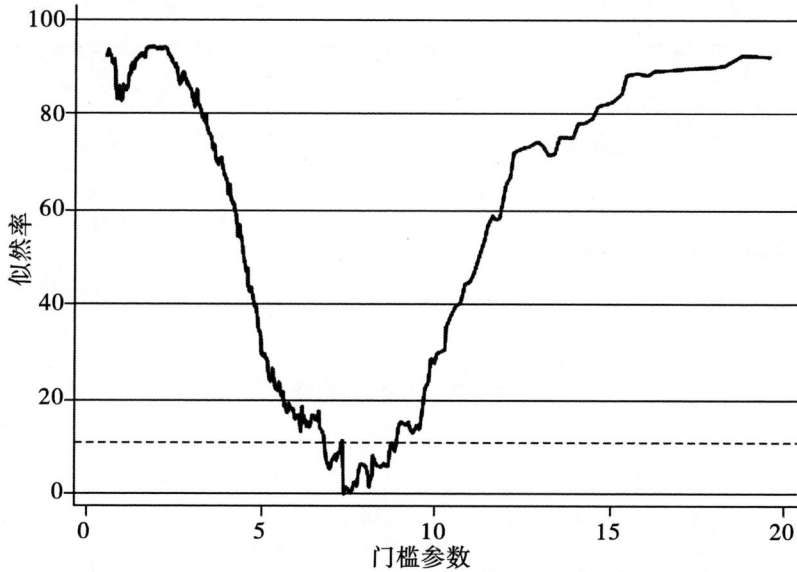

图 6-1 物流业与制造业协同集聚影响城市 GTFP 模型人均 GDP 似然比函数图

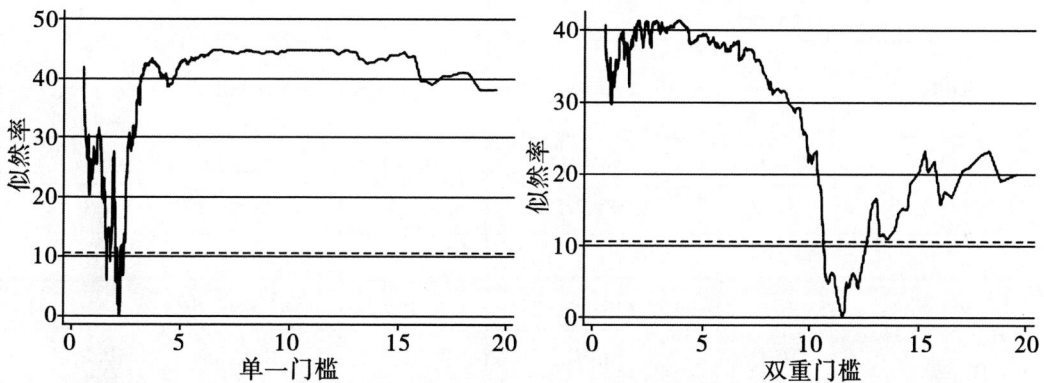

图 6-2 物流业与制造业协同集聚影响城市绿色技术效率模型人均 GDP 似然比函数图

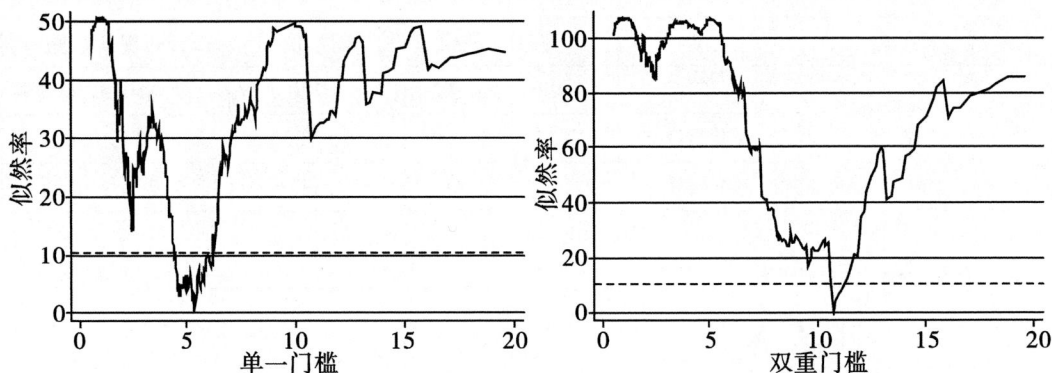

图6-3　物流业与制造业协同集聚影响城市绿色技术变化模型人均 GDP 似然比函数图

6.2.1.2　门槛回归估计结果

基于上述门槛效应检验结果,分别构建单一门槛、双重门槛回归模型进行实证分析,参数估计情况如表6-2所示。

表6-2　门槛回归结果

变量	(1) ln*GTFP*	变量	(2) ln*GEC*	变量	(3) ln*GTC*
ln*GOV*	0.072 * * * (3.77)	ln*GOV*	−0.047 * * * (−3.79)	ln*GOV*	0.126 * * * (5.83)
ln*T*	0.132 * * * (6.76)	ln*T*	0.002 (0.21)	ln*T*	0.130 * * * (5.99)
ln*ROAD*	0.083 * * * (3.76)	ln*ROAD*	−0.071 * * * (−6.37)	ln*ROAD*	0.153 * * * (6.89)
ln*POP*	−0.000 (−0.02)	ln*POP*	−0.007 * * (−2.29)	ln*POP*	0.007 (1.56)
ln*LMCA* (*PGDP*≤7.364)	0.031 * * * (3.40)	ln*LMCA* (*PGDP*≤2.214)	−0.042 * * * (−2.73)	ln*LMCA* (*PGDP*≤5.280)	0.047 * * * (4.14)
ln*LMCA* (*PGDP*>7.364)	−0.093 * * * (−3.33)	ln*LMCA*(2.214< *PGDP*≤11.466)	0.010 (1.33)	ln*LMCA*(5.280< *PGDP*≤10.709)	−0.035 * (−1.94)
		ln*LMCA* (*PGDP*>11.466)	0.092 * * * (3.89)	ln*LMCA* (*PGDP*>10.709)	−0.190 * * * (−3.83)
Constant	0.314 * * * (3.87)	Constant	0.052 (1.20)	Constant	0.277 * * * (3.18)

（1）物流业与制造业协同集聚作用于城市绿色全要素生产率的门槛效应分析。当 $PGDP \leq 7.364$ 万元/年时，lnLMCA 系数估计值 0.031，且在 1% 水平上显著，说明低于门槛值时，物流业与制造业协同集聚对城市 GTFP 表现出一定的促进作用；当 $PGDP > 7.364$ 万元/年时，lnLMCA 系数估计值为 -0.093，且在 1% 水平下显著，说明当跨越门槛值时，物流业与制造业协同集聚对城市 GTFP 增长的影响倾向由正转负，验证了"威廉姆斯假说"在物流业与制造业协同集聚情形下依然成立。可能的原因是：当经济发展水平较低时，物流业与制造业在同一区域内集聚，有利于二者之间互动交流、资源共享、协同创新，经济增长效益不断提高，同时企业集中便于共享节能减排设施，有利于政府集中监管、治理企业污染，而且可以降低污染排放的边际成本，促使节能减排共享效应得到有效发挥，促进市 GTFP 提高；而当经济发展水平变得较为发达时，受制于资源、空间的限制，产业可能存在过度集聚，引发资源错配、产业结构失衡、环境污染等问题，加剧区域间竞争，拥挤效应日益显现，抵消协同集聚经济增长效应。截至 2018 年年底，在 284 个样本城市中已经跨越门槛值的城市有 137 个，占比达到 48.2%，包括北京、天津、上海、石家庄、呼和浩特、沈阳、长春、哈尔滨、南京、杭州、合肥、福州、南昌、济南、郑州、武汉、长沙、广州、南宁、成都、贵阳、昆明、西安、兰州、乌鲁木齐等直辖市或省会城市，以及江苏、浙江、广东、山东等发达省份的其他城市，说明这些城市已经进入城市 GTFP 随着物流业与制造业协同集聚水平提高而下降的阶段，这些城市应该加快产业转移，与周边城市协同发展。

（2）物流业与制造业协同集聚作用于城市绿色技术效率、绿色技术进步的门槛效应分析。物流业与制造业协同集聚作用于城市绿色技术效率、绿色技术进步的门槛效应表现出截然相反的门槛特征。首先对物流业与制造业协同集聚作用于绿色技术效率的门槛效应进行分析。当 $PGDP \leq 2.214$ 万元/年时，lnLMCA 的系数估计值为 -0.042，且在 1% 水平显著，说明当低于第一个门槛值时，物流业与制造业协同集聚对绿色技术效率表现出显著抑制作用；当 2.214 万元/年 $< PGDP \leq 11.466$ 万元/年时，lnLMCA 的系数估计值为 0.010，但是并不显著，说明跨越第一个门槛而小于第二个门槛时，物流业与制造业协同集聚对绿色技术效率的影响不显著；当 $PGDP > 11.466$ 万元/年时，lnLMCA 的回归系数为 0.078，且通过了 1% 显著性水平检验，说明跨越第二个门槛值时，物流业与制造业协同集聚能够改善绿色技术效率，与对城市 GTFP 的影响表现出相反的门槛特征。其主要原因可能是：经济发展水平较低时，物流业发展也较为滞后，难以有效支撑制造业供应链物流高效运作，两业协同效应没有发挥出来；另外，受制于市场分割和地方保护主义的影响，物流业与制造业供需脱节，并且地方政府竞争使得物流业出现较强的同质化，导致地区物流业与制造业间的资源错配，企业没有动力通过制度创新改善绿色技术效率。随着经济发展水平不断提高，物流业服务能力得到快速发展，制造业更愿意剥离物流环节，使制造企业更加专注于企业核心竞争力，有动力进行组织变革和制度创新，协同集聚正面作用可能会抵消负面效应，促进绿色技术效率提高。其次对物流业与制造业协同集聚作用于绿色技术进步的门槛效应分析。当 $PGDP \leqslant 5.280$ 万元/年时,$\ln LMCA$ 的系数估计值为 0.047,且在 1% 水平上显著,说明当低于第一个门槛值时,物流业与制造业协同集聚能够推动技术进步;当 5.280 万元/年 $< PGDP \leqslant 10.709$ 万元/年时,$\ln LMCA$ 的系数估计值为 -0.035,在 10% 水平上显著,说明当经济发展水平在第一门槛值和第二门槛值之间时,物流业与制造业协同集聚对技术进步影响由推动转为抑制;当 PGDP > 10.709 万元/年时,$\ln LMCA$ 的系数估计值为 -0.190,且在 1% 水平显著,但相对而言估计系数的绝对值有所增加,说明跨越第二个门槛值时,物流业与制造业协同集聚会增加技术进步的抑制作用。这跟对 GTFP 的影响较为相似,其可能的原因是:当经济发展水平较低时,物流业与制造业协同集聚便于知识交流,二者之间有动力进行技术合作,而且随着企业数量不断增加,企业竞争越来越激烈,为了在竞争中生存,倒逼企业开展技术创新,进而推动整个城市技术进步;当经济跨越式增长时常常伴随制造业过度集聚,产生拥挤效应,阻碍了技术进步;随着经济的不断增长,可能负向影响更大。

总之,在以 $PGDP$ 为门槛变量时,物流业与制造业协同集聚对城市 GTFP 及其分解项具有非线性效应,而且存在不同的门槛特征,对城市 GTFP 和技术进步的影响倾向于由促进转为抑制,验证了"威廉姆斯假说",而产业协同集聚对绿色技术效率的影响倾向于由抑制转为促进,基本验证了假设 H2。

6.2.2　分地区门槛效应分析

为了进一步检验区域异质性,仍然以人均 GDP 为门槛变量,按照全样本门槛效应分析步骤对东、中、西部和东北地区分别进行门槛回归,得到表 6-3、表 6-4。

6.2.2.1　东部地区

由表 6-3 可知,东部地区物流业与制造业协同集聚作用于城市 GTFP 不存在门槛效应,说明东部地区产业协同集聚作用于 GTFP 时对经济发展水平的变化并不敏感,表 6-4 不再列出其回归结果;而物流业与制造业协同集聚作用于城市绿色技术效率、绿色技术进步单一门槛均通过了 5% 显著性水平检验,双重门槛没有通过显著性水平检验,说明它们均存在单一门槛,分别是 13.588、10.699。

由表 6-4 中模型(1)可知,对于城市绿色技术效率而言,当 $PGDP \leqslant 13.588$ 万元/年时,$\ln LMCA$ 系数估计值为 0.006,但是没有通过显著性检验;当 $PGDP > 13.588$ 万元/年时,$\ln LMCA$ 系数估计值为 0.092 且在 1% 水平上显著。这说明当人均 GDP 小于门槛值时,物流业与制造业协同集聚对城市绿色技术效率的影响不显著;当人均 GDP 跨越门槛值时,物流业与制造业协同集聚能够改善城市绿色技术效率。

由表 6-4 中模型(2)可知,对于城市绿色技术进步而言,当 $PGDP \leqslant 10.699$ 万元/年时,$\ln LMCA$ 系数估计值为 0.011,但是没有通过显著性检验;当 $PGDP > 10.699$ 万元/年时,$\ln LMCA$ 系数估计值为 -0.116 且在 5% 水平上显著。这说明当人均 GDP 小于门槛值时,物流业与制造业协同集聚对城市技术进步的影响不显著;当人均 GDP 跨越门槛值时,物流业与制造业协同集聚会抑制城市绿色技术进步。

总之,对于东部地区而言,物流业与制造业协同集聚对绿色技术效率和绿色技术进步作用均存在单一门槛,没有跨越门槛时,影响均不显著,当跨越门槛后,分别表现为改善、抑制作用。

表 6-3　中国东、中、西及东北地区门槛效应检验

区域	被解释变量	模型	F 值	P 值	门槛值	95% 置信区间
东部	lnGTFP	单一门槛	28.89	0.134	7.329	[7.312,7.365]
	lnGEC	单一门槛	35.22	0.016	13.588	[13.246,13.808]
		双重门槛	9.45	0.420	4.415	[4.149,4.426]
	lnGTC	单一门槛	51.27	0.044	10.699	[10.552,10.754]
		双重门槛	24.34	0.168	6.271	[5.187,6.305]
中部	lnGTFP	单一门槛	46.29	0.008	1.319	[1.289,1.326]
		双重门槛	72.20	0.008	10.018	[9.394,10.084]
		三重门槛	23.08	0.722	1.988	[1.870,1.991]
	lnGEC	单一门槛	18.65	0.068	0.702	[0.652,0.729]
		双重门槛	−10.00	1.000	2.375	[2.355,2.381]
	lnGTC	单一门槛	79.64	0.000	10.326	[10.145,10.758]
		双重门槛	25.76	0.101	1.212	[1.041,1.224]
西部	lnGTFP	单一门槛	31.03	0.084	6.296	[5.622,6.373]
		双重门槛	7.43	0.764	4.589	[4.553,4.615]
	lnGEC	单一门槛	27.31	0.020	11.493	[11.338,11.631]
		双重门槛	16.73	0.106	1.559	[1.430,1.591]
	lnGTC	单一门槛	32.00	0.082	4.589	[4.410,4.615]
		双重门槛	70.96	0.006	10.338	[9.781,10.468]
		三重门槛	9.61	0.848	0.487	[0.416,0.513]
东北	lnGTFP	单一门槛	25.89	0.016	17.668	[17.086,18.561]
		双重门槛	12.13	0.214	7.511	[6.145,7.566]
	lnGEC	单一门槛	38.00	0.002	2.131	[2.126,2.137]
		双重门槛	2.83	0.926	4.367	[4.352,4.378]
	lnGTC	单一门槛	21.14	0.094	17.668	[17.086,18.561]
		双重门槛	16.00	0.136	1.578	[1.504,1.591]

表6-4 分地区面板门槛回归结果

	东部 (1)	东部 (2)	中部 (3)	中部 (4)	中部 (5)
自变量	因变量 lnGEC	因变量 lnGTC	因变量 lnGTFP	因变量 lnGEC	因变量 lnGTC
lnGOV	−0.090*** (−4.31)	0.262*** (5.79)	0.062** (2.38)	−0.030 (−1.44)	0.095*** (2.81)
lnT	−0.043* (−1.90)	0.184*** (3.76)	0.117*** (5.58)	−0.004 (−0.22)	0.124*** (5.11)
lnROAD	−0.060*** (−2.87)	0.139*** (3.11)	0.085*** (2.80)	−0.085*** (−3.67)	0.150*** (3.48)
lnPOP	−0.001 (−0.17)	0.016** (2.33)	−0.001 (−0.21)	−0.006 (−1.32)	0.004 (0.61)
lnLMCA(PGDP≤…)	lnLMCA(PGDP≤13.588) 0.006 (0.89)	lnLMCA(PGDP≤10.699) 0.011 (0.81)	lnLMCA(PGDP≤1.319) −0.155*** (−3.26)	lnLMCA(PGDP≤0.702) −0.095*** (−4.22)	lnLMCA(PGDP≤10.326) −0.002 (−0.16)
lnLMCA(中间门槛)			lnLMCA(1.319<PGDP≤10.018) 0.016 (1.24)		
lnLMCA(PGDP>…)	lnLMCA(PGDP>13.588) 0.092*** (3.43)	lnLMCA(PGDP>10.699) −0.116** (−2.48)	lnLMCA(PGDP>10.018) −0.430*** (−4.50)	lnLMCA(PGDP>0.702) 0.016 (1.26)	lnLMCA(PGDP>10.326) −0.548*** (−4.54)
常数项	−0.126 (−1.33)	0.642*** (3.24)	0.218* (1.87)	0.113 (1.37)	0.169 (1.03)
观测值	1204	1204	1120	1120	1120
城市个数	86	86	80	80	80
R^2	0.179	0.411	0.197	0.104	0.295

续表 6-4

区域	模型	自变量	因变量	系数	t值
西部	(6)	lnGOV	lnGTFP	0.053	(1.40)
		lnT		0.109***	(2.78)
		lnROAD		0.079**	(2.00)
		lnPOP		-0.004	(-0.44)
		lnLMCA(PGDP≤6.296)		0.046**	(2.03)
		lnLMCA(PGDP>6.296)		-0.112**	(-2.49)
		常数项		0.276**	(2.05)
		观测值		1176	
		城市个数		84	
		R²		0.102	
西部	(7)	lnGOV	lnGEC	-0.023	(-1.06)
		lnT		0.015	(0.80)
		lnROAD		-0.073***	(-3.62)
		lnPOP		-0.008	(-1.26)
		lnLMCA(PGDP≤11.493)		-0.015	(-0.79)
		lnLMCA(PGDP>11.493)		0.169***	(3.90)
		常数项		0.099	(1.27)
		观测值		1176	
		城市个数		84	
		R²		0.075	
西部	(8)	lnGOV	lnGTC	0.072*	(1.91)
		lnT		0.096***	(2.66)
		lnROAD		0.142***	(4.11)
		lnPOP		0.004	(0.45)
		lnLMCA(PGDP≤4.589)		0.075***	(2.91)
		lnLMCA(4.589<PGDP≤10.338)		-0.047	(-1.32)
		lnLMCA(PGDP>10.338)		-0.270***	(-5.56)
		常数项		0.192	(1.61)
		观测值		1176	
		城市个数		84	
		R²		0.274	
东北	(9)	lnGOV	lnGTFP	0.009	(0.18)
		lnT		0.121***	(2.91)
		lnROAD		0.177**	(2.53)
		lnPOP		-0.024*	(-1.76)
		lnLMCA(PGDP≤17.668)		0.021	(1.15)
		lnLMCA(PGDP>17.668)		-4.094***	(-2.94)
		常数项		0.053	(0.23)
		观测值		476	
		城市个数		34	
		R²		0.163	
东北	(10)	lnGOV	lnGEC	-0.055	(-1.22)
		lnT		0.042	(1.14)
		lnROAD		-0.075**	(-2.61)
		lnPOP		-0.020*	(-2.00)
		lnLMCA(PGDP≤2.131)		-0.109***	(-5.89)
		lnLMCA(PGDP>2.131)		0.018	(1.03)
		常数项		0.143	(1.13)
		观测值		476	
		城市个数		34	
		R²		0.190	
东北	(11)	lnGOV	lnGTC	0.100	(1.57)
		lnT		0.097*	(1.97)
		lnROAD		0.255***	(3.59)
		lnPOP		-0.005	(-0.37)
		lnLMCA(PGDP≤17.668)		0.043*	(1.94)
		lnLMCA(PGDP>17.668)		-3.599***	(-2.99)
		常数项		0.011	(0.04)
		观测值		476	
		城市个数		34	
		R²		0.267	

6.2.2.2　中部地区

由表6-3可知,中部地区物流业与制造业协同集聚作用于城市 GTFP 存在双重门槛,分别是 1.319、10.018;物流业与制造业协同集聚作用于城市绿色技术效率、绿色技术进步均存在单一门槛,分别是 0.702、10.326。

由表 6-4 中模型(3)可知,对于城市 GTFP 而言,当 $PGDP \leqslant 1.319$ 万元/年时,$\ln LMCA$ 系数估计值为-0.155 且在 1% 水平上显著;当 1.319 万元/年<$PGDP \leqslant 10.018$ 万元/年时,$\ln LMCA$ 系数估计值为 0.016,但是没有通过显著性检验;当 $PGDP > 10.018$ 万元/年,$\ln LMCA$ 系数估计值为-0.430 且在 1% 水平上显著。这说明当人均 GDP 小于第一个门槛值时,物流业与制造业协同集聚会抑制城市 GTFP 增长;当跨越第一门槛而小于第二个门槛时,物流业与制造业协同集聚对城市 GTFP 增长的影响不显著;当跨越第二个门槛时,物流业与制造业协同集聚又会抑制城市 GTFP 增长。

由表 6-4 中模型(4)可知,对于城市绿色技术效率而言,当 $PGDP \leqslant 0.702$ 万元/年时,$\ln LMCA$ 系数估计值为-0.095 且在 1% 水平上显著;当 $PGDP > 0.702$ 万元/年时,$\ln LMCA$ 系数估计值为 0.016,但是没有通过显著性检验。这说明当人均 GDP 小于门槛值时,物流业与制造业协同集聚会阻碍城市绿色技术效率改善;当跨越门槛值时,物流业与制造业协同集聚对城市绿色技术效率的影响不显著。

由表 6-4 中模型(5)可知,对于城市绿色技术进步而言,当 $PGDP \leqslant 10.326$ 万元/年时,$\ln LMCA$ 系数估计值为-0.002,但是没有通过显著性检验;当 $PGDP > 10.326$ 万元/年时,$\ln LMCA$ 系数估计值为-0.548 且在 1% 水平上显著。这说明当人均 GDP 小于门槛值时,物流业与制造业协同集聚对城市绿色技术进步影响不显著;当人均 GDP 跨越门槛值时,物流业与制造业协同集聚会阻碍城市绿色技术进步。

总之,中部地区物流业与制造业协同集聚对城市 GTFP、绿色技术效率、绿色技术进步主要表现为负向影响或没有影响。

6.2.2.3　西部地区

由表6-3可知,西部地区物流业与制造业协同集聚作用于城市 GTFP、绿色技术效率均存在单一门槛,分别为 6.296、11.493;西部地区物流业与制造业协同集聚作用于绿色技术进步存在双重门槛,分别是 4.589、10.338。

由表 6-4 模型(6)可知,对于城市 GTFP 而言,当 $PGDP \leqslant 6.296$ 万元/年时,$\ln LMCA$ 回归系数为 0.046 且通过了 5% 显著性水平检验;当 $PGDP > 6.296$ 万元/年时,$\ln LMCA$ 回归系数为-0.112 且通过了 5% 显著性水平检验。这说明当人均 GDP 小于门槛值时,物流业与制造业协同集聚能够促进城市 GTFP 增长;当跨越门槛值时,物流业与制造业协同集聚又会阻碍城市 GTFP 增长。

由表 6-4 中模型(7)可知,对于城市绿色技术效率而言,当 $PGDP \leqslant 11.493$ 万元/年时,$lnLMCA$ 系数估计值为-0.015,但是没有通过显著性检验;当 $PGDP>11.493$ 万元/年时,$lnLMCA$ 系数估计值为 0.169 且在 1%水平上显著。这说明当人均 GDP 小于门槛值时,物流业与制造业协同集聚对城市绿色技术效率的影响不显著;当人均 GDP 跨越门槛值时,物流业与制造业协同集聚能够改善城市绿色技术效率。

由表 6-4 中模型(8)可知,对于城市绿色技术进步而言,当 $PGDP≤4.589$ 万元/年时,$lnLMCA$ 系数估计值为 0.075 且在 1%水平上显著;当 4.589 万元/年$<PGDP≤10.338$ 万元/年时,$lnLMCA$ 系数估计值为-0.047,但没有通过显著性检验;当 $PGDP>10.338$ 万元/年,$lnLMCA$ 系数估计值为-0.270 且在 1%水平上显著。这说明当人均 GDP 小于第一个门槛值时,物流业与制造业协同集聚会推动城市绿色技术进步;当介于第一门槛和第二门槛之间时物流业与制造业协同集聚对城市绿色技术进步影响不显著;当跨越第二个门槛时,物流业与制造业协同集聚开始抑制城市绿色技术进步。

总之,对于西部地区,物流业与制造业协同集聚对城市 GTFP、绿色技术进步主要表现为由促进转为抑制,而对城市绿色技术效率表现为促进作用。

6.2.2.4 东北地区

由表 6-3 可知,东北地区物流业与制造业协同集聚作用于城市 GTFP、绿色技术效率、绿色技术进步均存在单一门槛,分别为 17.668、2.131、17.668。

由表 6-4 中模型(9)可知,对于城市 GTFP 而言,当 $PGDP≤17.668$ 万元/年时,$lnLMCA$ 系数估计值为 0.021,没有通过显著性水平检验;当 $PGDP>17.668$ 万元/年时,$lnLMCA$ 系数估计值为-4.094,且在 1%水平上显著。这说明当人均 GDP 小于门槛值时,物流业与制造业协同集聚对城市 GTFP 影响不显著;当跨越门槛值时,物流业与制造业协同集聚抑制城市 GTFP 增长。

由表 6-4 中模型(10)可知,对于城市绿色技术效率而言,当 $PGDP≤2.131$ 万元/年时,$lnLMCA$ 系数估计值为-0.109 且在 1%水平上显著;当 $PGDP>2.131$ 万元/年时,$lnLMCA$ 系数估计值为 0.018,没有通过显著性水平检验。这说明当人均 GDP 小于门槛值时,物流业与制造业协同集聚会阻碍城市绿色技术效率改善;当人均 GDP 跨越门槛值时,物流业与制造业协同集聚对城市绿色技术效率影响不显著。

由表 6-4 中模型(11)可知,对于城市技术进步而言,当 $PGDP≤17.668$ 万元/年时,$lnLMCA$ 系数估计值为 0.043 且在 10%水平上显著;当 $PGDP>17.668$ 万元/年时,$lnLMCA$ 系数估计值为-3.599 且在 1%水平上显著。这说明当人均 GDP 小于门槛值时,物流业与制造业协同集聚能够推动城市绿色技术进步;当人均 GDP 跨越门槛值时,物流业与制造业协同集聚对城市绿色技术进步的影响由推动变为阻碍。

总之,对于东北地区而言,物流业与制造业协同集聚对城市 GTFP 增长的影响由不显著转为抑制作用,对城市绿色技术效率的影响由负向到不显著,对城市绿色技术进步的影响由促进转为抑制。

6.2.3　稳健性检验

为进一步检验物流业与制造业协同集聚对城市 GTFP 及其分解项门槛特征是否稳健，将通过对 lnLMCA 进行前后 1% 的双侧缩尾处理和剔除样本中的 4 个直辖市，分别估计城市 GTFP 及其分解项门槛值的大小及其显著性，估计和检验结果见表 6-5。从表 6-5 观察可知，通过缩尾和剔除 4 个直辖市对门槛值的大小和 P 值均不产生影响，显著性水平也一致，说明物流业与制造业协同集聚对城市 GTFP 及其分解项影响的门槛特征十分稳健。

表 6-5　门槛稳健性检验结果

检验方法	被解释变量	模型	F 值	P 值	门槛值	95% 置信区间
缩尾	ln*GTFP*	单一门槛	106.47	0.000	7.364	[7.259,7.428]
		双重门槛	27.41	0.166	5.215	[4.818,5.230]
	ln*GEC*	单一门槛	44.37	0.000	2.214	[2.164,2.230]
		双重门槛	49.41	0.000	11.466	[11.231,11.608]
		三重门槛	14.50	0.574	0.812	[0.779,0.830]
	ln*GTC*	单一门槛	82.24	0.004	5.280	[5.208,5.309]
		双重门槛	187.32	0.000	10.709	[10.577,10.837]
		三重门槛	31.46	0.878	2.388	[2.310,2.403]
剔除 4 个直辖市	ln*GTFP*	单一门槛	93.25	0.004	7.326	[6.966,7.367]
		双重门槛	20.56	0.260	5.276	[4.812,5.301]
	ln*GEC*	单一门槛	48.70	0.002	2.213	[2.164,2.229]
		双重门槛	40.07	0.000	11.466	[10.973,11.608]
		三重门槛	10.88	0.622	0.811	[0.659,0.824]
	ln*GTC*	单一门槛	53.07	0.016	5.276	[4.838,5.308]
		双重门槛	169.96	0.000	10.685	[10.018,10.805]
		三重门槛	23.47	0.892	2.386	[2.288,2.402]

基于缩尾和剔除 4 个直辖市样本，运用门槛回归模型对回归参数进行重新估计，结果如表 6-6 所示。由表 6-6 可知，在不同门槛区间，物流业与制造业协同集聚对城市绿色全要素生产率、绿色技术效率、绿色技术进步的估计参数和显著性与全样本门槛回归基本一致，说明本章门槛回归的结果是稳健的。

表 6-6　参数估计稳健性检验结果

检验方法	变量	(1) ln$GTFP$	变量	(2) lnGEC	变量	(3) lnGTC
缩尾	lnGOV	0.071***	lnGOV	−0.046***	lnGOV	0.124***
		(3.72)		(−3.72)		(5.77)
	ln$T$	0.130***	ln$T$	0.003	ln$T$	0.126***
		(6.75)		(0.31)		(5.93)
	ln$ROAD$	0.082***	ln$ROAD$	−0.070***	ln$ROAD$	0.150***
		(3.71)		(−6.30)		(6.78)
	lnPOP	−0.000	lnPOP	−0.007**	lnPOP	0.007
		(−0.08)		(−2.28)		(1.49)
	ln$LMCA$($PGDP$≤7.364)	0.037***	ln$LMCA$($PGDP$≤2.214)	−0.042**	ln$LMCA$($PGDP$≤5.280)	0.052***
		(3.49)		(−2.59)		(3.87)
	ln$LMCA$($PGDP$>7.364)	−0.100***	ln$LMCA$(2.214<$PGDP$≤11.466)	0.013	ln$LMCA$(5.280<$PGDP$≤10.709)	−0.043**
		(−3.54)		(1.51)		(−2.27)
			ln$LMCA$($PGDP$>11.466)	0.106***	ln$LMCA$($PGDP$>10.709)	−0.219***
				(4.92)		(−4.79)
剔除4个直辖市	lnGOV	0.069***	lnGOV	−0.047***	lnGOV	0.123***
		(3.62)		(−3.77)		(5.71)
	ln$T$	0.129***	ln$T$	0.002	ln$T$	0.129***
		(6.63)		(0.16)		(5.92)
	ln$ROAD$	0.083***	ln$ROAD$	−0.072***	ln$ROAD$	0.155***
		(3.74)		(−6.40)		(6.93)
	lnPOP	−0.001	lnPOP	−0.008**	lnPOP	0.007
		(−0.20)		(−2.55)		(1.52)
	ln$LMCA$($PGDP$≤7.326)	0.030***	ln$LMCA$($PGDP$≤2.213)	−0.041***	ln$LMCA$($PGDP$≤5.276)	0.047***
		(3.33)		(−2.70)		(4.08)
	ln$LMCA$($PGDP$>7.326)	−0.096***	ln$LMCA$(2.214<$PGDP$≤11.466)	0.011	ln$LMCA$(5.276<$PGDP$≤10.685)	−0.037**
		(−3.22)		(1.42)		(−1.98)
			ln$LMCA$($PGDP$>11.466)	0.092***	ln$LMCA$($PGDP$>10.685)	−0.185***

在第 3 章的理论分析过程中可以看出,物流业与制造业协同集聚可能通过产业结构优化间接作用于城市 GTFP,其动力来源于产业结构效应,主要通过产业结构合理化、产业结构高级化影响规模经济、环境污染、能源强度、资源配置,进而提高城市 GTFP。在此基础上,本章运用中介效应方法来验证物流业与制造业协同集聚通过产业结构优化是否促进了城市 GTFP。

7.1 研究设计

7.1.1 研究方法

中介效应模型主要是检验解释变量对被解释变量影响的传导机制,相应的路径图见图 7-1。

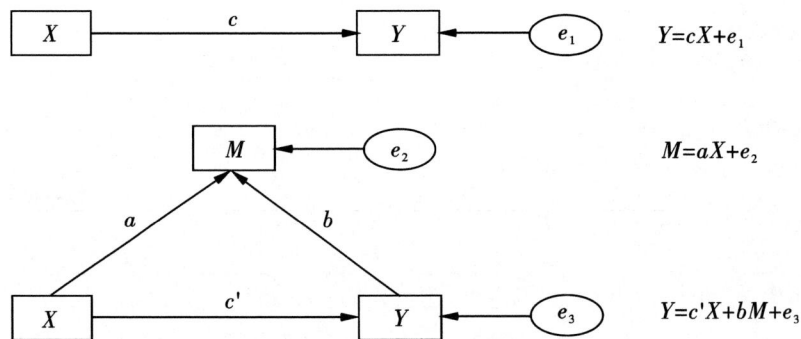

图 7-1 中介效应示意图

如图 7-1 所示,X、Y 分别表示解释变量和被解释变量;M 就是所谓的中介变量,从等式中可以清晰地看出 X 可以通过 M 来间接影响 Y。c 代表 X 对 Y 影响的总效应,c' 代表

X 对 Y 影响的直接效应，ab 代表 X 通过 M 对 Y 间接影响的间接效应，e_1、e_2、e_3 代表随机误差项。在相对不复杂的模型中，中介效应就可以用 ab 来表示，三者之间的关系是 $c = c' + ab$，则 ab/c 就是中介效应占总效应的比例。

为了探讨产业结构优化在物流业与制造业协同集聚对城市 GTFP 的影响过程中所起到的中介作用，本章借鉴温忠麟等（2004）提出的中介效应检验流程（如图 7-2 所示）。在检验过程中，借鉴黄莉芳等（2012）、蔡海亚和徐盈之（2017）、黄玖立和冯志艳（2017）的观点，如果检验结果都显著，依次检验结果强于 Sobel 检验结果，所以先依次进行检验，不显著才需要进行 Sobel 检验，具体步骤如下：

第 1 步，验证模型 $Y = cX + e_1$ 的系数 c，如果显著，进行第 2 步；如果不显著，停止分析。

第 2 步，验证模型 $M = aX + e_2$ 的系数 a 和模型 $Y = c'X + bM + e_3$ 的系数 b，如果 a 和 b 都显著，则 X 至少有一部分通过 M 对 Y 产生影响，继续第 3 步；如果 a 和 b 至少有一个不显著，进行第 4 步。

第 3 步，检验方程 $Y = c'X + bM + e_3$ 的系数 c'，如果不显著，即直接效应不显著，说明只有中介效应；如果显著，说明存在部分中介效应，报告 ab/c。

第 4 步，用 Sobel 法直接检验 $H_0: ab = 0$。该方法的统计量为 $z = ab/\sqrt{a^2 \times S_b^2 + b^2 \times S_a^2}$，其中，$S_a$ 和 S_b 代表统计标准误，如果 z 通过检验，表明存在中介效应；否则中介效应不显著，停止分析。

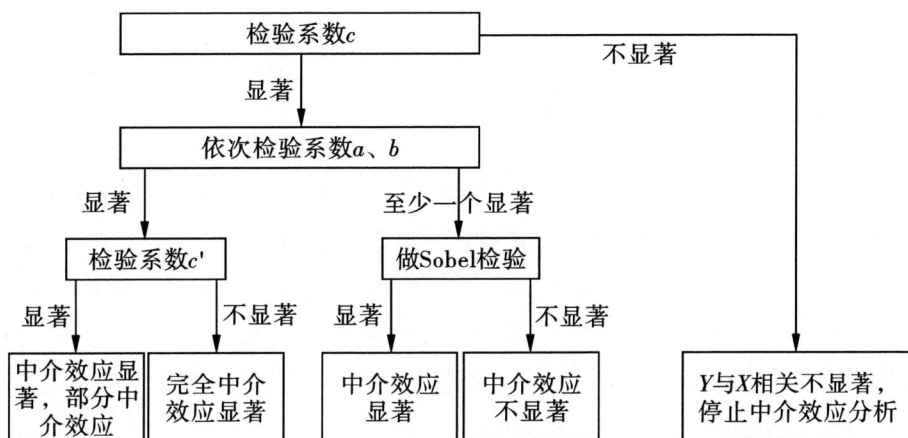

图 7-2 中介效应检验程序图

7.1.2 模型构建

上述理论分析表明，产业结构升级在物流业与制造业协同集聚和城市 GTFP 之间可能起着中介作用。采用经典的中介效应模型，实证检验了物流业与制造业协同集聚是否通过产业结构升级间接影响城市 GTFP。为了保持结果的一致性和可比性,采用 SDM 进行参数估计。

检验物流业与制造业协同集聚是否通过产业结构高级化和产业结构合理化影响城市 GTFP,借鉴 Baron 和 Kenny(1986)的方法,采用逐步回归的方法,分别以产业结构高级化和产业结构合理化为中介变量,构建传导机制检验对城市 GTFP 影响的传导机制。其中,式(7-1)检验物流业与制造业协同集聚对城市 GTFP 的影响,式(7-2)检验物流业与制造业协同集聚对产业结构高级化和产业结构合理化的影响,式(7-3)检验产业结构高级化和产业结构合理化在物流业与制造业协同集聚与城市 GTFP 的关系中是否存在中介效应。

$$\ln GTFP_{it} = \rho \sum_{j=1,j\neq i}^{N} W_{ij}\ln GTFP_{it} + \beta_1 \ln LMCA_{it} + \beta_2(\ln LMCA_{it})^2 + \beta_3 \sum_{j=1,j\neq i}^{N} W_{ij}\ln LMCA_{it}$$
$$+ \beta_4 \sum_{j=1,j\neq i}^{N} W_{ij}(\ln LMCA_{it})^2 + \varphi_1 \sum_{i=1}^{N} X_{it} + \varphi_2 \sum_{j=1,j\neq i}^{N} W_{ij}X_{it} + u_i + v_t + \varepsilon_{it}$$

$$(7-1)$$

$$\ln SH_{it} = \rho \sum_{j=1,j\neq i}^{N} W_{ij}\ln SH_{it} + \beta_1 \ln LMCA_{it} + \beta_2(\ln LMCA_{it})^2 + \beta_3 \sum_{j=1,j\neq i}^{N} W_{ij}\ln LMCA_{it}$$
$$+ \beta_4 \sum_{j=1,j\neq i}^{N} W_{ij}(\ln LMCA_{it})^2 + \varphi_1 \sum_{i=1}^{N} X_{it} + \varphi_2 \sum_{j=1,j\neq i}^{N} W_{ij}X_{it} + u_i + v_t + \varepsilon_{it} \quad (7-2)$$

$$\ln GTFP_{it} = \rho \sum_{j=1,j\neq i}^{N} W_{ij}\ln GTFP_{it} + \beta_1 \ln LMCA_{it} + \beta_2(\ln LMCA_{it})^2 + \beta_3 \sum_{j=1,j\neq i}^{N} W_{ij}\ln LMCA_{it}$$
$$+ \beta_4 \sum_{j=1,j\neq i}^{N} W_{ij}(\ln LMCA_{it})^2 + \lambda_1 \ln SH_{i\,t} + \lambda_2 \sum_{j=1,j\neq i}^{N} W_{ij}\ln SH_{i\,t} + \varphi_1 \sum_{i=1}^{N} X_{it}$$
$$+ \varphi_2 \sum_{j=1,j\neq i}^{N} W_{ij}X_{it} + u_i + v_t + \varepsilon_{it} \quad (7-3)$$

式中,SH_{it} 表示 i 城市 t 时期的产业结构高级化水平。同理,可以将产业结构高级化指数 SH 替换为产业结构合理化指数 SR 构建中介效应模型。

7.1.3　变量选择

本章选用产业结构高级化水平和产业结构合理化水平表示中介变量产业结构优化。

7.1.3.1　产业结构高级化

借鉴付凌晖(2010)、张国庆和闫慧贞(2020)测度产业结构高级化的方法,首先将三次产业产值占 GDP 的比重作为空间向量的一个分量,从而构成一组三维向量;然后分别计算向量 X_0 与产业结构由低到高排列的基向量 $X_1 = (1,0,0)$;$X_2 = (0,1,0)$;$X_3 = (0,0,1)$ 的夹角 θ_1、θ_2、θ_3,如式(7-4)所示:

$$\theta_j = arcos \left[\frac{\sum_{i=1}^{3} (x_{i,j} g x_{i,0})}{\sum_{i=1}^{3} (x_{i,j}^2)^{\frac{1}{2}} g \sum_{i=1}^{3} (x_{i,0}^2)^{\frac{1}{2}}} \right] j = 1, 2, 3 \qquad (7-4)$$

则产业结构高级化的计算公式为：

$$SH = \sum_{k=1}^{3} \sum_{j=1}^{k} \theta_j = 3\theta_1 + 2\theta_2 + \theta_3 \qquad (7-5)$$

若某地区三产比重相对上升，则 X_0 与 X_3 的夹角 θ_3 减小，与 X_1、X_2 的夹角 θ_1、θ_2 增大，由于 θ_1、θ_2 被赋予更高的权值，SH 指标最终将增加，即产业结构高级化。

7.1.3.2　产业结构合理化

借鉴干春晖等（2011）、韩晶等（2019）的做法，将各产业的权重引入泰尔指数来度量产业结构合理化，如式（7-6）所示：

$$SR = \sum_{i=1}^{n} \left(\frac{Y_i}{Y} \right) ln \left(\frac{Y_i}{L_i} / \frac{Y}{L} \right) \qquad (7-6)$$

其中，SR 为表示产业结构合理化程度，Y 为 GDP，L 为城市总就业人数，$i = 1, 2, 3$ 代表具体产业。该指标是个逆向指标，其值越小，产业结构越合理，而且因具有结构偏离度的理论基础，测算的结果更符合经济现实。

7.2　实证分析

7.2.1　中介效应检验

按照图 7-2 中介效应检验步骤可知，仅产业结构高级化、产业结构合理化在物流业与制造业协同集聚和本地城市 GTFP 之间存在部分中介效应，其他情况下均不存在中介效应，下面只分析存在中介效应的情况。

7.2.1.1　产业结构高级化在物流业与制造业协同集聚和本地城市 GTFP 之间中介效应检验

由表 7-1 模型（1）直接效应来看，物流业与制造业协同集聚和本地城市 GTFP 呈"U"型关系，lnLMCA 一次项系数和二次项系数分别为 0.051、0.012，均通过了 1% 显著性水平检验；表 7-1 模型（4）中物流业与制造业协同集聚与本地产业结构高级化关系也呈"U"型关系，lnLMCA 一次项系数和二次项系数分别为 0.052、0.014，均通过了 5% 的显著性水平检验，说明物流业与制造业协同集聚必须控制在合理范围内，才能实现产业结构高级化；在进一步控制表 7-1 模型（6）中产业结构高级化后，可以发现物流业与制造业协同集聚与本地城市 GTFP 之间仍然存在显著的"U"型关系。这说明中介效应显著，存在部分中介效应,占总效应的1.3%,物流业与制造业协同集聚对本地城市GTFP影响有一部分是通过产业结构高级化实现的。其可能的原因是:物流业与制造业协同集聚通过知识溢出,促进技术创新,推动产业结构高级化;产业结构高级化会加强企业竞争,实现优胜劣汰,加大研发投入,减少资源和能源投入,提高生产效率,进而提升城市GTFP。

7.2.1.2 产业结构合理化在物流业与制造业协同集聚和本地城市GTFP之间中介效应检验

由表7-1模型(1)直接效应来看,物流业与制造业协同集聚和本地城市GTFP呈"U"型关系,$\ln LMCA$ 一次项系数和二次项系数分别为0.051、0.012,均通过了1%显著性水平检验;表7-1模型(5)中 $\ln LMCA$ 一次项系数和二次项系数分别为0.052、0.020,但是只有一次项系数在10%水平上显著,说明物流业制造业协同集聚能够促进本地产业结构合理化;在进一步控制表7-1模型(6)中产业结构合理化后,可以发现物流业与制造业协同集聚与本地城市GTFP之间仍然存在显著的"U"型关系。说明中介效应显著,存在部分中介效应,占总效应的0.5%,物流业与制造业协同集聚对本地城市GTFP影响有一部分是通过产业结构合理化实现的。其可能的原因是:物流业与制造业协同集聚有利于降低交易成本,延伸产业链,推动产业结构合理化;产业结构合理化能够优化资源配置,通过结构红利效应,进而会提高总生产率和促进经济增长,推动城市GTFP增长。

总之,产业结构高级化和产业结构合理化在物流业与制造业协同集聚与本地城市GTFP之间起着一定的中介作用,其他情况下均不存在中介效应,部分验证了H4。

7.2.2 稳健性检验

为进一步检验产业结构优化在物流业与制造业协同集聚对城市GTFP中介效应是否稳健,采用第5章同样的稳健性检验方法,从替换空间权重矩阵、$\ln LMCA$ 进行前后1%的双侧缩尾处理和剔除样本中的4个直辖市,具体估计结果见中介效应稳健性检验如表7-2至表7-4所示。由表7-2至表7-4可知,三个稳健性检验的结果与上述主要结果基本一致,即主要结论相对稳健,支持了产业结构优化在物流业与制造业协同集聚与城市GTFP之间起中介作用的假设。

表 7-1　产业结构高级化和产业结构合理化中介效应检验结果

空间效应	变量	(1) lnGTFP	(2) lnGEC	(3) lnGTC	(4) lnSH	(5) lnSR	(6) lnGTFP	(7) lnGEC	(8) lnGTC	(9) lnGTFP	(10) lnGEC	(11) lnGTC
直接效应	lnLMCA	0.051*** (3.45)	0.034*** (2.78)	0.018 (1.37)	0.062** (2.30)	0.052* (1.67)	0.050*** (3.54)	0.033*** (2.83)	0.017 (1.43)	0.050*** (3.42)	0.033*** (2.79)	0.017 (1.30)
	(lnLMCA)^2	0.012*** (2.90)	0.010*** (2.90)	0.002 (0.61)	0.014** (1.96)	0.020 (0.95)	0.012*** (2.98)	0.010*** (2.94)	0.002 (0.66)	0.012*** (2.90)	0.010*** (2.92)	0.002 (0.58)
	lnSH						0.011** (2.36)	0.003 (0.45)	0.007 (1.03)			
	lnSR									0.005* (1.73)	0.003 (1.20)	0.002 (0.77)
间接效应	lnLMCA	0.168** (2.46)	0.130** (2.46)	0.029 (0.42)	−0.149 (−1.44)	−1.474*** (−4.89)	0.162*** (2.64)	0.128*** (2.66)	0.025 (0.40)	0.153** (2.48)	0.124** (2.57)	0.018 (0.28)
	(lnLMCA)^2	0.027 (1.35)	0.010 (0.68)	0.016 (0.79)	−0.018 (−0.60)	−0.256*** (−2.92)	0.027 (1.55)	0.010 (0.78)	0.016 (0.92)	0.025 (1.47)	0.010 (0.74)	0.015 (0.87)
	lnSH						0.057 (1.20)	0.033 (0.90)	0.030 (0.61)			
	lnSR									−0.010 (−0.64)	0.000 (0.03)	−0.014 (−0.93)

表7-2　产业结构高级化和产业结构合理化中介效应稳健性检验结果（采用邻接空间权重矩阵）

	变量	(1) lnGTFP	(2) lnGEC	(3) lnGTC	(4) lnSH	(5) lnSR	(6) lnGTFP	(7) lnGEC	(8) lnGTC	(9) lnGTFP	(10) lnGEC	(11) lnGTC
空间效应	lnLMCA	0.053*** (3.57)	0.035*** (2.88)	0.018 (1.44)	0.057** (2.14)	0.022** (2.28)	0.052*** (3.64)	0.035*** (2.90)	0.019 (1.50)	0.052*** (3.52)	0.035*** (2.83)	0.018 (1.44)
	(lnLMCA)^2	0.012*** (3.04)	0.010*** (2.99)	0.002 (0.69)	0.013* (1.84)	0.012 (0.60)	0.013*** (3.10)	0.010*** (3.01)	0.003 (0.75)	0.012*** (3.01)	0.010*** (2.96)	0.002 (0.70)
	lnSH						0.011** (2.30)	0.003 (0.47)	0.007 (0.95)			
	lnSR									0.005* (1.72)	0.003 (-1.27)	0.002 (0.68)
直接效应	lnLMCA	0.038 (1.21)	0.067*** (2.68)	-0.033 (-1.17)	-0.051 (-0.98)	-0.494*** (-3.33)	0.036 (1.27)	0.066*** (2.93)	-0.035 (-1.36)	0.032 (1.13)	0.063*** (2.76)	-0.035 (-1.36)
	(lnLMCA)^2	0.004 (0.41)	0.011 (1.59)	-0.008 (-1.08)	-0.006 (-0.41)	-0.111*** (-2.71)	0.004 (0.47)	0.011* (1.84)	-0.008 (-1.24)	0.003 (0.35)	0.010* (1.71)	-0.008 (-1.25)
间接效应	lnSH						0.009 (0.44)	-0.007 (-0.46)	0.018 (1.02)			
	lnSR									-0.010 (-1.53)	-0.008 (-1.57)	-0.001 (-0.16)

表 7-3　产业结构高级化和产业结构合理化中介效应稳健性检验结果（缩尾处理）

空间效应	变量	(1) lnGTFP	(2) lnGEC	(3) lnGTC	(4) lnSH	(5) lnSR	(6) lnGTFP	(7) lnGEC	(8) lnGTC	(9) lnGTFP	(10) lnGEC	(11) lnGTC
空间效应	lnLMCA	0.048*** (2.76)	0.029** (2.04)	0.018 (1.44)	0.090*** (2.89)	0.082* (1.92)	0.047*** (2.87)	0.030** (2.09)	0.020 (1.36)	0.047*** (2.75)	0.029** (2.05)	0.018 (1.24)
	(lnLMCA)^2	0.012* (1.96)	0.009* (1.85)	0.002 (0.69)	0.028*** (2.61)	0.036 (1.19)	0.012** (2.04)	0.009* (1.89)	0.003 (0.60)	0.012** (1.97)	0.009* (1.88)	0.003 (0.51)
	lnSH						0.012** (2.34)	0.003 (0.45)	0.008 (1.03)			
	lnSR									0.005* (1.73)	0.003 (1.18)	0.002 (0.79)
直接效应	lnLMCA	0.172** (2.06)	0.142** (2.19)	−0.033 (−1.17)	−0.166 (−1.31)	−1.499*** (−4.07)	0.166** (2.21)	0.139** (2.37)	0.018 (0.23)	0.157** (2.09)	0.135** (2.30)	0.011 (0.14)
	(lnLMCA)^2	0.029 (0.92)	0.013 (0.53)	−0.008 (−1.08)	−0.024 (−0.50)	−0.282** (−2.01)	0.029 (1.05)	0.013 (0.62)	0.017 (0.58)	0.028 (1.01)	0.013 (0.59)	0.016 (0.57)
间接效应	lnSH						0.057 (1.19)	0.033 (0.89)	0.030 (0.62)			
	lnSR									−0.010 (−0.66)	−0.000 (−0.00)	−0.014 (−0.93)

表7-4　产业结构高级化和产业结构合理化中介效应稳健性检验结果（剔除直辖市）

	变量	(1) lnGTFP	(2) lnGEC	(3) lnGTC	(4) lnSH	(5) lnSR	(6) lnGTFP	(7) lnGEC	(8) lnGTC	(9) lnGTFP	(10) lnGEC	(11) lnGTC
空间效应	lnLMCA	0.053*** (3.53)	0.035*** (2.85)	0.018 (1.39)	0.061** (2.27)	0.038** (2.50)	0.052*** (3.62)	0.036*** (2.90)	0.019 (1.45)	0.052*** (3.49)	0.035*** (2.84)	0.017 (1.33)
	(lnLMCA)^2	0.012*** (2.94)	0.010*** (2.93)	0.002 (0.63)	0.014* (1.95)	0.018 (0.86)	0.012*** (3.02)	0.010*** (2.97)	0.002 (0.68)	0.012*** (2.94)	0.010*** (2.94)	0.002 (0.60)
	lnSH						0.012** (2.36)	0.003 (0.49)	0.007 (0.99)			
	lnSR									0.004 (1.24)	0.002 (0.96)	0.001 (0.43)
直接效应	lnLMCA	0.175*** (2.58)	0.133** (2.50)	0.035 (0.51)	-0.138 (-1.33)	-1.550*** (-5.09)	0.170*** (2.78)	0.131*** (2.71)	0.031 (0.50)	0.163*** (2.65)	0.127*** (2.61)	0.026 (0.41)
	(lnLMCA)^2	0.029 (1.47)	0.012 (0.76)	0.017 (0.85)	-0.015 (-0.50)	-0.273*** (-3.09)	0.029* (1.69)	0.012 (0.88)	0.017 (0.98)	0.028 (1.63)	0.011 (0.84)	0.016 (0.94)
间接效应	lnSH						0.060 (1.27)	0.032 (0.87)	0.035 (0.72)			
	lnSR									-0.008 (-0.55)	-0.001 (-0.12)	-0.011 (-0.70)

第8章 | 研究结论、政策启示与研究展望

8.1 研究结论

（1）物流业与制造业协同集聚水平较为稳定，呈"核心—外围"的地理分布特征；全国城市 GTFP 增长主要受绿色技术进步的推动，空间分布差异显著。第 4 章运用产业协同集聚指数和 DDF-BMLPI 分别测度了物流业与制造业协同集聚水平和城市 GTFP，并分析了两者的时空演化特征。研究表明：在样本期内，全国物流业与制造业协同集聚较为稳定，协同集聚指数在 [0.6,0.7] 狭小区间波动。从 2013 年开始，物流业集聚水平超过了制造业集聚水平；物流业与制造业协同集聚空间分异显著，主要以城市群为核心载体，呈现"核心—外围"的地理分布特征，同水平协同集聚城市连片分布明显，集聚重心向中西部转移，整体集聚水平略有下降。在样本期内，中国城市 GTFP 和技术进步持续增长，而城市绿色技术效率却持续下降，即全国城市 GTFP 增长主要受绿色技术进步的推动，技术进步带来的"增长效应"弥补了绿色技术效率下降对城市 GTFP 的负向作用，而且城市 GTFP 增长空间分布差异显著，高增长区域由"分散分布"向"一核五群多点"集聚演化。

（2）物流业与制造业协同集聚对本地城市 GTFP 呈现为先下降、后上升的"U"型曲线特征，且具有空间溢出效应，能够促进周边城市 GTFP 增长，具有一定的区域异质性。第 5 章基于 2005—2018 年中国 284 个城市面板数据，构建了空间杜宾模型来验证物流业与制造业协同集聚对本地及周边城市 GTFP 的影响，研究结果如下：首先，物流业与制造业协同集聚对本地城市 GTFP 表现为先下降、后上升的"U"型曲线特征，即在物流业与制造业协同集聚初始阶段，物流业与制造业尚未进行深度分工合作，集聚效应未能有效发挥，资源利用效率不高，加剧环境污染，抑制城市 GTFP 增长；而当物流业与制造业协同集聚达到一定水平时，由于物流业与制造业协同集聚的外部效应、互补效应、关联效应等效应的存在，将促进城市 GTFP 的提高。截至 2018 年年底，只有黑龙江省黑河市、湖南省怀化市、内蒙古自治区乌兰察布市低于拐点值（0.119），也就是其他 281 个城市均跨越了拐点（0.119），即 98.9% 的城市物流业与制造业协同集聚促进了城市 GTFP 增长，说明物流业与制造业协同集聚在整体上对城市 GTFP 具有显著的促进作用。其次，物流业与制造业

具有空间溢出效应,能够促进周边城市 GTFP 的提高。可能的原因在于:物流业与制造业协同集聚对周边地区能够产生扩散效应,将本地劳动力、技术向周边扩散,促进周边城市 GTFP 增长。最后,物流业与制造业协同集聚对城市 GTFP 的影响具有区域异质性。物流业与制造业协同集聚对本地城市 GTFP 的影响在东部地区表现为"倒 U"型,在中部和东北地区表现为"U"型,在西部地区不显著;物流业与制造业协同集聚对周边城市 GTFP 的影响在东部、中部、西部、东北地区均不显著。

(3)物流业与制造业协同集聚通过促进绿色技术效率提升影响城市 GTFP,对城市绿色技术进步的影响不显著。物流业与制造业协同集聚与城市绿色技术效率之间也呈"U"型关系,即物流业与制造业协同集聚初期,可能存在资源错配现象,设施设备共享率较低,没有实现规模经济,抑制了城市绿色技术效率的提高;当物流业与制造业协同集聚水平跨越拐点(0.183)时,规模效应不断显现,资源配置效率提高,企业管理制度和水平不断提升,从而推动城市绿色技术效率提高。截至 2018 年年底,284 个样本城市中 275 个城市(占比为 96.8%)已经跨越了拐点,这意味着,对于绝大多数城市而言,物流业与制造业协同集聚能够促进城市绿色技术效率提升。而物流业与制造业协同集聚对城市绿色技术进步的影响不显著,可能的原因是:物流业与制造业协同发展水平较低,没有发挥较好的协同效应,创新不足,不能推动城市绿色技术进步。结合第 4 章的研究结论,在样本期内,中国的城市 GTFP 虽然呈现出不断的增长态势,但城市绿色技术效率始终处于下降状态,从而对城市 GTFP 产生了持续的负面影响。因此,物流业与制造业协同集聚对城市绿色技术效率的推动效应,无疑可以为城市 GTFP 的提升起到"雪中送炭"的作用。

(4)以经济发展水平为门槛变量时,物流业与制造业协同集聚对城市 GTFP 的影响存在显著的门槛效应。第 6 章以 284 个地级及以上城市 2005—2018 年的面板数据为观测样本,利用门槛回归模型,以经济发展水平为门槛变量,分析了物流业与制造业协同集聚影响城市 GTFP 门槛效应。首先,物流业与制造业协同集聚对城市 GTFP 的影响存在单一门槛,随着经济发展水平的提高,由促进作用转变为抑制作用。当经济发展水平较低时,物流业与制造业协同集聚通过互动交流、资源共享、协同创新,共享物流、污染处理等,促进城市 GTFP 增长;当经济发展水平跨越门槛时,受资源、空间的限制,产业可能存在过度集聚,引发资源错配、产业结构失衡、环境污染加剧等问题,加剧区域间竞争,拥挤效应日益显现,抵消协同集聚经济增长效应。截至 2018 年年底,在 284 个样本城市中已经跨越门槛值的城市有 137 个,占比达到 48.2%,说明这些城市已经进入城市 GTFP 随着物流业与制造业协同集聚水平提高而下降的阶段,这些城市应该加快产业转移,与周边城市协同发展。其次,物流业与制造业协同集聚作用于城市绿色技术效率、绿色技术进步时均存在双重门槛,且表现出截然相反门槛特征:在低于第一门槛、介于第一和二门槛之间、跨越第二门槛三个区间内,物流业与制造业协同集聚对城市绿色技术效率分别表现出"抑制—不显著—促进""促进—抑制—抑制更强"影响。最后,物流业与制造业协同集聚对城市 GTFP 及分解项的影响表现出区域异质性。

（5）产业结构高级化和合理化在物流业与制造业协同集聚与本地城市 GTFP 之间存在部分中介效应。第 7 章以产业结构高级化和合理化为中介变量,验证其在物流业与制造业协同集聚对城市 GTFP 的影响过程中是否发挥中介效应。基于 2005—2018 年中国 284 个地级及以上城市的面板数据,通过运用中介效应检验方法,验证了产业结构高级化和产业结构合理化在物流业与制造业协同集聚对城市 GTFP 的影响过程中所起到的中介作用,主要结论是:物流业与制造业协同集聚部分通过产业结构高级化和产业结构合理化促进本地城市 GTFP,存在部分中介效应,但中介效应有限,分别占总效应的 1.3%、0.5%。

8.2　政策启示

（1）分阶段制定产业协同政策。根据第 5 章的研究结论可知,物流业与制造业协同集聚和城市 GTFP 之间具有“U”型关系。因此,应根据物流业与制造业协同集聚水平的动态变化,及时调整地区产业政策,避免拥挤效应。一方面,对于物流业与制造业协同集聚水平尚未跨过拐点的地区,引导制造企业物流业务外包,提升物流业专业化服务水平,有效适应制造业发展需求,鼓励物流企业在工业园区周边形成区域性集聚,发挥物流业与制造业协同分工效应、集聚效应,共享物流设施设备,共治环境污染,推动物流业与制造业协同集聚水平跨越拐点,而且要避免“先污染,后治理”的现象。另一方面,对于物流业与制造业协同集聚水平已经跨越拐点的地区,积极引导物流业与制造业向高质量协同集聚转变,优化物流业与制造业空间布局,避免拥挤效应,深化产业链、供应链,发挥物流业与制造业协同集聚的正向效应。

（2）跨区域建立协同联动机制。根据第 5 章的研究结论可知,物流业与制造业协同集聚、城市 GTFP 及二者之间均存在显著的正向空间溢出效应,而且物流业与制造业协同集聚对 GTFP 的间接效应大于本地效应。因此,各地区应打破行政壁垒,加强合作、强化联系,摒弃地方保护主义,积极发展优势产业,避免城市之间产业同质化和恶性竞争,优化物流业与制造业互动平台,提高城市基础设施承载能力,改善经济空间联系格局,实现物流业与制造业跨区域协同集聚。通过邻近区域产业互动促进产业协同发展,发挥辐射带动作用,多渠道加大对落后地区的技术和资源共享,以产业地区转移模式提升产业布局合理化水平,加速生产要素在更大空间范围内的自由流动与分配,利用同城化产生的正外部性缓解单个城市的负外部性,缩小区域发展差距。

（3）因地制宜推动产业协同集聚。根据第 6 章的研究结论可知,物流业与制造业协同集聚作用于城市 GTFP 时受经济发展水平的影响,存在显著单一门槛效应,跨越门槛后,物流业与制造业协同集聚对城市 GTFP 的影响由促进转为抑制。因此,各地应结合当地经济发展水平和产业基础条件,充分考虑区域异质性,在产业布局过程中积极依托现代物流业对制造业的支撑作用,科学引导物流业与制造业协同定位,既要确保要素有效供给,又要避免要素拥挤,确保协同集聚的均衡性与协调性,有效推动经济高质量发展。当经济发展水平较低时,应通过建立产业园区、实施产业优惠政策等措施,加大对物流企业和制造企业的支持力度,积极承接周边发达地区的产业转移,发挥物流业与制造业协同效应;而当经济发展水平较高时,应避免因过度集聚产生的拥挤效应,将物流业与制造业协同集聚保持在一个合理的范围。

(4)产业联动促进产业结构优化升级。根据第 7 章的研究结论可知,产业结构优化升级在物流业与制造业协同集聚和城市 GTFP 中起着一定的中介作用。即:通过促进产业结构优化升级,可以增强物流业与制造业协同集聚对城市 GTFP 的推动作用。一方面,政府在制定国土空间规划或产业发展规划时,应加强顶层设计,完善区域基础设施,营造良好的营商环境,结合市场机制淘汰低端和落后制造业、物流业,提高准入门槛,积极引进和培育低污染、高附加值物流企业与制造企业,推动物流业与制造业向价值链中高端迈进;同时通过发挥产业联动效应,带动服务业升级,进而推动城市产业结构高级化。另一方面,鼓励制造企业和物流企业建立长期战略合作伙伴关系,促进物流设施设备、业务流程、标准规范、信息资源等方面联动共享,推进制造业物流外包深度和广度,支持物流企业为制造企业提供集约化、专业化、定制化、一体化的综合物流解决方案,实现物流业对制造业供应链的渗透,推动资源优化配置,推动产业结构合理化。

8.3 研究展望

虽然本书对物流业与制造业协同集聚如何影响城市 GTFP 的问题展开了深入的理论分析和实证检验,得到了一些有意义的结论,但是受科研能力、现有技术、数据来源等限制,本书仍然存在一些问题,有待在后续的研究中进行探讨。

(1)构建深入的物流业与制造业协同集聚影响城市 GTFP 理论数理模型。由于物流业与制造业协同集聚对城市 GTFP 的影响并非简单的线性关系,且既有文献较少涉及两者关系的理论阐释,本书主要从演绎推理的视角对物流业与制造业协同集聚作用于城市 GTFP 的内在机理进行了理论推导,尚未将其构建成合理的数理模型,使本书在理论分析上可能存在一定的不足。

(2)从微观视角研究物流业与制造业协同集聚。物流业与制造业协同集聚的测度是本书的重要研究基础,受数据来源的限制,本书基于区位熵进行研究,只能反映出城市相对集聚情况,并不是实际空间集聚情况,而且对物流业与制造业整体协同集聚开展研究,没有对物流业与制造业细分行业进行协同集聚研究,若将来能够搜集到微观数据,可以尝试用 D–O 指数进行测度,这样更能反映产业实际协同集聚情况。

(3)统一实证模型研究框架。本书第 5 章和第 7 章是基于空间杜宾模型分析物流业与制造业协同集聚影响本地和周边城市 GTFP 的空间效应和中介效应,但是在第 6 章进行门槛分析时,受制于现有研究方法,只分析物流业与制造业对本地城市 GTFP 的门槛效应,没有在空间溢出视角下进行分析。

参考文献

英文参考文献

[1]AMIGUES J,MOREAUX M. Competing land uses and fossil fuel,optimal energy conversion rates during the transition toward a green economy under a pollution stock constraint [J]. Journal of Environmental Economics and Management,2019,97:92-115.

[2]AMITI M. Location of vertically linked industries:agglomeration versus comparative advantage[J]. European Economic Review,2005,49(4):809-832.

[3]AMITI M,PISSARIDES CA. Trade and industrial location with heterogeneous labor[J]. Journal of International Economics,2005,67(2):392-412.

[4]ANSELIN L. Local indicators of spatial association-LISA[J]. Geographical Analysis, 2010,27(2):93-115.

[5]ANSELIN L,FLORAX R J G M,Rey S. Advanced in spatial econometrics methodology, tools and applications[M]. Berlin:Springer Science & Business Media,2004.

[6]ARROW K. The economic implications of learning by doing[J]. Review of Economics and Statistics,1962,29(3):155-173.

[7]BANERJEE A,DUFLO E,Qian N. On the road:access to transportation infrastructure and economic growth in China[J]. Journal of Development Economics,2020,145:102442.

[8]BARON RM,KENNY D A. The moderator-mediator variable distinction in social psychological research:conceptual,strategic,and statistical considerations[J]. Journal of Personality and Social Psychology,1986,51(6):1173-1182.

[9]BATTESE G E,COELLI T J. A model for technical inefficiency effects in a stochastic frontier production function for panel data[J]. Empirical Economics,1995,20(2):325-332.

[10]BILLINGS S B,JOHNSON E B. Agglomeration within an urban area[J]. Journal of Urban Economics,2016,91:13-25.

[11]BUERA F J,KABOSKI J,SHIN Y. Finance and development:a tale of two sectors[J]. The American Economic Review,2011,101(5):1964-2002.

[12]CAVES D W,CHRISTENSEN L R,DIEWERT WE. Multilateral comparisons of output, input,and productivity using superlative index [J]. The Economic Journal,1982,92

(365):73-86.

[13] CHEN C, SUN Y, LAN Q, et al. Impacts of industrial agglomeration on pollution and eco-logical efficiency: a spatial econometric analysis based on a big panel dataset of China's 259 Cities[J]. Journal of Cleaner Production, 2020, 258: 120721.

[14] CHEN H, HAO Y, LI J, et al. The impact of environmental regulation, shadow economy, and corruption on environmental quality: theory and empirical evidence from China[J]. Journal of Cleaner Production, 2018, 195: 200-214.

[15] CHUNG Y H, FARE R, GROSSKOPF S. Productivity and undesirable outputs: a direc-tional distance function approach[J]. Journal of Environmental Management, 1997, 51 (3): 229-240.

[16] DURANTON G, OVERMAN H G. Exploring the detailed location patterns of U. K. man-ufacturing industries using micro-geographic data[J]. Journal of Regional Science, 2008, 48(1): 213-243.

[17] DURANTON G, OVERMAN H G. Testing for localization using micro-geographic data [J]. The Review of Economic Studies, 2005, 72(4): 1077-1106.

[18] ELHORST J P. Matlab software for spatial panels[J]. International Regional Science Re-view, 2014, 37(3): 389-405.

[19] ELHORST J P. Spatial econometrics: from cross-sectional data to spatial panels[M]. Heidelberg: Springer, 2014.

[20] ELLISON G, GLAESER E L. geographic concentration in U. S. manufacturing indus-tries: a dartboard approach[J]. The Journal of Political Economy, 1997, 105(5): 889-927.

[21] ELLISON G, GLAESER E L, KERR W R. What causes industry agglomeration? evidence from coagglomeration patterns[J]. The American Economic Review, 2010, 100(3): 1195-1213.

[22] ESWARAN M, KOTWAL A. The role of the service sector in the process of industrializa-tion[J]. Journal of Development Economics, 2002, 68(2): 401-420.

[23] FAGERBERG J. Technological progress, structural change and productivity growth: a comparative study[J]. Structural Change and Economic Dynamics, 2000, 11(4): 393-411.

[24] FARE R, GROSSKOPF S, NORRIS M, et al. Productivity growth, technical progress, and efficiency change in industrialized countries [J]. American Economic Review, 1994, 84 (1): 66-83.

[25] FORSLID R, MIDELFART K H. Internalisation, industrial policy and clusters[J]. Jour-

nal of International Economics,2005,66(1):197-213.

[26] FUJITA M. A monopolistic competition model of spatial agglomeration: differentiated product approach[J]. Regional Science and Urban Economics,1988,18(1):87-124.

[27] GABE T M,Abel J R. Shared knowledge and the coagglomeration of occupations[J]. Regional Studies,2016,50(8):1360-1373.

[28] GALLAGHER R M. Shipping costs,information costs,and the Sources of industrial coagglomeration[J]. Journal of Regional Science,2013,53(2):304-331.

[29] GATRELL T. Autocorrelation in spaces[J]. Environment and Planning A,1979,11(5):507-516.

[30] GLAESER E L,KALLAL H D,SCHEINKMAN J A,et al. Growth in cities[J]. Journal of Political Economy,1992,100(6):1126-1152.

[31] GUO S,TANG X,MENG T,et al. Industrial structure,R&D staff,and green total factor productivity of China: evidence from the low-carbon pilot cities[J]. Complexity,2021, 2021.

[32] GUO Y,TONG L,MEI L. The effect of industrial agglomeration on green development efficiency in northeast China since the revitalization[J]. Journal of Cleaner Production, 2020,258:120584.

[33] HAN F,XIE R,FANG J. Urban agglomeration economies and industrial energy efficiency [J]. Energy,2018,162:45-59.

[34] HANSEN B E. Threshold effects in non-dynamic panels: estimation,testing,and inference[J]. Journal of Econometrics,1999,93(2):345-368.

[35] HAO Y,SONG J,SHEN Z. Does industrial agglomeration affect the regional environment? evidence from Chinese cities[J]. Environmental Science and Pollution Research,2022, 29(5):7811-7826.

[36] HARRIS R D F,TZAVALIS E. Inference for unit roots in dynamic panels where the time dimension is fixed[J]. Journal of Econometrics,1999,91(2):201-226.

[37] HEAD K,RIES J,SWENSON D. Agglomeration benefits and location choice: evidence from japanese manufacturing investments in the United States[J]. Journal of International Economics,1995,38(3-4):223-247.

[38] Hirschman A O. The strategy of economic development[M]. New Haven: Yale University Press,1958.

[39] HULTEN C R,BENNATHAN E,SRINIVASAN S. Infrastructure,externalities,and economic development: a study of the indian manufacturing industry[J]. The World Bank Economic Review,2006,20(2):291-308.

［40］IM K S,PESARAN M H,SHIN Y. Testing for unit roots in heterogeneous panels［J］. Journal of Econometrics,2003,115(1):53-74.

［41］JACOBS J. The economy of cities ［M］. New York:Vintage Books USA,1969.

［42］KOLKO J. Agglomeration and co-agglomeration of services industries［J］. Munich Personal RePEc Archive,2007(1):3362.

［43］KRUGMAN P. Geography and trade ［M］. Cambridge MA:MIT Press,1991.

［44］KRUGMAN P. Increasing returns and economic geography［J］. Journal of Political Economy,1991,99(3):483-499.

［45］KRUGMAN P,VENABLES A J. Globalization and the inequality of nations［J］. The Quarterly Journal of Economics,1995,110(4):857-880.

［46］LEONTIEF W W. Quantitative input and output relations in the economic systems of the United States［J］. The Review of Economics and Statistics,1936,18(3):105-125.

［47］LESAGE J P,Pace R K. Introduction to spatial econometrics［M］. Boca Raton,FL, USA:CRC Press Taylor & Francis Group,2009.

［48］LI T,HAN D,FENG S,et al. Can industrial co-agglomeration between producer services and manufacturing reduce carbon intensity in China? ［J］. Sustainability,2019,11(15): 4024.

［49］LI X,MA D. Financial agglomeration,technological innovation,and green total factor energy efficiency［J］. Alexandria Engineering Journal,2021,60(4):4085-4095.

［50］LI X,ZHU X,LI J,et al. Influence of different industrial agglomeration modes on eco-efficiency in China ［J］. International Journal of Environmental Research and Public Health,2021,18(24):13139.

［51］LIN B,CHEN Z. Does factor market distortion inhibit the green total factor productivity in China? ［J］. Journal of Cleaner Production,2018,197:25-33.

［52］LIU G,WANG B,CHENG Z,et al. The drivers of China's regional green productivity, 1999—2013［J］. Resources,Conservation and Recycling,2020,153:104561.

［53］MALMQUIST S. Index numbers and indifference surfaces［J］. Trabajos de Estadistica, 1953,4:209-242.

［54］MANAGI S,KUMAR S. Trade-induced technological change:analyzing economic and environmental outcomes［J］. Economic Modelling,2009,26(3):721-732.

［55］MARSHALL. Principles of economics［M］. New York:Maxmillan,1890.

［56］MARTIN P,I P OTTAVIANO G. Growing locations:industry location in a model of endogenous growth［J］. European Economic Review,1999,43(2):281-302.

［57］MILLER N H,PAZGAL A. Strategic trade and delegated competition［J］. Journal of International Economics,2005,66(1):215−231.

[58]MILLER S M,UPADHYAY M P. The effects of openness,trade orientation,and human capital on total factor productivity[J]. Journal of Development Economics,2000,63(2):399−423.

[59]OH D,HESHMATI A. A sequential almquist−luenberger productivity index:environmentally sensitive productivity growth considering the progressive nature of technology[J]. Energy Economics,2010,32(6):1345−1355.

[60]OH D,LEE J. A metafrontier approach for measuring malmquist productivity index[J]. Empirical Economics,2010,38(1):47−64.

[61]PASTOR J T,ASMILD M,KNOXLOVELL C A. The biennial malmquist productivity change index[J]. Socio−Economic Planning Sciences,2011,45(1):10−15.

[62]PENEDER M. Industrial structure and aggregate growth[J]. Structural Change and Economic Dynamics,2003,14(4):427−448.

[63]PORTER M E. The competitive advantage of nations[M]. New York:Free Press,1990.

[64]QIAN Y,LIU J,FORREST J Y. Impact of financial agglomeration on regional green economic growth:evidence from China[J]. Journal of Environmental Planning and Management,2021:1−26.

[65]QU C,SHAO J,SHI Z. Does financial agglomeration promote the increase of energy efficiency in China? [J]. Energy Policy,2020,146:111810.

[66]ROMER P M. Increasing returns and long−run growth[J]. Journal of Political Economy,1986,94(5):1002−1037.

[67]SHAPIRO J S,WALKER R. Why is pollution from U. S. manufacturing declining? the roles of environmental regulation,productivity,and trade[J]. American Economic Review,2018(12):3814−3854.

[68]SHEN N,LIAO H,DENG R,et al. Different types of environmental regulations and the heterogeneous influence on the environmental total factor productivity:empirical analysis of china's industry[J]. Journal of Cleaner Production,2019,211:171−184.

[69]SOLOW R M. A contribution to the theory of economic growth [J]. The Quarterly Journal of Economics,1956,70(1):65−94.

[70]SONG M,WANG S,ZHANG H. Could environmental regulation and R&D tax incentives affect green product innovation? [J]. Journal of Cleaner Production,2020,258:120849.

[71]TAO F,ZHANG H,HU J,et al. Dynamics of green productivity growth for major Chinese urban agglomerations[J]. Applied Energy,2017,196:170−179.

[72]TIMMER M P,SZIRMAI A. Productivity growth in Asian manufacturing:the structural

bonus hypothesis examined[J]. Structural Change and Economic Dynamics, 2000, 11 (4):371-392.

[73] TOBLER W. A computer movie simulating urban growth in the detroit region [J]. Economic Geography, 1970, 46:234-240.

[74] VENABLES A J. Equilibrium locations of vertically linked industries[J]. International Economic Review, 1996, 37(2):341-359.

[75] WALKER N L, WILLIANS A P, Styles D. Key performance indicators to explain energy & economic efficiency across water utilities, and identifying suitable proxies[J]. Journal of Environmental Management, 2020, 269:110810.

[76] WANG N, ZHU Y, YANG T. The impact of transportation infrastructure and industrial agglomeration on energy efficiency: evidence from China's industrial sectors[J]. Journal of cleaner production, 2020, 244:118708.

[77] WILLIAMSON J G. Regional inequality and the process of national development: a description of the patterns[J]. Economic Development and Cultural Change, 1965(13):3-47.

[78] XIE R, YAO S, HAN F, et al. Land finance, producer services agglomeration, and green total factor productivity[J]. International Regional Science Review, 2019, 42 (5-6): 550-579.

[79] YANG H, LU F, ZHANG F. Exploring the effect of producer services agglomeration on China's energy efficiency under environmental constraints[J]. Journal of Cleaner Production, 2020, 263:121320.

[80] YANG H, ZHANG F, HE Y. Exploring the effect of producer services and manufacturing industrial co-agglomeration on the ecological environment pollution control in China[J]. Environment, Development and Sustainability, 2021, 23(11):16119-16144.

[81] YANG W, YUAN G, HAN J. Is China's air pollution control policy effective? evidence from Yangtze River delta Cities[J]. Journal of Cleaner Production, 2019, 220:110-133.

[82] YE Y, YE S, YU H. Can industrial collaborative agglomeration reduce haze pollution? city-level empirical evidence from China[J]. International Journal of Environmental Research and Public Health, 2021, 18(4):1566.

[83] YUAN H, FENG Y, LEE C, et al. How does manufacturing agglomeration affect green economic efficiency? [J]. Energy Economics, 2020, 92:104944.

[84] YUAN H, FENG Y, LEE J, et al. The spatial threshold effect and its regional boundary of financial agglomeration on green development: a case study in China[J]. Journal of Cleaner Production, 2020, 244:118670.

[85]ZHANG W,CHENG J,LIU X,et al. Heterogeneous industrial agglomeration,its coordinated development and total factor energy efficiency[J]. Environment,Development and Sustainability,2022.

[86]ZHANG Y,ZHANG H,FU Y,et al. Effects of industrial agglomeration and environmental regulation on urban ecological efficiency:evidence from 269 cities in China[J]. Environmental Science and Pollution Research,2021,28(46):66389-66408.

[87]ZHAO P,ZENG L,LU H,et al. Green economic efficiency and its influencing factors in China from 2008 to 2017:based on the super-sbm model with undesirable outputs and spatial dubin model[J]. Science of the Total Environment,2020,741:140026.

[88]ZHENG Q,LIN B. Impact of industrial agglomeration on energy efficiency in China's paper industry[J]. Journal of Cleaner Production,2018,184:1072-1080.

[89]ZHU B,ZHANG M,ZHOU Y,et al. Exploring the effect of industrial structure adjustment on interprovincial green development efficiency in China:a novel integrated approach [J]. Energy Policy,2019,134:110946.

[90]ZHU Y,DU W,ZHANG J. Does industrial collaborative agglomeration improve environmental efficiency? insights from China's population structure[J]. Environmental Science and Pollution Research,2022,29(4):5072-5091.

[91]ZHUANG R,MI K,FENG Z. Industrial co-agglomeration and air pollution reduction:an empirical evidence based on provincial panel data[J]. International Journal of Environmental Research and Public Health,2021,18(22):12097.

中文参考文献

[1]蔡德发,董秋菊,朱悦,等.产业集聚、人口结构与绿色经济效率[J].统计与决策,2022 (07):112-116.

[2]蔡海亚,徐盈之,赵永亮.产业协同集聚、制造业效率与雾霾污染[J].中国地质大学学报(社会科学版),2020,20(02):60-73.

[3]蔡海亚,徐盈之.产业协同集聚、贸易开放与雾霾污染[J].中国人口·资源与环境, 2018,28(06):93-102.

[4]蔡海亚,徐盈之.贸易开放是否影响了中国产业结构升级?[J].数量经济技术经济研究,2017,34(10):3-22.

[5]蔡宏波,戴俊怡,李宏兵.市场潜能与国内市场分割:基于中国省市数据的实证研究 [J].产业经济研究,2015(05):83-92.

[6]曹允春,李彤,林浩楠.我国区域物流业高质量发展实现路径:基于中国31个省市区的实证分析[J].商业研究,2020(12):66-74.

[7]曾冰.区域经济分析与ArcGIS软件应用[M].南昌:江西人民出版社,2019.

[8]陈国亮,陈建军.产业关联、空间地理与二三产业共同集聚:来自中国 212 个城市的经验考察[J].管理世界,2012(04):82-100.

[9]陈国亮,袁凯,徐维祥.产业协同集聚形成机制与空间外溢效应研究[M].杭州:浙江大学出版社,2020.

[10]陈浩,刘培,许佩.城市绿色全要素生产率演变机制研究:基于城市能源与土地要素约束的视角[J].中国人口·资源与环境,2020,30(09):93-105.

[11]陈建军,刘月,邹苗苗.产业协同集聚下的城市生产效率增进:基于融合创新与发展动力转换背景[J].浙江大学学报(人文社会科学版),2016,46(03):150-163.

[12]陈默,胡绪华.产业空间协同、溢出效应与区域经济提振:基于中国实体制造与金融服务业的经验证据[J].区域金融研究,2020(10):5-13.

[13]陈曦,朱建华.制造业产业关联对产业间协同集聚的影响[J].社会科学战线,2018(02):257-261.

[14]陈晓峰,陈昭锋.生产性服务业与制造业协同集聚的水平及效应:来自中国东部沿海地区的经验证据[J].财贸研究,2014,25(02):49-57.

[15]陈晓峰,周晶晶.生产性服务业集聚、空间溢出与城市绿色全要素生产率:来自长三角城市群的经验证据[J].经济经纬,2020,37(04):89-98.

[16]陈阳,唐晓华.制造业集聚对城市绿色全要素生产率的溢出效应研究:基于城市等级视角[J].财贸研究,2018,29(01):1-15.

[17]陈阳,唐晓华.制造业集聚和城市规模对城市绿色全要素生产率的协同效应研究[J].南方经济,2019(03):71-89.

[18]陈昭,张嘉欣.专业集聚、产业协同与城市生产力:基于粤港澳大湾区制造业与服务业的研究[J].湖南财政经济学院学报,2020,36(01):19-32.

[19]陈子真,雷振丹.产业协同集聚对区域经济的影响研究[J].区域经济评论,2018(03):50-58.

[20]程惠芳,陆嘉俊.知识资本对工业企业全要素生产率影响的实证分析[J].经济研究,2014,49(05):174-187.

[21]仇保兴.小企业集群研究[M].上海:复旦大学出版社,1999.

[22]邓晶,张敏杰,华潮.基于空间视角下产业协同集聚对区域创新的影响[J].数学的实践与认识,2021.

[23]丁玉龙.城市规模对绿色经济效率的影响及空间效应研究:基于我国 285 个地级及以上城市数据的实证分析[J].城市问题,2021(12):58-68.

[24]豆建民,刘叶.生产性服务业与制造业协同集聚是否能促进经济增长:基于中国 285 个地级市的面板数据[J].现代财经(天津财经大学学报),2016,36(04):92-102.

[25]冯鹏飞,申玉铭.北京生产性服务业和制造业共同集聚研究[J].首都经济贸易大学

学报,2017,19(02):49-59.

[26]冯志军,康鑫,陈伟.知识产权管理、产业升级与绿色经济增长:以产业转型升级期的广东为例[J].中国科技论坛,2016(01):118-123.

[27]付凌晖.我国产业结构高级化与经济增长关系的实证研究[J].统计研究,2010,27(08):79-81.

[28]傅元海,叶祥松,王展祥.制造业结构变迁与经济增长效率提高[J].经济研究,2016,51(08):86-100.

[29]干春晖,郑若谷,余典范.中国产业结构变迁对经济增长和波动的影响[J].经济研究,2011,46(05):4-16.

[30]干春晖,郑若谷.改革开放以来产业结构演进与生产率增长研究:对中国1978—2007年"结构红利假说"的检验[J].中国工业经济,2009(02):55-65.

[31]高峰,刘志彪.产业协同集聚:长三角经验及对京津唐产业发展战略的启示[J].河北学刊,2008(01):142-146.

[32]顾乃华.生产性服务业对工业获利能力的影响和渠道:基于城市面板数据和SFA模型的实证研究[J].中国工业经济,2010(05):48-58.

[33]郭金勇.物流业生态效率驱动机制及空间效应分解:基于长江经济带及省际间比较研究[J].商业经济研究,2022(05):108-112.

[34]郭卫军,黄繁华.高技术产业与生产性服务业协同集聚如何影响经济增长质量?[J].产业经济研究,2020(06):128-142.

[35]郭文伟,王文启.金融集聚、区域房价如何影响产业结构升级:双轮驱动还是双向抑制?[J].首都经济贸易大学学报,2021,23(01):24-37.

[36]郭艳花,梅林,佟连军.产业集聚对绿色发展效率的影响机制:以吉林省限制开发区为例[J].地理科学,2020,40(09):1484-1492.

[37]国家市场监督管理总局,国家标准化管理委员会.物流术语(GB/T18354-2021)[S].(2021-08-20)[2024-04-25].http://c.gb688.cn/bzgk/gb/showGb?type=online&hcno=91434A17CE8256349F50E069590E7070.

[38]国务院.国务院关于印发物流业调整和振兴规划的通知[EB/OL].(2009-03-13)[2024-06-15].http://www.gov.cn/zwgk/2009-03/13/content_1259194.htm.

[39]国务院.国务院关于印发物流业发展中长期规划(2014—2020年)的通知[EB/OL].(2014-10-04)[2024-06-15].http://www.gov.cn/zhengce/content/2014-10/04/content_9120.htm.

[40]韩晶,孙雅雯,陈超凡,等.产业升级推动了中国城市绿色增长吗?[J].北京师范大学学报(社会科学版),2019(03):139-151.

[41]韩增林,杨文毅,郭建科.供给侧视角下中国生产性服务业集聚对城市全要素生产率

的影响[J].首都经济贸易大学学报,2018,20(02):72-82.

[42]郝凤霞,王宇冰,楼永.区域服务化视角下产业协同集聚效应研究[J].科技进步与对策,2021,38(13):55-63.

[43]郝永敬,程思宁.长江中游城市群产业集聚、技术创新与经济增长:基于异质产业集聚与协同集聚视角[J].工业技术经济,2019,38(01):41-48.

[44]何枫,陈荣,何炼成.SFA 模型及其在我国技术效率测算中的应用[J].系统工程理论与实践,2004(05):46-50.

[45]贺灿飞,潘峰华.产业地理集中、产业集聚与产业集群:测量与辨识[J].地理科学进展,2007(02):1-13.

[46]赫永达,文红,孙传旺."十四五"期间我国碳排放总量及其结构预测:基于混频数据ADL-MIDAS 模型[J].经济问题,2021(04):31-40.

[47]胡安军,郭爱君,钟方雷,等.高新技术产业集聚能够提高地区绿色经济效率吗?[J].中国人口·资源与环境,2018,28(09):93-101.

[48]胡绪华,陈默.制造业集聚与城市化协同驱动城市绿色全要素生产率提升研究:来自中国内地 261 个城市的经验证据[J].科技进步与对策,2019,36(24):70-79.

[49]胡艳,朱文霞.基于生产性服务业的产业协同集聚效应研究[J].产经评论,2015,6(02):5-14.

[50]胡尊国,王耀中,尹国君.劳动力流动、协同集聚与城市结构匹配[J].财经研究,2015,41(12):26-39.

[51]华坚,朱文静,黄媛媛.制造业与生产性服务业协同集聚对绿色发展效率的影响:以长三角城市群 27 个中心城市为例[J].资源与产业,2021,23(02):90-101.

[52]环球网.2021 中国市辖区高质量发展报告发布[EB/OL].(2021-09-03)[2024-06-18].https://city.huanqiu.com/article/44cZs9kMbG0.

[53]黄玖立,冯志艳.用地成本对企业出口行为的影响及其作用机制[J].中国工业经济,2017(09):100-118.

[54]黄娟,汪明进.制造业、生产性服务业共同集聚与污染排放:基于 285 个城市面板数据的实证分析[J].中国流通经济,2017,31(08):116-128.

[55]黄莉芳,黄良文,郭玮.生产性服务业提升制造业效率的传导机制检验:基于成本和规模中介效应的实证分析[J].财贸研究,2012,23(03):22-30.

[56]黄亮雄,王鹤,宋凌云.我国的产业结构调整是绿色的吗?[J].南开经济研究,2012(03):110-127.

[57]黄茂兴,李军军.技术选择、产业结构升级与经济增长[J].经济研究,2009,44(07):143-151.

[58]黄庆华,时培豪,胡江峰.产业集聚与经济高质量发展:长江经济带 107 个地级市例

证[J].改革,2020(01):87-99.

[59]黄月,洪功翔.高质量发展下绿色全要素生产率测算及"结构红利"再检验:以长江经济带 108 个地级市为例[J].长春理工大学学报(社会科学版),2020,33(03):99-105.

[60]吉亚辉,梁雅楠,张成.生产性服务业和制造业协同集聚对生态效应的影响:基于西北五省区动态 SDM 和面板门槛模型的实证检验[J].重庆社会科学,2021(09):91-110.

[61]纪玉俊,李志婷.制造业集聚影响城市绿色全要素生产率的门槛效应[J].中国石油大学学报(社会科学版),2020,36(01):25-33.

[62]纪玉俊,孙红梅.产业协同集聚的城市创新效应存在触发条件吗?[J].山东财经大学学报,2020,32(06):31-40.

[63]纪玉俊,孙红梅.市场化、产业协同集聚与城市生产率[J].山东科技大学学报(社会科学版),2020,22(01):91-101.

[64]纪玉俊,王芳.产业集聚、空间溢出与城市能源效率[J].北京理工大学学报(社会科学版),2021,23(06):13-26.

[65]纪玉俊.制造业集聚变迁与城市绿色全要素生产率:基于政府与市场关系的视角[J].吉林大学社会科学学报,2021,61(02):140-149.

[66]姜倩倩.产业政策、公司治理与技术创新[D].武汉:中南财经政法大学,2019.

[67]姜旭,卢新海,龚梦琪.土地出让市场化、产业结构优化与城市绿色全要素生产率:基于湖北省的实证研究[J].中国土地科学,2019,33(05):50-59.

[68]金飞,徐长乐.长三角城市群生产性服务业与制造业协同集聚的经济增长效应及门槛特征[J].南通大学学报(社会科学版),2021,37(06):51-59.

[69]金浩,刘肖.产业协同集聚、技术创新与经济增长:一个中介效应模型[J].科技进步与对策,2021,38(11):46-53.

[70]寇冬雪,黄娟.生产性服务业集聚对制造业集聚的减排效应:基于 2003—2019 年 285 个城市面板数据分析[J].中国流通经济,2021,35(11):78-88.

[71]李晟婷,周晓唯,武增海.产业生态化协同集聚的绿色经济效应与空间溢出效应[J].科技进步与对策,2022:1-11.

[72]李德山,张郑秋.环境规制对城市绿色全要素生产率的影响[J].北京理工大学学报(社会科学版),2020,22(4):39-48.

[73]李东海.产业结构优化对区域创新效率的影响研究:基于创新价值链视角[J].经济问题,2020(10):120-129.

[74]李福柱,李倩.知识密集型服务业集聚、高技术制造业集聚及二者协同集聚的创新驱动效应[J].科技进步与对策,2019,36(17):57-65.

[75]李光龙,范贤贤.贸易开放、外商直接投资与绿色全要素生产率[J].南京审计大学学报,2019,16(04):103-111.

[76]李华,董艳玲.中国经济高质量发展水平及差异探源:基于包容性绿色全要素生产率视角的考察[J].财经研究,2021,47(08):4-18.

[77]李健,冯会迎.高技术制造业与高技术服务业协同集聚的经济增长效应[J].科技进步与对策,2020,37(17):54-62.

[78]李力,孙军卫,蒋晶晶.评估中国各省对环境规制策略互动的敏感性[J].中国人口·资源与环境,2021,31(07):49-62.

[79]李珊珊,马艳芹.生产性服务业集聚对绿色全要素生产率的影响:基于不同集聚视角下面板门槛模型的实证分析[J].商业研究,2020(04):40-48.

[80]梁红艳,王健.中国生产性服务业与制造业的空间关系[J].经济管理,2012,34(11):19-29.

[81]梁军,从振楠.服务业集聚与制造业工资不平等:来自中国地级市面板数据的实证分析[J].贵州财经大学学报,2019(06):16-24.

[82]梁喜,李思遥.交通基础设施对绿色全要素生产率增长的空间溢出效应研究[J].西部论坛,2018,28(03):33-41.

[83]林伯强.电力消费与中国经济增长:基于生产函数的研究[J].管理世界,2003(11):18-27.

[84]林秀梅,曹张龙.中国生产性服务业集聚对产业结构升级的影响及其区域差异[J].西安交通大学学报(社会科学版),2020,40(01):30-37.

[85]刘明.物流业与制造业协同集聚对经济高质量发展的影响:基于283个地级以上城市的实证分析[J].中国流通经济,2021,35(09):22-31.

[86]刘叶,刘伯凡.生产性服务业与制造业协同集聚对制造业效率的影响:基于中国城市群面板数据的实证研究[J].经济管理,2016,38(06):16-28.

[87]刘赢时,田银华,罗迎.产业结构升级、能源效率与绿色全要素生产率[J].财经理论与实践,2018,39(01):118-126.

[88]刘玉浩,池仁勇,施佐利.产业协同集聚对制造业效率的影响研究[J].上海管理科学,2018,40(5):97-101.

[89]刘钻扩,辛丽."一带一路"建设对沿线中国重点省域绿色全要素生产率的影响[J].中国人口·资源与环境,2018,28(12):87-97.

[90]卢丽文,宋德勇,黄璨.长江经济带城市绿色全要素生产率测度:以长江经济带的108个城市为例[J].城市问题,2017(01):61-67.

[91]陆凤芝,杨浩昌.产业协同集聚与环境污染治理:助力还是阻力[J].广东财经大学学报,2020,35(01):16-29.

[92]路江涌,陶志刚.中国制造业区域聚集及国际比较[J].经济研究,2006,41(03):103-114.

[93]罗能生,郝腾.生产性服务业集聚对中国绿色全要素生产率的影响[J].系统工程,2018,36(11):67-76.

[94]罗雅红,龚建周,简钰清,等.粤港澳大湾区 SO₂平均浓度与制造业、生产性服务业集聚的空间关联特征[J].生态经济,2021,37(02):176-182.

[95]吕平,袁易明.产业协同集聚、技术创新与经济高质量发展:基于生产性服务业与高技术制造业实证分析[J].财经理论与实践,2020,41(06):118-125.

[96]马洪生,赵放.制造业与物流业协同集聚研究综述:内涵、特征、机理及实证研究[J].物流技术,2016,35(12):1-5.

[97]马黎,梁伟.中国城市空气污染的空间特征与影响因素研究:来自地级市的经验证据[J].山东社会科学,2017(10):138-145.

[98]马强,秦琳贵.产业协同发展与城市全要素生产率:中国南北差异视角下的实证检验[J].企业经济,2021,40(01):82-90.

[99]孟望生,邵芳琴.产业协同集聚对绿色经济增长效率的影响:基于生产性服务业与制造业之间要素层面协同集聚的实证分析[J].南京财经大学学报,2021(04):75-85.

[100]米俣飞.产业集聚对海洋产业效率影响的分析[J].经济与管理评论,2022,38(02):147-158.

[101]苗建军,郭红娇.产业协同集聚对环境污染的影响机制:基于长三角城市群面板数据的实证研究[J].管理现代化,2019,39(03):70-76.

[102]苗建军,华潮,丰俊超.产业协同集聚的升级效应与碳排放:基于空间计量模型的实证分析[J].生态经济,2020,36(02):28-33.

[103]裴耀琳,郭淑芬.资源禀赋约束下生产性服务业集聚的产业结构调整效应研究:基于资源型城市与非资源型城市的对比分析[J].软科学,2021,35(01):62-67.

[104]彭亮,肖明辉.生产性服务业与制造业协同集聚的多点多极支撑效应分析:基于四川省 21 个市州的面板数据模型[J].企业经济,2017,36(09):140-146.

[105]齐亚伟.空间集聚、经济增长与环境污染之间的门槛效应分析[J].华东经济管理,2015,29(10):72-78.

[106]綦良群,王成东.产业协同发展组织模式研究:基于分形理论和孤立子思想[J].科技进步与对策,2012,29(16):40-44.

[107]区域经济学编写组.区域经济学[M].北京:高等教育出版社,2018.

[108]屈小娥,胡琰欣,赵昱钧.产业集聚对制造业绿色全要素生产率的影响:基于长短期行业异质性视角的经验分析[J].北京理工大学学报(社会科学版),2019,21(01):27-36.

[109] 任阳军,田泽,梁栋,等.产业协同集聚对绿色全要素生产率的空间效应[J].技术经济与管理研究,2021(09):124-128.

[110] 任阳军,汪传旭,齐颖秀,等.资源型产业集聚对绿色全要素生产率影响的实证[J].统计与决策,2020,36(14):124-127.

[111] 上官绪明.技术溢出、吸收能力与技术进步[J].世界经济研究,2016(08):87-100.

[112] 上官绪明.物流业集聚与制造业高质量发展:基于效率提升和技术进步的门槛效应研究[J].中国流通经济,2021,35(09):11-21.

[113] 佘硕,王巧,张阿城.技术创新、产业结构与城市绿色全要素生产率:基于国家低碳城市试点的影响渠道检验[J].经济与管理研究,2020,41(08):44-61.

[114] 申伟宁,柴泽阳,张舒.产业协同集聚的工业污染减排效应研究:基于长三角城市群的实证分析[J].华东经济管理,2020,34(08):84-94.

[115] 沈宏亮,张佳,刘玉伟.产业集聚、FDI约束与产业升级:基于中国工业企业数据的实证分析[J].商业研究,2020(02):83-90.

[116] 宋斓君.物流业与制造业协同集聚对制造业全要素生产率的影响研究[D].杭州:浙江工商大学,2020.

[117] 宋铮.制造业与生产性服务业集聚对产业结构的影响研究[J].商业经济研究,2016(05):192-195.

[118] 孙畅,曾庆均.生产性服务业集聚能否促进我国产业结构优化升级:基于2005—2013年省际面板数据的实证检验[J].科技管理研究,2017,37(01):105-110.

[119] 孙浦阳,韩帅,靳舒晶.产业集聚对外商直接投资的影响分析:基于服务业与制造业的比较研究[J].数量经济技术经济研究,2012,29(09):40-57.

[120] 汤长安,邱佳炜,张丽家,等.要素流动、产业协同集聚对区域经济增长影响的空间计量分析:以制造业与生产性服务业为例[J].经济地理,2021,41(07):146-154.

[121] 唐世芳,赵作权.中国制造业空间聚集与国内外市场的影响研究[J].工业技术经济,2014,33(05):40-47.

[122] 田旭,张晓慧.产业协同集聚、空间依赖与城市工业经济增长:中国277个城市数据的实证分析[J].东方论坛,2019(05):118-128.

[123] 汪辉平,王美霞,王增涛.FDI、空间溢出与中国工业全要素生产率:基于空间杜宾模型的研究[J].统计与信息论坛,2016,31(06):44-50.

[124] 汪克亮,庞素勤."一带一路"倡议实施对中国沿线城市绿色转型的影响[J].资源科学,2021,43(12):2475-2489.

[125] 王兵,刘光天.节能减排与中国绿色经济增长:基于全要素生产率的视角[J].中国工业经济,2015(05):57-69.

[126] 王兵,聂欣.产业集聚与环境治理:助力还是阻力:来自开发区设立准自然实验的证

据[J].中国工业经济,2016(12):75-89.

[127]王兵,於露瑾,杨雨石.碳排放约束下中国工业行业能源效率的测度与分解[J].金融研究,2013(10):128-141.

[128]王静田,张宝懿,付晓东.产业协同集聚对城市全要素生产率的影响研究[J].科学学研究,2021,39(05):842-853.

[129]王帅,周明生,钟顺昌.资源型地区制造业集聚对产业结构升级的影响研究:以山西省为例[J].经济问题探索,2020(02):85-93.

[130]王晓蕾,王玲.我国物流业制造业融合发展对制造业的产业升级效应及地区差异研究[J].经济问题探索,2022(02):94-111.

[131]王雄,岳意定,刘贯春.基于SFA模型的科技环境对中部地区能源效率的影响研究[J].经济地理,2013,33(05):37-42.

[132]王许亮,王恕立.中国服务业集聚的绿色生产率效应[J].山西财经大学学报,2021,43(03):43-55.

[133]王燕,孙超.产业协同集聚对产业结构优化的影响:基于高新技术产业与生产性服务业的实证分析[J].经济问题探索,2019(10):146-154.

[134]王燕,孙超.产业协同集聚对绿色全要素生产率的影响研究:基于高新技术产业与生产性服务业协同的视角[J].经济纵横,2020(03):67-77.

[135]王叶军,母爱英.产业协同集聚对城市科技创新的提升效应:基于多维度的实证研究[J].河北经贸大学学报,2020,41(05):78-86.

[136]王一乔,赵鑫,杨守云.金融集聚对产业结构升级的非线性影响研究[J].工业技术经济,2020,39(05):135-143.

[137]王一乔,赵鑫.金融集聚、技术创新与产业结构升级:基于中介效应模型的实证研究[J].经济问题,2020(05):55-62.

[138]王媛玉.产业集聚与城市规模演进研究[D].长春:吉林大学,2019.

[139]王珍珍,陈功玉.制造业与物流业联动发展的演化博弈分析[J].中国经济问题,2012(02):86-97.

[140]王志祥,张洪振,龚新蜀,等.物流产业集聚、市场分割与区域绿色经济效率[J].经济经纬,2018,35(05):87-93.

[141]魏守华,陈扬科,陆思桦.城市蔓延、多中心集聚与生产率[J].中国工业经济,2016(08):58-75.

[142]温忠麟,张雷,侯杰泰,等.中介效应检验程序及其应用[J].心理学报,2004,36(05):614-620.

[143]文玫.中国工业在区域上的重新定位和聚集[J].经济研究,2004(02):84-94.

[144]吴振华.服务业、战略性新兴产业协同集聚与经济高质量增长:基于2005-2018年

省际面板数据的实证分析[J].河南师范大学学报(哲学社会科学版),2020,47
(04):44-50.

[145]伍先福,唐峰陵.产业协同集聚对广西经济增长的影响研究[J].数学的实践与认
识,2020,20(05):312-322.

[146]伍先福.产业协同集聚对全要素生产率影响的门槛效应研究:基于中国246个城市
的实证检验[J].经济经纬,2019,36(02):72-78.

[147]伍先福.生产性服务业与制造业协同集聚提升全要素生产率吗?[J].财经论丛,
2018(12):13-20.

[148]习近平.决胜全面建成小康社会 夺取新时代中国特色社会主义伟大胜利[M].北
京:人民出版社,2017.

[149]席强敏,罗心然.京津冀生产性服务业与制造业协同发展特征与对策研究[J].河北
学刊,2017,37(01):122-129.

[150]夏斐,肖宇.生产性服务业与传统制造业融合效应研究:基于劳动生产率的视角
[J].财经问题研究,2020(04):27-37.

[151]夏后学,谭清美,商丽媛.非正式环境规制下产业协同集聚的结构调整效应:基于
Fama-Macbeth与GMM模型的实证检验[J].软科学,2017,31(04):9-14.

[152]向昕,童飞,黄寰.产业集聚对重点城市群产业结构升级的影响分析[J].区域经济
评论,2021(05):84-90.

[153]谢婷婷,刘锦华.金融集聚、产业结构升级与绿色经济增长[J].武汉金融,2019
(02):51-56.

[154]新华网.习近平在第七十五届联合国大会一般性辩论上发表重要讲话[EB/OL].
(2022-09-22)[2024-03-16].http://www.xinhuanet.com/video/2020-09/24/c_
1210814897.htm.

[155]邢会,谷江宁,张金慧.两业协同集聚对城市制造业全要素生产率的影响:基于禀赋
差异视角[J].华东经济管理,2021,35(12):72-79.

[156]徐晓红,汪侠.生产性服务业集聚、空间溢出与绿色全要素生产率提升[J].统计与
信息论坛,2020,35(05):16-25.

[157]鄢飞,王铁山.物流业与制造业专业集聚、协同集聚与区域经济增长[J].企业经济,
2021,40(04):88-97.

[158]严若谷.新发展格局下现代物流与制造业协同发展研究:基于大城市内部企业的微
观选址行为分析[J].贵州社会科学,2021(10):135-144.

[159]杨明洪,刘昕禹,吴晓婷.财政支农支出对农村绿色发展的时空效应研究[J].财政
科学,2022(02):85-99.

[160]杨仁发.产业集聚与地区工资差距:基于我国269个城市的实证研究[J].管理世

界,2013(08):41-52.

[161]杨桐彬,朱英明,刘梦鹤,等.资源型城市产业协同集聚、市场化程度与环境污染
[J].产业经济研究,2020(06):15-27.

[162]姚战琪.产业协同集聚、区域创新与经济发展:基于有调节的中介效应视角的分析
[J].学术探索,2020(04):127-137.

[163]于斌斌,杨宏翔,金刚.产业集聚能提高地区经济效率吗:基于中国城市数据的空间
计量分析[J].中南财经政法大学学报,2015(03):121-130.

[164]于斌斌.生产性服务业集聚如何促进产业结构升级:基于集聚外部性与城市规模约
束的实证分析[J].经济社会体制比较,2019(02):30-43.

[165]余泳泽,刘冉,杨晓章.我国产业结构升级对全要素生产率的影响研究[J].产经评
论,2016,7(04):45-58.

[166]袁华锡,刘耀彬,胡森林,等.产业集聚加剧了环境污染吗:基于外商直接投资视角
[J].长江流域资源与环境,2019,28(04):794-804.

[167]原毅军,耿殿贺,张乙明.技术关联下生产性服务业与制造业的研发博弈[J].中国
工业经济,2007(11):80-87.

[168]岳书敬,邹玉琳,胡姚雨.产业集聚对中国城市绿色发展效率的影响[J].城市问题,
2015(10):49-54.

[169]张纯记.生产性服务业集聚与绿色全要素生产率增长:基于地区与行业差异的视角
[J].技术经济,2019,38(12):113-119.

[170]张国庆,闫慧贞.高质量发展导向下产业结构优化对区域绿色全要素生产率的影响
[J].江西社会科学,2020,40(05):63-71.

[171]张弘,吴顺利.物流业与制造业协同集聚对居民消费扩张的影响:基于动态空间杜
宾模型的实证分析[J].消费经济,2022,38(02):41-56.

[172]张虎,韩爱华,杨青龙.中国制造业与生产性服务业协同集聚的空间效应分析[J].
数量经济技术经济研究,2017,34(02):3-20.

[173]张建华,李先枝.政府干预、环境规制与绿色全要素生产率:来自中国 30 个省、市、
自治区的经验证据[J].商业研究,2017(10):162-170.

[174]张军,吴桂英,张吉鹏.中国省际物质资本存量估算:1952—2000[J].经济研究,
2004(10):35-44.

[175]张军涛,范卓玮.城市产业结构与绿色全要素生产率:基于东北地区的实证分析
[J].科技管理研究,2021,41(13):77-86.

[176]张可,汪东芳.经济集聚与环境污染的交互影响及空间溢出[J].中国工业经济,
2014(6):70-82.

[177]张乐楠.陕西物流业与制造业协同集聚水平及其对经济增长的影响[D].西安:西

安工程大学,2019.

[178]张明斗,王亚男.制造业、生产性服务业协同集聚与城市经济效率:基于"本地-邻地"效应的视角[J].山西财经大学学报,2021,43(06):15-28.

[179]张明龙.市场化进程中绿色投资对经济高质量发展的空间效应研究:基于空间杜宾模型的实证分析[J].贵州财经大学学报,2020(04):89-100.

[180]张宁,杜克锐.效率与生产率分析教程:理论、应用与编程[M].济南:山东大学出版社,2022.

[181]张平淡,陈臻.国家级新区创设驱动绿色发展的效应检验[J].北京理工大学学报(社会科学版),2020,22(04):49-59.

[182]张平淡,屠西伟.制造业集聚促进中国绿色经济效率提升了吗?[J].北京师范大学学报(社会科学版),2021(01):132-144.

[183]张瑞,胡彦勇,郜晓彤.中国物流业能源生态效率与其影响因素的动态响应研究[J].经济问题,2021(8):9-17.

[184]张素庸,汪传旭,任阳军.生产性服务业集聚对绿色全要素生产率的空间溢出效应[J].软科学,2019,33(11):11-15.

[185]张万里,魏玮.制造业集聚对效率的影响研究:抑制还是促进:基于地区和要素密集度分类的 PSTR 分析[J].南方经济,2018(04):95-113.

[186]张治栋,黄钱利.产业集聚对产业结构升级的影响:基于空间计量和面板门槛模型的实证分析[J].当代经济管理,2021,43(02):57-64.

[187]张治栋,秦淑悦.产业集聚对城市绿色效率的影响:以长江经济带 108 个城市为例[J].城市问题,2018(07):48-54.

[188]张治栋,赵必武.互联网与制造业协同集聚能否提升城市绿色效率:基于中国 283 个城市的经验分析[J].华东经济管理,2020,34(10):65-73.

[189]章激扬,许士道.产业协同集聚、金融发展与制造业 TFP[J].云南财经大学学报,2022,38(03):63-78.

[190]赵凡,罗良文.长江经济带产业集聚对城市碳排放的影响:异质性与作用机制[J].改革,2022(01):68-84.

[191]郑江淮,高彦彦,胡小文.企业"扎堆"、技术升级与经济绩效:开发区集聚效应的实证分析[J].经济研究,2008(05):33-46.

[192]郑婷婷.资源诅咒、产业结构与绿色经济增长研究[D].北京:北京邮电大学,2019.

[193]中国物流与采购联合会.2021 年全国物流运行情况通报[EB/OL].(2022-02-09)[2024-05-18].http://www.chinawuliu.com.cn/xsyj/202202/09/570362.shtml.

[194]钟韵,秦嫣然.中国城市群的服务业协同集聚研究:基于长三角与珠三角的对比[J].广东社会科学,2021(02):5-15.

[195]钟祖昌.空间经济学视角下的物流业集聚及影响因素:中国31个省市的经验证据[J].山西财经大学学报,2011,33(11):55-62.

[196]周凤秀,温湖炜.绿色产业集聚与城市工业部门高质量发展:来自国家生态工业示范园政策的准自然实验[J].产经评论,2019,10(01):5-19.

[197]周明生,陈文翔.生产性服务业与制造业协同集聚的增长效应研究:以长株潭城市群为例[J].现代经济探讨,2018(06):69-78.

[198]周鹏飞,沈洋,朱晓龙.制造业产业集聚对城市绿色经济效率的影响:机理、测度与路径[J].城市发展研究,2021,28(03):92-99.

[199]周五七,朱亚男.金融发展对绿色全要素生产率增长的影响研究:以长江经济带11省(市)为例[J].宏观质量研究,2018,6(03):74-89.

[200]周小亮,宋立.生产性服务业与制造业协同集聚对产业结构优化升级的影响[J].首都经济贸易大学学报,2019,21(04):53-64.

[201]周晓星,田时中.制造业集聚的地区绿色发展效应检验:基于固定效应和门槛模型的实证[J].长春理工大学学报(社会科学版),2020,33(06):59-66.

[202]朱风慧,刘立峰.中国制造业集聚对绿色全要素生产率的非线性影响:基于威廉姆森假说与开放性假说的检验[J].经济问题探索,2021(04):1-11.

[203]朱慧,周根贵,任国岩.制造业与物流业的空间共同集聚研究:以中部六省为例[J].经济地理,2015,35(11):117-124.

[204]朱金鹤,王雅莉.中国省域绿色全要素生产率的测算及影响因素分析:基于动态GMM方法的实证检验[J].新疆大学学报(哲学·人文社会科学版),2019,47(02):1-15.

[205]朱彦.生产性服务业集聚促进制造业结构升级的机理及规律:基于成本视角的实证分析[J].深圳大学学报(人文社会科学版),2022,39(02):65-73.

[206]哈肯.协同学:大自然构成的奥秘[M].凌复华,译.上海:上海译文出版社,2005.

附　录

附录1　2005—2018年中国284个城市物流业与制造业协同集聚水平

编号	城市	2005	2006	2007	2008	2009	2010	2011	2012	2013	2014	2015	2016	2017	2018	均值
1	北京市	0.661	0.609	0.563	0.536	0.538	0.472	0.480	0.470	0.452	0.444	0.440	0.438	0.436	0.414	0.497
2	天津市	0.901	0.877	0.921	0.958	0.941	0.990	0.759	0.837	0.832	0.833	0.850	0.880	0.975	0.952	0.893
3	石家庄市	0.863	0.835	0.830	0.808	0.741	0.680	0.663	0.569	0.514	0.609	0.654	0.632	0.703	0.671	0.698
4	唐山市	0.991	0.961	0.993	0.996	0.993	0.902	0.960	0.963	0.907	0.875	0.562	0.564	0.797	0.814	0.877
5	秦皇岛市	0.505	0.475	0.480	0.511	0.548	0.490	0.532	0.561	0.541	0.553	0.636	0.667	0.719	0.817	0.574
6	邯郸市	0.943	0.922	0.925	0.934	0.974	0.849	0.827	0.522	0.736	0.669	0.670	0.679	0.675	0.625	0.782
7	邢台市	0.946	0.921	0.942	0.922	0.983	0.886	0.933	0.717	0.686	0.811	0.815	0.805	0.643	0.794	0.793
8	保定市	0.969	0.794	0.785	0.786	0.895	0.975	0.804	0.708	0.955	0.887	0.740	0.717	0.761	0.818	0.828
9	张家口市	0.969	0.923	0.959	0.909	0.963	0.863	0.881	0.905	0.982	0.841	0.846	0.773	0.860	0.873	0.896
10	承德市	0.781	0.757	0.714	0.072	0.729	0.638	0.791	0.740	0.743	0.709	0.735	0.713	0.748	0.753	0.687
11	沧州市	0.640	0.784	0.717	0.677	0.627	0.569	0.696	0.636	0.741	0.712	0.669	0.654	0.769	0.825	0.694
12	廊坊市	0.925	0.926	0.978	0.779	0.585	0.068	0.496	0.533	0.388	0.423	0.560	0.522	0.915	0.792	0.635
13	衡水市	0.653	0.642	0.597	0.574	0.567	0.451	0.566	0.561	0.499	0.550	0.444	0.590	0.426	0.607	0.552
14	太原市	0.832	0.816	0.717	0.722	0.707	0.681	0.815	0.718	0.926	0.400	0.408	0.449	0.472	0.464	0.652
15	大同市	0.320	0.330	0.280	0.792	0.839	0.741	0.841	0.563	0.838	0.571	0.595	0.567	0.556	0.839	0.619
16	阳泉市	0.714	0.725	0.623	0.671	0.680	0.593	0.685	0.684	0.654	0.809	0.701	0.675	0.687	0.616	0.680
17	长治市	0.858	0.916	0.996	0.979	0.979	0.879	0.880	0.829	0.910	0.802	0.777	0.736	0.785	0.825	0.868
18	晋城市	0.670	0.734	0.655	0.612	0.582	0.531	0.553	0.546	0.941	0.968	0.942	0.907	0.953	0.907	0.750
19	朔州市	0.654	0.662	0.727	0.693	0.657	0.771	0.687	0.605	0.538	0.521	0.395	0.306	0.430	0.518	0.583
20	晋中市	0.617	0.628	0.986	0.900	0.815	0.658	0.635	0.608	0.558	0.465	0.485	0.508	0.555	0.573	0.642

续表

编号	城市	2005	2006	2007	2008	2009	2010	2011	2012	2013	2014	2015	2016	2017	2018	均值
21	运城市	0.979	0.902	0.895	0.885	0.989	0.867	0.365	0.356	0.175	0.202	0.903	0.731	0.469	0.797	0.680
22	忻州市	0.120	0.624	0.432	0.439	0.415	0.454	0.474	0.426	0.342	0.342	0.336	0.273	0.244	0.265	0.370
23	临汾市	0.903	0.877	0.929	0.896	0.739	0.675	0.684	0.634	0.527	0.453	0.503	0.445	0.287	0.188	0.624
24	吕梁市	0.847	0.826	0.833	0.835	0.091	0.703	0.687	0.660	0.123	0.132	0.106	0.119	0.131	0.160	0.447
25	呼和浩特市	0.962	0.817	0.676	0.524	0.462	0.389	0.274	0.293	0.221	0.197	0.341	0.309	0.145	0.221	0.417
26	包头市	0.468	0.499	0.825	0.785	0.773	0.801	0.646	0.568	0.555	0.581	0.569	0.622	0.775	0.833	0.664
27	乌海市	0.764	0.832	0.925	0.733	0.987	0.956	0.951	0.940	0.914	0.896	0.591	0.626	0.849	0.691	0.833
28	赤峰市	0.991	0.941	0.913	0.916	0.985	0.903	0.929	0.745	0.668	0.783	0.764	0.764	0.854	0.795	0.854
29	通辽市	0.880	0.908	0.874	0.750	0.953	0.985	0.877	0.937	0.955	0.701	0.948	0.932	0.721	0.749	0.869
30	鄂尔多斯市	0.560	0.532	0.617	0.754	0.757	0.871	0.901	0.932	0.957	0.383	0.455	0.491	0.529	0.514	0.661
31	呼伦贝尔市	0.638	0.524	0.480	0.546	0.473	0.416	0.422	0.385	0.557	0.491	0.828	0.846	0.470	0.284	0.526
32	巴彦淖尔市	0.475	0.534	0.444	0.405	0.417	0.367	0.377	0.625	0.260	0.292	0.306	0.333	0.231	0.211	0.377
33	乌兰察布市	0.548	0.563	0.441	0.482	0.399	0.321	0.348	0.258	0.224	0.185	0.140	0.132	0.103	0.100	0.303
34	沈阳市	0.758	0.638	0.592	0.646	0.660	0.642	0.686	0.724	0.733	0.719	0.716	0.691	0.626	0.678	0.679
35	大连市	0.935	0.983	0.854	0.858	0.793	0.925	0.918	0.974	0.921	0.979	0.950	0.986	0.944	0.938	0.926
36	鞍山市	0.529	0.535	0.581	0.572	0.529	0.588	0.482	0.500	0.604	0.599	0.524	0.592	0.676	0.732	0.575
37	抚顺市	0.580	0.602	0.635	0.531	0.520	0.572	0.518	0.527	0.826	0.839	0.817	0.774	0.744	0.900	0.670
38	本溪市	0.641	0.647	0.746	0.774	0.717	0.810	0.739	0.747	0.823	0.950	0.999	0.817	0.982	0.800	0.799
39	丹东市	0.995	0.954	0.994	0.894	0.834	0.878	0.939	0.879	0.802	0.749	0.978	0.838	0.920	0.906	0.897
40	锦州市	0.928	0.950	0.961	0.875	0.847	0.981	0.971	0.863	0.883	0.977	0.984	0.998	0.931	0.712	0.919
41	营口市	0.887	0.902	0.878	0.884	0.951	0.875	0.855	0.768	0.768	0.663	0.662	0.455	0.491	0.468	0.751
42	阜新市	0.964	0.917	0.026	0.876	0.876	0.954	0.747	0.682	0.908	0.851	0.730	0.742	0.716	0.931	0.780
43	辽阳市	0.446	0.398	0.568	0.529	0.557	0.542	0.512	0.585	0.612	0.676	0.622	0.646	0.507	0.432	0.545
44	盘锦市	0.790	0.765	0.774	0.710	0.647	0.803	0.706	0.558	0.772	0.744	0.736	0.899	0.915	0.816	0.760
45	铁岭市	0.964	0.914	0.884	0.930	0.352	0.862	0.847	0.753	0.899	0.773	0.779	0.782	0.531	0.558	0.773
46	朝阳市	0.903	0.891	0.806	0.682	0.043	0.930	0.794	0.806	0.817	0.753	0.688	0.780	0.979	0.946	0.773
47	葫芦岛市	0.423	0.418	0.459	0.452	0.457	0.519	0.663	0.478	0.549	0.504	0.505	0.653	0.693	0.837	0.544
48	长春市	0.790	0.767	0.771	0.792	0.769	0.804	0.757	0.979	0.780	0.811	0.837	0.791	0.824	0.810	0.806
49	吉林市	0.569	0.542	0.549	0.525	0.537	0.646	0.509	0.494	0.700	0.536	0.559	0.571	0.590	0.585	0.565
50	四平市	0.673	0.574	0.591	0.392	0.481	0.445	0.461	0.501	0.870	0.975	0.923	0.903	0.811	0.672	0.662
51	辽源市	0.932	0.953	0.985	0.927	0.910	0.985	0.963	0.692	0.578	0.521	0.500	0.462	0.398	0.916	0.766

续表

编号	城市	2005	2006	2007	2008	2009	2010	2011	2012	2013	2014	2015	2016	2017	2018	均值
52	通化市	0.579	0.628	0.716	0.853	0.753	0.868	0.801	0.807	0.477	0.356	0.346	0.329	0.938	0.990	0.674
53	白山市	0.914	0.914	0.802	0.744	0.658	0.706	0.699	0.703	0.833	0.851	0.855	0.755	0.739	0.657	0.774
54	松原市	0.838	0.986	0.833	0.705	0.812	0.892	0.828	0.824	0.950	0.916	0.862	0.878	0.955	0.978	0.876
55	白城市	0.473	0.982	0.895	0.676	0.851	0.726	0.936	0.906	0.881	0.800	0.781	0.808	0.882	0.809	0.815
56	哈尔滨市	0.958	0.923	0.973	0.981	0.893	0.683	0.617	0.661	0.620	0.657	0.629	0.609	0.615	0.661	0.749
57	齐齐哈尔市	0.682	0.677	0.617	0.630	0.596	0.485	0.507	0.595	0.421	0.430	0.437	0.402	0.446	0.396	0.523
58	鸡西市	0.807	0.836	0.708	0.759	0.780	0.699	0.656	0.742	0.582	0.422	0.490	0.664	0.326	0.347	0.630
59	鹤岗市	0.473	0.469	0.445	0.392	0.445	0.391	0.377	0.204	0.639	0.980	0.749	0.839	0.800	0.779	0.570
60	双鸭山市	0.746	0.849	0.753	0.418	0.386	0.352	0.331	0.280	0.760	0.691	0.669	0.641	0.680	0.241	0.557
61	大庆市	0.945	0.912	0.973	0.988	0.921	0.879	0.990	0.918	0.880	0.882	0.893	0.874	0.918	0.951	0.923
62	伊春市	0.452	0.470	0.594	0.719	0.697	0.801	0.729	0.761	0.882	0.879	0.924	0.826	0.832	0.825	0.742
63	佳木斯市	0.648	0.656	0.512	0.968	1.000	0.632	0.675	0.711	0.880	0.774	0.787	0.689	0.787	0.587	0.736
64	七台河市	0.786	0.896	0.867	0.316	0.308	0.321	0.735	0.994	0.542	0.552	0.510	0.574	0.506	0.440	0.596
65	牡丹江市	0.701	0.757	0.779	0.711	0.762	0.887	0.957	0.766	0.901	0.799	0.853	0.835	0.700	0.624	0.788
66	黑河市	0.131	0.132	0.100	0.069	0.052	0.035	0.038	0.058	0.063	0.088	0.083	0.064	0.090	0.016	0.073
67	绥化市	0.964	0.987	0.902	0.968	0.846	0.899	0.729	0.670	0.695	0.888	0.830	0.899	0.813	0.811	0.850
68	上海市	0.854	0.820	0.879	0.885	0.863	0.032	0.883	0.986	0.700	0.754	0.741	0.799	0.794	0.806	0.771
69	南京市	0.779	0.850	0.824	0.869	0.943	0.896	0.985	0.965	0.848	0.810	0.802	0.777	0.768	0.851	0.855
70	无锡市	0.578	0.538	0.514	0.462	0.486	0.517	0.457	0.417	0.449	0.449	0.441	0.439	0.420	0.400	0.469
71	徐州市	0.345	0.345	0.319	0.287	0.289	0.345	0.484	0.538	0.867	0.873	0.896	0.873	0.878	0.944	0.592
72	常州市	0.755	0.775	0.797	0.791	0.773	0.853	0.733	0.704	0.521	0.499	0.479	0.480	0.446	0.457	0.647
73	苏州市	0.334	0.243	0.220	0.243	0.234	0.249	0.276	0.300	0.329	0.334	0.327	0.346	0.333	0.326	0.292
74	南通市	0.918	0.938	0.940	0.886	0.746	0.789	0.841	0.868	0.849	0.707	0.668	0.705	0.729	0.693	0.806
75	连云港市	0.597	0.599	0.632	0.710	0.751	0.686	0.725	0.795	0.849	0.671	0.710	0.671	0.663	0.724	0.699
76	淮安市	0.875	0.800	0.710	0.625	0.584	0.625	0.629	0.523	0.748	0.670	0.678	0.729	0.649	0.884	0.695
77	盐城市	0.960	0.961	0.976	0.993	0.835	0.912	0.890	0.905	0.708	0.731	0.750	0.836	0.726	0.801	0.856
78	扬州市	0.748	0.720	0.724	0.481	0.551	0.634	0.621	0.624	0.714	0.649	0.667	0.681	0.696	0.640	0.654
79	镇江市	0.938	0.963	0.959	0.920	0.919	0.986	0.966	0.946	0.027	0.782	0.801	0.773	0.890	0.898	0.841
80	泰州市	0.724	0.703	0.719	0.642	0.592	0.626	0.568	0.598	0.385	0.586	0.581	0.669	0.572	0.660	0.616
81	宿迁市	0.718	0.795	0.703	0.368	0.274	0.260	0.395	0.365	0.285	0.422	0.454	0.466	0.446	0.501	0.461
82	杭州市	0.975	0.820	0.766	0.745	0.781	0.889	0.856	0.885	0.995	0.995	0.967	0.969	0.954	0.852	0.889

续表

编号	城市	2005	2006	2007	2008	2009	2010	2011	2012	2013	2014	2015	2016	2017	2018	均值
83	宁波市	0.828	0.643	0.652	0.625	0.655	0.673	0.713	0.742	0.713	0.766	0.792	0.756	0.749	0.790	0.721
84	温州市	0.857	0.780	0.694	0.745	0.714	0.897	0.938	0.987	0.845	0.822	0.764	0.767	0.762	0.697	0.805
85	嘉兴市	0.256	0.202	0.223	0.246	0.327	0.371	0.336	0.578	0.600	0.613	0.576	0.479	0.516	0.448	0.412
86	湖州市	0.632	0.621	0.567	0.461	0.402	0.575	0.700	0.728	0.910	0.977	0.636	0.611	0.589	0.622	0.645
87	绍兴市	0.423	0.432	0.401	0.432	0.623	0.698	0.672	0.793	0.398	0.449	0.464	0.465	0.471	0.445	0.512
88	金华市	0.718	0.861	0.915	0.018	0.901	0.968	0.970	0.934	0.814	0.781	0.810	0.769	0.878	1.000	0.810
89	衢州市	0.715	0.566	0.588	0.557	0.592	0.649	0.636	0.623	0.779	0.745	0.711	0.703	0.777	0.825	0.676
90	舟山市	0.712	0.699	0.844	0.874	0.840	0.612	0.691	0.608	0.624	0.583	0.692	0.688	0.478	0.412	0.668
91	台州市	0.816	0.849	0.535	0.458	0.424	0.446	0.369	0.532	0.534	0.529	0.570	0.438	0.419	0.355	0.520
92	丽水市	0.840	0.820	0.749	0.840	0.876	0.802	0.919	0.964	0.723	0.603	0.649	0.611	0.669	0.749	0.772
93	合肥市	0.692	0.728	0.699	0.737	0.761	0.737	0.866	0.895	0.883	0.907	0.861	0.833	0.738	0.789	0.795
94	芜湖市	0.921	0.858	0.765	0.930	1.000	0.990	0.904	0.966	0.984	0.945	0.977	0.924	0.939	0.873	0.927
95	蚌埠市	0.691	0.756	0.681	0.794	0.780	0.740	0.730	0.822	0.808	0.845	0.860	0.872	0.853	0.896	0.795
96	淮南市	0.781	0.812	0.690	0.715	0.820	0.755	0.723	0.642	0.848	0.854	0.729	0.688	0.671	0.689	0.744
97	马鞍山市	0.535	0.485	0.434	0.420	0.399	0.446	0.422	0.453	0.489	0.686	0.683	0.707	0.713	0.539	0.529
98	淮北市	0.970	0.804	0.708	0.697	0.728	0.919	0.886	0.974	0.899	0.889	0.915	0.876	0.978	0.703	0.853
99	铜陵市	0.564	0.520	0.486	0.450	0.433	0.392	0.343	0.372	0.657	0.633	0.664	0.667	0.664	0.741	0.542
100	安庆市	0.861	0.668	0.846	0.874	0.988	0.915	0.983	0.974	0.991	0.942	0.700	0.689	0.953	0.913	0.878
101	黄山市	0.458	0.653	0.618	0.681	0.705	0.632	0.637	0.765	0.821	0.876	0.816	0.787	0.843	0.916	0.729
102	滁州市	0.923	0.842	0.825	0.938	0.964	0.842	0.899	0.488	0.949	0.903	0.927	0.937	0.810	0.711	0.854
103	阜阳市	0.479	0.490	0.472	0.512	0.576	0.540	0.515	0.508	0.478	0.514	0.501	0.536	0.572	0.677	0.526
104	宿州市	0.589	0.757	0.718	0.603	0.713	0.597	0.796	0.733	0.847	0.881	0.898	0.909	0.929	0.971	0.782
105	六安市	0.764	0.817	0.764	0.677	0.404	0.647	0.960	0.972	0.942	0.951	0.972	0.988	0.913	0.558	0.809
106	亳州市	0.983	0.614	0.672	0.586	0.692	0.784	0.787	0.646	0.861	0.953	0.948	0.902	0.898	0.669	0.785
107	池州市	0.825	0.834	0.844	0.571	0.616	0.628	0.737	0.740	0.813	0.904	0.931	0.985	0.959	0.866	0.804
108	宣城市	0.711	0.780	0.896	0.800	0.665	0.764	0.754	0.942	0.971	0.385	0.509	0.444	0.566	0.638	0.702
109	福州市	0.857	0.848	0.856	0.897	0.971	0.948	0.938	0.982	0.941	0.939	0.936	0.997	0.967	0.854	0.924
110	厦门市	0.550	0.561	0.599	0.633	0.638	0.645	0.626	0.697	0.812	0.817	0.866	0.862	0.844	0.870	0.716
111	莆田市	0.339	0.346	0.265	0.327	0.259	0.320	0.254	0.278	0.300	0.364	0.328	0.332	0.359	0.263	0.310
112	三明市	0.521	0.512	0.043	0.535	0.646	0.746	0.908	0.956	0.824	0.844	0.857	0.836	0.853	0.881	0.712
113	泉州市	0.409	0.389	0.421	0.382	0.407	0.413	0.419	0.442	0.650	0.637	0.739	0.671	0.759	0.826	0.540

续表

编号	城市	2005	2006	2007	2008	2009	2010	2011	2012	2013	2014	2015	2016	2017	2018	均值
114	漳州市	0.639	0.632	0.646	0.633	0.647	0.700	0.648	0.496	0.987	0.880	0.852	0.872	0.891	0.607	0.724
115	南平市	0.807	0.754	0.594	0.554	0.517	0.565	0.636	0.653	0.619	0.738	0.643	0.595	0.752	0.720	0.653
116	龙岩市	0.739	0.735	0.697	0.606	0.759	0.911	0.898	0.982	0.538	0.336	0.475	0.543	0.578	0.790	0.685
117	宁德市	0.381	0.443	0.557	0.480	0.450	0.376	0.567	0.962	0.588	0.723	0.995	0.877	0.790	0.315	0.607
118	南昌市	0.569	0.493	0.486	0.450	0.480	0.420	0.783	0.661	0.726	0.823	0.875	0.868	0.952	0.975	0.683
119	景德镇市	0.407	0.406	0.404	0.469	0.443	0.406	0.353	0.359	0.560	0.673	0.748	0.622	0.690	0.452	0.499
120	萍乡市	0.834	0.749	0.041	0.881	0.813	0.632	0.917	0.879	0.680	0.616	0.595	0.521	0.585	0.667	0.672
121	九江市	0.885	0.831	0.985	0.918	0.948	0.991	0.999	0.947	0.600	0.624	0.640	0.688	0.918	0.864	0.846
122	新余市	0.731	0.718	0.742	0.698	0.291	0.387	0.275	0.258	0.286	0.460	0.423	0.412	0.468	0.507	0.475
123	鹰潭市	0.617	0.607	0.484	0.584	0.553	0.534	0.499	0.736	0.737	0.709	0.746	0.864	0.870	0.783	0.666
124	赣州市	0.847	0.808	0.892	0.805	0.799	0.879	0.794	0.857	0.957	0.762	0.918	0.899	0.968	0.982	0.869
125	吉安市	0.386	0.392	0.228	0.040	0.033	0.064	0.052	0.119	0.526	0.530	0.617	0.758	0.779	0.795	0.380
126	宜春市	0.583	0.750	0.777	0.761	0.758	0.725	0.583	0.523	0.290	0.359	0.420	0.470	0.462	0.766	0.588
127	抚州市	0.861	0.854	0.791	0.753	0.673	0.730	0.602	0.733	0.471	0.576	0.648	0.647	0.477	0.631	0.675
128	上饶市	0.828	0.776	0.780	0.853	0.862	0.143	0.631	0.765	0.861	0.860	0.904	0.808	0.824	0.443	0.738
129	济南市	0.824	0.862	0.736	0.674	0.639	0.539	0.586	0.611	0.916	0.885	0.941	0.915	0.962	0.857	0.782
130	青岛市	0.862	0.809	0.919	0.933	0.950	0.973	0.963	0.955	0.933	0.977	0.998	0.957	0.883	0.949	0.933
131	淄博市	0.333	0.344	0.356	0.342	0.371	0.424	0.379	0.396	0.444	0.455	0.444	0.481	0.461	0.439	0.405
132	枣庄市	0.663	0.708	0.731	0.836	0.897	0.953	0.771	0.931	0.819	0.792	0.734	0.710	0.819	0.923	0.806
133	东营市	0.553	0.928	0.932	0.880	0.639	0.516	0.668	0.708	0.716	0.716	0.906	0.692	0.804	0.958	0.758
134	烟台市	0.673	0.626	0.012	0.630	0.566	0.597	0.576	0.587	0.764	0.748	0.819	0.812	0.855	0.602	0.633
135	潍坊市	0.326	0.301	0.361	0.378	0.363	0.450	0.579	0.316	0.844	0.794	0.753	0.661	0.672	0.671	0.534
136	济宁市	0.865	0.771	0.800	0.712	0.899	0.883	0.799	0.847	0.677	0.724	0.785	0.763	0.692	0.655	0.777
137	泰安市	0.930	0.745	0.780	0.818	0.797	0.955	0.755	0.728	0.800	0.878	0.913	0.845	0.847	0.951	0.839
138	威海市	0.421	0.440	0.459	0.413	0.568	0.580	0.421	0.488	0.609	0.505	0.477	0.466	0.426	0.433	0.479
139	日照市	0.693	0.696	0.862	0.913	0.848	0.770	0.771	0.738	0.723	0.672	0.623	0.593	0.615	0.594	0.722
140	临沂市	0.625	0.598	0.629	0.676	0.617	0.612	0.941	0.689	0.698	0.637	0.572	0.584	0.601	0.500	0.641
141	德州市	0.520	0.552	0.507	0.590	0.558	0.625	0.571	0.583	0.800	0.822	0.774	0.781	0.763	0.729	0.655
142	聊城市	0.625	0.614	0.602	0.574	0.580	0.395	0.363	0.397	0.573	0.499	0.535	0.630	0.698	0.788	0.562
143	滨州市	0.161	0.105	0.097	0.086	0.089	0.150	0.146	0.375	0.403	0.430	0.442	0.521	0.561	0.563	0.295
144	菏泽市	0.675	0.737	0.723	0.632	0.612	0.559	0.607	0.560	0.584	0.547	0.548	0.575	0.595	0.706	0.619

续表

编号	城市	2005	2006	2007	2008	2009	2010	2011	2012	2013	2014	2015	2016	2017	2018	均值
145	郑州市	0.915	0.984	0.912	0.873	0.971	0.880	0.816	0.657	0.818	0.826	0.852	0.913	0.855	0.875	0.868
146	开封市	0.761	0.718	0.821	0.353	0.795	0.983	0.947	0.797	0.954	0.905	0.658	0.519	0.978	0.712	0.779
147	洛阳市	0.870	0.716	0.770	0.747	0.788	0.871	0.776	0.724	0.961	0.846	0.728	0.737	0.729	0.760	0.787
148	平顶山市	0.685	0.728	0.713	0.677	0.683	0.747	0.744	0.793	0.863	0.807	0.865	0.911	0.907	0.911	0.788
149	安阳市	0.543	0.522	0.512	0.526	0.598	0.678	0.639	0.726	0.960	0.881	0.916	0.918	0.881	0.599	0.707
150	鹤壁市	0.636	0.583	0.526	0.416	0.364	0.443	0.417	0.421	0.553	0.394	0.366	0.367	0.440	0.655	0.470
151	新乡市	0.692	0.587	0.430	0.400	0.501	0.614	0.655	0.688	0.905	0.911	0.759	0.764	0.618	0.748	0.662
152	焦作市	0.423	0.451	0.550	0.621	0.593	0.664	0.624	0.594	0.735	0.685	0.776	0.840	0.843	0.903	0.664
153	濮阳市	0.898	0.644	0.820	0.824	0.378	0.450	0.888	0.996	0.953	0.957	0.954	0.997	0.973	0.730	0.819
154	许昌市	0.929	0.965	0.858	0.875	0.658	0.914	0.710	0.690	0.681	0.477	0.466	0.384	0.369	0.341	0.666
155	漯河市	0.392	0.269	0.332	0.383	0.406	0.409	0.365	0.330	0.468	0.652	0.595	0.556	0.562	0.531	0.446
156	三门峡市	0.982	0.915	0.841	0.809	0.894	0.725	0.727	0.802	0.154	0.168	0.171	0.549	0.777	0.756	0.662
157	南阳市	0.792	0.948	0.928	0.908	0.891	0.969	0.944	0.952	0.733	0.879	0.678	0.840	0.921	0.856	0.874
158	商丘市	0.815	0.499	0.464	0.556	0.750	0.682	0.815	0.823	0.017	0.988	0.849	0.973	0.983	0.639	0.704
159	信阳市	0.696	0.701	0.704	0.705	0.766	0.686	0.749	0.610	0.931	0.933	0.872	0.943	0.915	0.975	0.799
160	周口市	0.603	0.615	0.599	0.625	0.492	0.408	0.407	0.648	0.341	0.334	0.514	0.417	0.500	0.622	0.509
161	驻马店市	0.673	0.979	0.982	0.946	0.910	0.976	0.913	0.905	0.806	0.864	0.817	0.770	0.740	0.691	0.855
162	武汉市	0.764	0.655	0.725	0.632	0.647	0.048	0.673	0.679	0.986	0.975	0.959	0.948	0.913	0.871	0.748
163	黄石市	0.508	0.499	0.510	0.537	0.569	0.483	0.417	0.328	0.510	0.608	0.568	0.710	0.674	0.637	0.540
164	十堰市	0.343	0.317	0.346	0.304	0.307	0.326	0.307	0.367	0.425	0.439	0.436	0.433	0.441	0.440	0.374
165	宜昌市	0.937	0.933	0.928	0.748	0.747	0.670	0.558	0.561	0.978	0.954	0.938	0.921	0.992	0.876	0.839
166	襄阳市	0.681	0.660	0.665	0.622	0.697	0.566	0.713	0.378	0.374	0.690	0.661	0.673	0.611	0.623	0.615
167	鄂州市	0.780	0.796	0.741	0.793	0.460	0.523	0.396	0.218	0.479	0.489	0.484	0.679	0.515	0.513	0.562
168	荆门市	0.672	0.638	0.564	0.737	0.722	0.844	0.671	0.826	0.831	0.879	0.859	0.888	0.909	0.799	0.774
169	孝感市	0.952	0.893	0.889	0.680	0.864	0.882	0.855	0.839	0.561	0.681	0.961	0.618	0.644	0.709	0.788
170	荆州市	0.783	0.752	0.718	0.708	0.650	0.724	0.962	0.728	0.842	0.713	0.874	0.987	0.793	0.917	0.797
171	黄冈市	0.979	0.950	0.972	0.025	0.800	0.941	0.901	0.994	0.856	0.799	0.942	0.954	0.843	0.968	0.852
172	咸宁市	0.777	0.986	0.985	0.962	0.806	0.619	0.296	0.442	0.783	0.832	0.856	0.845	0.871	0.885	0.782
173	随州市	0.766	0.698	0.506	0.482	0.824	0.603	0.453	0.550	0.627	0.581	0.526	0.619	0.604	0.628	0.605
174	长沙市	0.792	0.750	0.728	0.740	0.955	0.877	0.772	0.768	0.768	0.749	0.807	0.756	0.812	0.850	0.795
175	株洲市	0.522	0.550	0.551	0.633	0.530	0.555	0.438	0.542	0.547	0.332	0.586	0.603	0.631	0.721	0.553

续表

编号	城市	2005	2006	2007	2008	2009	2010	2011	2012	2013	2014	2015	2016	2017	2018	均值
176	湘潭市	0.469	0.448	0.490	0.467	0.619	0.648	0.727	0.701	0.573	0.432	0.382	0.396	0.986	0.711	0.575
177	衡阳市	0.960	0.940	0.964	0.937	0.789	0.927	0.757	0.693	0.858	0.945	0.894	0.837	0.874	0.804	0.870
178	邵阳市	0.575	0.538	0.424	0.470	0.460	0.570	0.608	0.561	0.591	0.563	0.640	0.674	0.700	0.690	0.576
179	岳阳市	0.665	0.732	0.767	0.816	0.877	0.827	0.834	0.947	0.836	0.771	0.711	0.768	0.926	0.851	0.809
180	常德市	0.977	0.984	0.861	0.891	0.773	0.596	0.966	0.717	0.983	0.976	0.903	0.900	0.992	0.932	0.889
181	张家界市	0.249	0.258	0.224	0.429	0.187	0.099	0.156	0.229	0.195	0.165	0.170	0.258	0.301	0.292	0.229
182	益阳市	0.905	0.988	0.999	0.865	0.300	0.629	0.636	0.640	0.659	0.828	0.911	0.813	0.858	0.970	0.786
183	郴州市	0.782	0.717	0.718	0.849	0.816	0.843	0.992	0.878	0.823	0.804	0.829	0.774	0.830	0.757	0.815
184	永州市	0.841	0.843	0.839	0.742	0.961	0.859	0.911	0.659	0.558	0.590	0.643	0.573	0.562	0.610	0.728
185	怀化市	0.436	0.361	0.297	0.309	0.179	0.122	0.208	0.175	0.251	0.173	0.138	0.129	0.082	0.091	0.211
186	娄底市	0.772	0.624	0.774	0.841	0.866	0.775	0.908	0.800	0.940	0.941	0.847	0.915	0.921	0.861	0.842
187	广州市	0.782	0.817	0.863	0.825	0.804	0.743	0.863	0.854	0.612	0.636	0.688	0.681	0.665	0.650	0.749
188	韶关市	0.967	0.998	0.986	0.876	0.873	0.944	0.948	0.880	0.752	0.795	0.757	0.707	0.737	0.753	0.855
189	深圳市	0.828	0.773	0.818	0.797	0.810	0.898	0.960	0.962	0.647	0.717	0.728	0.717	0.734	0.725	0.794
190	珠海市	0.359	0.356	0.357	0.352	0.328	0.353	0.372	0.408	0.502	0.522	0.514	0.518	0.522	0.506	0.426
191	汕头市	0.901	0.872	0.847	0.761	0.730	0.795	0.717	0.403	0.632	0.625	0.560	0.597	0.558	0.538	0.681
192	佛山市	0.590	0.568	0.521	0.424	0.499	0.579	0.542	0.440	0.286	0.310	0.319	0.300	0.334	0.328	0.431
193	江门市	0.520	0.462	0.397	0.394	0.369	0.394	0.282	0.240	0.619	0.591	0.517	0.550	0.568	0.528	0.459
194	湛江市	0.555	0.524	0.560	0.580	0.568	0.520	0.540	0.556	0.553	0.533	0.541	0.560	0.574	0.640	0.557
195	茂名市	0.880	0.887	0.889	0.919	0.891	0.988	0.748	0.711	0.947	0.898	0.965	0.881	0.808	0.757	0.869
196	肇庆市	0.499	0.499	0.360	0.351	0.353	0.390	0.367	0.558	0.547	0.767	0.530	0.433	0.474	0.453	0.470
197	惠州市	0.188	0.172	0.163	0.188	0.201	0.235	0.208	0.204	0.358	0.346	0.343	0.281	0.259	0.263	0.244
198	梅州市	0.949	0.740	0.762	0.829	0.732	0.733	0.662	0.876	0.864	0.997	0.875	0.864	0.859	0.852	0.828
199	汕尾市	0.641	0.596	0.510	0.475	0.647	0.434	0.399	0.303	0.314	0.385	0.343	0.388	0.430	0.396	0.447
200	河源市	0.280	0.310	0.285	0.302	0.240	0.323	0.277	0.295	0.484	0.441	0.430	0.420	0.427	0.401	0.351
201	阳江市	0.588	0.576	0.561	0.526	0.526	0.453	0.399	0.320	0.718	0.710	0.867	0.895	0.884	0.823	0.632
202	清远市	0.948	0.800	0.763	0.721	0.516	0.578	0.553	0.482	0.548	0.333	0.360	0.362	0.402	0.542	0.565
203	东莞市	0.837	0.852	0.915	0.644	0.592	0.670	0.905	0.802	0.167	0.170	0.169	0.158	0.152	0.142	0.513
204	中山市	0.413	0.424	0.423	0.467	0.453	0.538	0.564	0.570	0.233	0.255	0.252	0.243	0.235	0.219	0.378
205	潮州市	0.617	0.637	0.596	0.562	0.558	0.656	0.588	0.872	0.412	0.355	0.314	0.314	0.268	0.321	0.505
206	揭阳市	0.588	0.633	0.662	0.656	0.563	0.952	0.928	0.966	0.429	0.415	0.372	0.391	0.460	0.610	0.616

续表

编号	城市	2005	2006	2007	2008	2009	2010	2011	2012	2013	2014	2015	2016	2017	2018	均值
207	云浮市	0.728	0.652	0.640	0.628	0.589	0.227	0.211	0.232	0.693	0.837	0.557	0.590	0.564	0.770	0.566
208	南宁市	0.542	0.528	0.510	0.505	0.502	0.682	0.427	0.482	0.639	0.571	0.560	0.638	0.560	0.538	0.549
209	柳州市	0.749	0.712	0.869	0.818	0.844	0.889	0.840	0.954	0.864	0.804	0.768	0.757	0.722	0.654	0.803
210	桂林市	0.896	0.876	0.924	0.919	0.911	0.997	0.956	0.987	0.928	0.912	0.902	0.795	0.905	0.967	0.920
211	梧州市	0.865	0.994	0.885	0.953	0.891	0.999	0.964	0.982	0.898	0.874	0.799	0.685	0.615	0.859	0.876
212	北海市	0.566	0.579	0.776	0.957	0.991	0.984	0.813	0.865	0.865	0.797	0.716	0.721	0.686	0.744	0.790
213	防城港市	0.098	0.204	0.140	0.156	0.192	0.182	0.257	0.306	0.394	0.133	0.152	0.236	0.281	0.267	0.214
214	钦州市	0.515	0.536	0.438	0.533	0.452	0.439	0.690	0.624	0.617	0.793	0.898	0.968	0.995	0.681	0.656
215	贵港市	0.941	0.880	0.876	0.861	0.877	0.793	0.822	0.887	0.792	0.776	0.715	0.748	0.851	0.917	0.838
216	玉林市	0.719	0.738	0.801	0.784	0.855	0.834	0.919	0.808	0.775	0.830	0.779	0.797	0.973	0.889	0.822
217	百色市	0.554	0.506	0.504	0.449	0.506	0.445	0.602	0.433	0.389	0.370	0.324	0.326	0.299	0.299	0.429
218	贺州市	0.936	0.935	0.893	0.802	0.704	0.950	0.886	0.990	0.865	0.901	0.863	0.973	0.899	0.840	0.888
219	河池市	0.911	0.988	0.917	0.929	0.925	0.014	0.890	0.853	0.803	0.800	0.734	0.315	0.540	0.388	0.715
220	来宾市	0.435	0.510	0.430	0.388	0.339	0.331	0.356	0.596	0.874	0.546	0.581	0.717	0.824	0.710	0.546
221	崇左市	0.922	0.926	0.849	0.856	0.847	0.786	0.829	0.730	0.697	0.801	0.882	0.764	0.908	0.585	0.813
222	海口市	0.427	0.506	0.456	0.462	0.445	0.416	0.431	0.459	0.417	0.397	0.323	0.290	0.287	0.274	0.399
223	三亚市	0.223	0.232	0.167	0.161	0.160	0.136	0.155	0.137	0.242	0.318	0.247	0.238	0.220	0.150	0.199
224	重庆市	0.835	0.886	0.905	0.871	0.906	0.825	0.916	0.904	0.911	0.925	0.941	0.781	0.759	0.856	0.873
225	成都市	0.830	0.827	0.789	0.888	0.875	0.802	0.662	0.690	0.869	0.711	0.726	0.737	0.755	0.792	0.782
226	自贡市	0.872	0.831	0.859	0.838	0.972	0.919	0.957	0.325	0.880	0.721	0.679	0.630	0.637	0.578	0.764
227	攀枝花市	0.589	0.431	0.453	0.440	0.444	0.423	0.393	0.277	0.655	0.751	0.788	0.874	0.883	0.735	0.581
228	泸州市	0.897	0.975	0.999	0.994	0.969	0.871	0.912	0.772	0.874	0.841	0.878	0.822	0.747	0.642	0.871
229	德阳市	0.429	0.410	0.430	0.428	0.418	0.422	0.350	0.310	0.602	0.775	0.808	0.701	0.571	0.605	0.519
230	绵阳市	0.774	0.685	0.669	0.599	0.587	0.642	0.586	0.616	0.684	0.698	0.767	0.762	0.652	0.886	0.686
231	广元市	0.901	0.882	0.757	0.948	0.856	0.775	0.869	0.911	0.887	0.622	0.647	0.647	0.668	0.607	0.784
232	遂宁市	0.785	0.707	0.757	0.826	0.953	0.819	0.855	0.779	0.603	0.575	0.583	0.580	0.688	0.918	0.745
233	内江市	0.934	0.945	0.966	0.794	0.579	0.666	0.552	0.652	0.676	0.744	0.999	0.997	0.967	0.572	0.789
234	乐山市	0.734	0.714	0.712	0.707	0.848	0.864	0.822	0.912	0.847	0.987	0.931	0.937	0.971	0.953	0.853
235	南充市	0.652	0.610	0.510	0.500	0.524	0.738	0.784	0.793	0.961	0.995	0.984	0.956	0.976	0.808	0.771
236	眉山市	0.600	0.632	0.641	0.632	0.844	0.813	0.864	0.873	0.830	0.823	0.747	0.994	0.939	0.865	0.793
237	宜宾市	0.846	0.844	0.857	0.790	0.774	0.796	0.638	0.506	0.735	0.779	0.743	0.704	0.631	0.529	0.727

续表

编号	城市	2005	2006	2007	2008	2009	2010	2011	2012	2013	2014	2015	2016	2017	2018	均值
238	广安市	0.263	0.253	0.261	0.268	0.091	0.114	0.110	0.097	0.584	0.502	0.489	0.447	0.435	0.647	0.326
239	达州市	0.611	0.683	0.661	0.696	0.719	0.685	0.717	0.575	0.567	0.576	0.510	0.519	0.593	0.662	0.627
240	雅安市	0.848	0.913	0.887	0.895	0.861	0.901	0.869	0.947	0.829	0.822	0.879	0.884	0.826	0.936	0.878
241	巴中市	0.605	0.947	0.673	0.498	0.321	0.464	0.764	0.561	0.591	0.767	0.826	0.604	0.672	0.755	0.646
242	资阳市	0.783	0.805	0.777	0.724	0.498	0.458	0.382	0.478	0.513	0.732	0.780	0.907	0.967	0.842	0.689
243	贵阳市	0.835	0.804	0.821	0.933	0.999	0.863	0.990	0.957	0.746	0.538	0.551	0.404	0.438	0.392	0.734
244	六盘水市	0.451	0.483	0.498	0.514	0.413	0.480	0.528	0.487	0.917	0.844	0.894	0.983	0.970	0.937	0.671
245	遵义市	0.921	0.893	0.917	0.758	0.707	0.696	0.671	0.769	0.804	0.843	0.789	0.918	0.843	0.881	0.815
246	安顺市	0.692	0.866	0.708	0.461	0.553	0.678	0.991	0.676	0.954	0.967	0.633	0.620	0.500	0.631	0.709
247	昆明市	0.468	0.498	0.496	0.734	0.665	0.769	0.584	0.553	0.274	0.407	0.232	0.244	0.322	0.342	0.471
248	曲靖市	0.824	0.773	0.761	0.773	0.786	0.747	0.781	0.540	0.987	0.583	0.595	0.579	0.672	0.598	0.714
249	玉溪市	0.980	0.997	0.781	0.862	0.757	0.826	0.707	0.502	0.637	0.661	0.622	0.542	0.530	0.450	0.704
250	保山市	0.654	0.733	0.762	0.759	0.790	0.934	0.861	0.868	0.790	0.849	0.900	0.913	0.948	0.943	0.836
251	昭通市	0.683	0.596	0.567	0.462	0.604	0.587	0.629	0.463	0.464	0.525	0.523	0.520	0.555	0.432	0.544
252	丽江市	0.357	0.383	0.343	0.261	0.277	0.240	0.338	0.334	0.274	0.324	0.301	0.264	0.142	0.151	0.285
253	普洱市	0.729	0.748	0.836	0.885	0.910	0.965	0.947	0.958	0.850	0.858	0.902	0.917	0.946	0.878	0.881
254	临沧市	0.635	0.319	0.324	0.266	0.217	0.168	0.258	0.469	0.441	0.431	0.321	0.360	0.364	0.269	0.346
255	西安市	0.983	0.930	0.903	0.907	0.887	0.799	0.807	0.895	0.719	0.647	0.700	0.684	0.739	0.730	0.809
256	铜川市	0.935	0.964	0.922	0.904	0.834	0.979	0.978	0.723	0.959	0.964	0.905	0.872	0.864	0.958	0.912
257	宝鸡市	0.814	0.990	0.995	0.928	0.916	0.833	0.869	0.907	0.989	0.586	0.576	0.575	0.567	0.548	0.792
258	咸阳市	0.618	0.645	0.674	0.706	0.712	0.757	0.808	0.821	0.591	0.623	0.721	0.758	0.921	0.949	0.736
259	渭南市	0.931	0.823	0.794	0.692	0.719	0.836	0.822	0.620	0.826	0.824	0.759	0.789	0.804	0.842	0.792
260	延安市	0.449	0.437	0.472	0.459	0.361	0.304	0.254	0.247	0.629	0.104	0.082	0.057	0.090	0.149	0.292
261	汉中市	0.808	0.722	0.635	0.729	0.756	0.701	0.716	0.718	0.555	0.534	0.550	0.530	0.605	0.623	0.656
262	榆林市	0.571	0.609	0.614	0.579	0.652	0.501	0.499	0.508	0.522	0.819	0.586	0.559	0.675	0.549	0.589
263	安康市	0.382	0.565	0.551	0.487	0.541	0.447	0.592	0.638	0.577	0.575	0.495	0.551	0.521	0.767	0.549
264	商洛市	0.377	0.364	0.402	0.411	0.409	0.358	0.369	0.377	0.603	0.627	0.671	0.663	0.619	0.671	0.494
265	兰州市	0.684	0.878	0.821	0.859	0.886	0.966	0.976	0.975	0.872	0.912	0.866	0.783	0.752	0.800	0.859
266	嘉峪关市	0.190	0.185	0.165	0.167	0.122	0.130	0.103	0.155	0.360	0.373	0.262	0.278	0.269	0.251	0.215
267	金昌市	0.217	0.261	0.229	0.225	0.222	0.256	0.223	0.206	0.474	0.450	0.352	0.421	0.437	0.294	0.305
268	白银市	0.320	0.397	0.426	0.399	0.402	0.460	0.442	0.473	0.514	0.528	0.531	0.427	0.548	0.625	0.464

续表

编号	城市	2005	2006	2007	2008	2009	2010	2011	2012	2013	2014	2015	2016	2017	2018	均值
269	天水市	0.580	0.700	0.656	0.722	0.719	0.790	0.829	0.921	0.843	0.813	0.886	0.835	0.820	0.640	0.768
270	武威市	0.677	0.685	0.988	0.880	0.830	0.683	0.603	0.495	0.989	0.886	0.929	0.951	0.824	0.978	0.814
271	张掖市	0.756	0.807	0.814	0.796	0.798	0.745	0.743	0.695	0.578	0.475	0.436	0.449	0.422	0.484	0.643
272	平凉市	0.724	0.733	0.715	0.909	0.911	0.800	0.641	0.414	0.283	0.446	0.444	0.350	0.325	0.415	0.579
273	酒泉市	0.666	0.613	0.640	0.520	0.669	0.691	0.654	0.711	0.644	0.970	0.896	0.944	0.801	0.725	0.725
274	庆阳市	0.255	0.383	0.372	0.274	0.244	0.162	0.174	0.181	0.362	0.352	0.352	0.216	0.180	0.150	0.261
275	定西市	0.278	0.053	0.067	0.069	0.074	0.093	0.125	0.093	0.267	0.341	0.370	0.327	0.354	0.551	0.219
276	陇南市	0.187	0.371	0.231	0.118	0.014	0.035	0.038	0.037	0.021	0.301	0.279	0.768	0.034	0.489	0.209
277	西宁市	0.399	0.387	0.359	0.395	0.433	0.555	0.571	0.571	0.374	0.997	0.337	0.336	0.285	0.252	0.447
278	银川市	0.955	0.935	0.946	0.923	0.922	0.864	0.848	0.727	0.696	0.559	0.694	0.776	0.817	0.872	0.824
279	石嘴山市	0.067	0.443	0.462	0.385	0.422	0.303	0.556	0.552	0.646	0.701	0.473	0.397	0.405	0.647	0.461
280	吴忠市	0.900	0.714	0.748	0.780	0.888	0.796	0.677	0.845	0.804	0.681	0.709	0.745	0.831	0.809	0.781
281	固原市	0.259	0.214	0.184	0.021	0.019	0.032	0.043	0.073	0.109	0.075	0.067	0.170	0.167	0.192	0.116
282	中卫市	0.408	0.260	0.285	0.243	0.428	0.476	0.924	0.821	0.912	0.887	0.829	0.578	0.748	0.785	0.613
283	乌鲁木齐市	0.505	0.425	0.416	0.451	0.433	0.363	0.379	0.351	0.237	0.242	0.256	0.243	0.238	0.192	0.338
284	克拉玛依市	0.520	0.572	0.443	0.535	0.513	0.629	0.611	0.677	0.694	0.707	0.662	0.654	0.699	0.700	0.615

附录 2   2005—2018 年中国 284 个城市 GTFP 水平

编号	城市	2005	2006	2007	2008	2009	2010	2011	2012	2013	2014	2015	2016	2017	2018	均值
1	北京市	1.021	1.190	1.182	1.257	1.291	1.356	1.409	1.414	1.455	1.520	1.572	1.753	1.843	1.944	1.443
2	天津市	1.028	1.072	1.153	1.251	1.340	1.406	1.447	1.537	1.680	1.818	1.919	1.971	2.062	2.106	1.556
3	石家庄市	1.043	1.085	1.147	1.216	1.279	1.331	1.323	1.393	1.414	1.399	1.521	1.640	1.706	1.832	1.381
4	唐山市	1.038	1.106	1.176	1.253	1.506	1.520	1.576	1.587	1.589	1.785	1.807	1.977	1.917	2.003	1.560
5	秦皇岛市	1.006	1.067	1.190	1.276	1.287	1.352	1.367	1.367	1.351	1.354	1.340	1.535	1.580	1.613	1.335
6	邯郸市	1.033	1.062	1.142	1.181	1.218	1.240	1.241	1.279	1.303	1.380	1.387	1.424	1.474	1.513	1.277
7	邢台市	1.004	1.023	1.043	1.051	1.064	1.067	1.061	1.062	1.059	1.060	1.064	1.069	1.083	1.107	1.058
8	保定市	1.005	1.069	1.129	1.180	1.223	1.295	1.254	1.249	1.250	1.256	1.278	1.326	1.368	1.371	1.232
9	张家口市	1.048	1.041	1.203	1.165	1.319	1.263	1.308	1.329	1.353	1.355	1.402	1.521	1.583	1.610	1.321
10	承德市	0.980	0.992	1.008	1.006	1.030	1.052	1.182	1.216	1.192	1.236	1.251	1.248	1.250	1.284	1.138
11	沧州市	0.992	1.052	1.095	1.123	1.199	1.233	1.205	1.210	1.225	1.230	1.246	1.323	1.373	1.376	1.206
12	廊坊市	1.005	1.061	1.093	1.144	1.144	1.154	1.145	1.170	1.188	1.197	1.240	1.257	1.333	1.489	1.187
13	衡水市	1.008	1.000	1.017	1.026	1.035	1.049	1.073	1.085	1.082	1.104	1.114	1.144	1.327	1.270	1.095
14	太原市	1.013	1.081	1.193	1.290	1.295	1.309	1.382	1.345	1.295	1.356	1.398	1.495	1.543	1.642	1.331
15	大同市	1.042	1.073	1.127	1.144	1.136	1.129	1.128	1.137	1.148	1.170	1.225	1.384	1.421	1.303	1.183
16	阳泉市	1.050	1.051	1.082	0.971	1.169	0.813	1.052	1.427	1.240	1.182	1.390	0.967	1.478	1.967	1.203
17	长治市	1.012	1.040	1.046	1.066	1.095	1.072	1.073	1.076	1.091	1.106	1.158	1.166	1.181	1.194	1.098
18	晋城市	0.999	0.972	0.973	0.986	0.987	0.996	0.999	1.004	1.005	1.011	1.017	1.017	1.028	1.037	1.002
19	朔州市	1.003	1.134	1.208	1.248	1.878	1.294	1.355	1.448	1.344	1.320	1.300	1.367	1.383	1.380	1.333
20	晋中市	1.050	1.073	1.042	1.148	1.074	1.096	2.046	1.881	1.897	1.902	1.915	1.962	1.998	2.049	1.581
21	运城市	1.008	0.993	1.048	0.531	0.531	0.529	0.536	0.536	0.538	0.537	0.539	0.546	0.547	0.547	0.640
22	忻州市	1.060	1.089	1.089	0.586	0.566	0.587	0.578	0.581	0.582	0.580	0.579	0.588	0.311	0.304	0.649
23	临汾市	1.000	0.804	0.551	0.356	0.339	0.351	0.349	0.666	0.347	0.348	0.350	0.350	0.350	0.351	0.465
24	吕梁市	0.765	0.765	0.401	0.374	0.373	0.731	0.754	0.787	0.749	0.745	0.748	0.749	0.749	0.750	0.674
25	呼和浩特市	0.987	1.048	1.146	1.146	1.208	1.100	1.129	1.166	1.212	1.014	1.185	1.433	1.889	1.291	1.211
26	包头市	0.984	1.058	1.165	1.270	1.315	1.360	1.139	1.212	1.238	1.497	1.486	1.781	2.100	1.894	1.393
27	乌海市	1.209	1.209	1.209	1.209	1.476	0.825	0.812	0.854	1.184	0.828	0.853	0.844	0.881	0.908	1.022
28	赤峰市	0.709	0.895	1.124	1.433	1.433	1.433	1.433	1.716	1.716	1.716	1.716	1.716	1.716	1.716	1.462

续表

编号	城市	2005	2006	2007	2008	2009	2010	2011	2012	2013	2014	2015	2016	2017	2018	均值
29	通辽市	0.853	0.880	0.994	0.982	1.012	1.708	1.730	1.703	1.699	1.706	1.669	1.760	1.770	1.771	1.446
30	鄂尔多斯市	1.000	1.000	1.000	1.000	1.000	1.000	1.644	1.644	1.644	1.644	1.644	0.893	0.873	0.878	1.205
31	呼伦贝尔市	1.020	1.046	1.090	1.139	1.140	1.201	1.179	1.183	1.192	1.194	1.199	1.220	1.215	1.228	1.160
32	巴彦淖尔市	0.910	0.937	1.032	1.025	1.025	1.161	1.180	1.171	1.188	1.208	1.211	1.275	1.236	1.296	1.133
33	乌兰察布市	1.148	1.071	1.421	0.925	1.024	0.587	0.578	0.589	0.596	0.594	0.610	0.669	0.633	0.646	0.792
34	沈阳市	0.910	0.910	0.931	0.999	1.052	1.068	1.068	1.106	1.048	1.104	1.239	1.634	1.747	1.942	1.197
35	大连市	0.957	1.004	1.098	1.187	1.203	1.240	1.264	1.360	1.384	1.572	1.572	1.941	2.289	2.683	1.482
36	鞍山市	1.154	1.257	1.347	1.497	1.656	1.731	1.597	1.600	1.647	1.758	1.759	2.102	2.469	2.622	1.728
37	抚顺市	1.070	1.129	1.161	1.219	1.324	1.416	1.461	1.639	1.744	1.839	1.969	2.022	2.097	2.244	1.595
38	本溪市	1.005	1.049	1.613	1.048	1.161	1.479	1.387	1.440	1.539	2.061	2.636	1.859	3.070	2.895	1.732
39	丹东市	1.033	1.045	1.119	1.166	1.166	1.723	1.008	1.031	1.068	1.151	1.155	1.357	1.451	1.543	1.215
40	锦州市	1.090	1.174	1.240	1.351	1.543	0.972	0.956	1.022	0.940	0.991	0.970	1.056	1.123	1.117	1.110
41	营口市	0.930	0.968	0.986	1.024	1.099	1.182	1.138	1.237	1.274	1.330	1.352	1.498	1.480	1.481	1.213
42	阜新市	0.895	0.953	1.041	0.725	0.754	1.156	0.736	0.737	0.746	0.742	0.770	0.889	0.889	0.893	0.852
43	辽阳市	1.034	1.090	1.212	1.297	1.351	1.356	1.289	1.291	1.363	1.369	1.497	1.893	1.791	1.876	1.408
44	盘锦市	0.961	0.989	1.012	1.037	1.023	1.133	1.181	1.271	1.064	1.121	1.139	1.111	1.236	1.250	1.109
45	铁岭市	1.112	1.114	1.142	1.206	1.365	1.801	1.819	1.953	1.920	2.034	1.929	2.010	2.070	2.119	1.685
46	朝阳市	1.006	1.047	1.060	1.125	1.112	1.200	1.294	1.384	1.449	2.188	2.188	1.579	1.113	1.687	1.388
47	葫芦岛市	1.132	1.217	1.289	1.370	1.515	1.391	1.350	1.374	1.375	1.424	1.475	1.816	1.972	2.378	1.506
48	长春市	0.998	0.998	1.051	1.051	1.096	1.106	1.179	1.295	1.295	1.303	1.354	1.560	1.643	1.635	1.255
49	吉林市	0.625	0.627	0.743	0.800	0.929	0.855	0.877	0.907	0.939	0.960	1.024	1.072	1.035	1.071	0.890
50	四平市	1.072	1.282	1.208	1.493	1.360	1.303	1.180	1.205	2.159	1.215	1.263	1.436	1.261	1.273	1.336
51	辽源市	1.220	1.110	1.316	1.307	1.335	1.201	1.315	1.256	1.227	1.224	1.236	1.540	1.486	1.512	1.306
52	通化市	1.010	1.032	1.094	1.137	1.198	1.144	1.131	1.166	1.202	1.222	1.280	1.473	1.562	1.497	1.225
53	白山市	1.227	1.215	1.110	1.283	1.058	0.964	0.984	0.999	1.012	1.022	1.027	1.063	1.141	1.140	1.089
54	松原市	0.945	0.812	0.948	0.989	0.938	0.965	0.827	0.816	0.830	0.842	0.854	1.048	1.017	1.034	0.919
55	白城市	0.973	1.042	1.130	1.338	1.408	1.145	1.077	1.076	1.098	1.072	1.080	1.320	1.321	1.294	1.170
56	哈尔滨市	1.079	1.063	1.170	1.170	1.254	1.254	1.116	1.139	1.292	1.348	1.356	1.519	1.821	1.945	1.323
57	齐齐哈尔市	1.076	1.142	1.193	1.184	1.365	1.424	1.230	1.222	1.067	0.801	0.759	0.800	0.815	0.825	1.065
58	鸡西市	1.076	1.196	1.205	1.214	1.255	1.091	1.069	1.069	1.084	0.616	0.643	0.710	0.701	0.707	0.974
59	鹤岗市	1.063	1.042	1.022	1.056	1.065	1.062	1.062	1.074	1.067	1.070	1.067	1.075	2.099	2.090	1.208

续表

编号	城市	2005	2006	2007	2008	2009	2010	2011	2012	2013	2014	2015	2016	2017	2018	均值
60	双鸭山市	1.180	1.113	1.167	0.939	1.013	1.029	0.889	0.912	0.889	0.846	0.843	0.848	0.872	0.870	0.958
61	大庆市	1.000	1.002	1.002	1.047	1.086	1.124	1.346	1.347	1.399	1.606	1.694	1.867	2.100	2.251	1.419
62	伊春市	1.000	0.973	0.986	0.967	1.208	1.208	1.178	1.072	1.167	1.094	1.085	1.129	1.143	1.207	1.101
63	佳木斯市	1.000	1.000	1.000	1.000	1.000	1.000	1.000	1.000	1.018	1.018	1.014	0.918	0.878	1.016	0.990
64	七台河市	0.929	0.963	1.173	1.137	1.082	1.106	1.244	1.178	1.059	1.142	1.160	1.203	1.297	1.320	1.142
65	牡丹江市	1.005	1.048	1.159	1.319	1.253	1.223	1.263	1.293	1.357	1.580	1.508	2.591	1.607	1.537	1.410
66	黑河市	1.186	0.861	1.012	1.199	1.760	1.447	1.009	1.007	1.010	1.011	1.941	1.027	1.007	1.062	1.181
67	绥化市	1.000	1.000	1.000	1.007	1.022	1.022	0.875	0.876	1.151	1.151	1.151	1.026	0.699	0.736	0.980
68	上海市	0.977	1.179	1.277	1.360	1.443	1.516	1.422	1.410	1.482	1.580	1.637	1.769	2.244	2.245	1.539
69	南京市	0.895	0.960	1.031	1.044	1.073	1.128	1.151	1.206	1.239	1.321	1.356	1.427	1.564	1.582	1.213
70	无锡市	0.796	0.853	0.923	0.981	1.040	1.039	1.084	1.170	1.121	1.233	1.265	1.310	1.341	1.365	1.109
71	徐州市	1.010	1.089	1.167	1.221	1.328	1.322	1.302	1.281	1.276	1.369	1.392	1.423	1.537	1.731	1.318
72	常州市	0.706	0.722	0.779	0.812	0.862	0.948	0.976	1.060	1.036	1.390	1.295	1.309	1.320	1.347	1.040
73	苏州市	0.876	0.876	0.852	0.960	1.005	0.969	0.921	0.867	0.771	0.757	0.766	0.788	0.777	0.799	0.856
74	南通市	1.013	1.039	1.098	1.154	1.131	1.156	1.150	1.191	1.192	1.192	1.204	1.228	1.244	1.252	1.160
75	连云港市	0.996	1.003	1.093	1.134	1.224	1.206	1.105	1.125	1.135	1.107	1.114	1.125	1.144	1.175	1.120
76	淮安市	0.937	0.986	1.008	0.998	1.031	1.060	1.056	1.092	1.118	1.151	1.220	1.246	1.306	1.371	1.113
77	盐城市	0.947	1.031	1.024	1.094	1.147	1.144	1.191	1.226	1.118	1.183	1.040	1.062	1.076	1.094	1.098
78	扬州市	0.902	0.972	1.037	1.004	1.047	1.200	1.161	1.082	1.049	1.103	1.192	1.209	1.156	1.165	1.091
79	镇江市	0.915	0.960	1.038	1.108	1.183	1.185	1.133	1.188	1.223	1.277	1.308	1.378	1.541	1.556	1.214
80	泰州市	0.913	0.914	0.943	0.910	0.932	0.959	0.971	1.004	1.074	1.098	1.252	1.311	1.230	1.280	1.057
81	宿迁市	0.949	0.704	0.726	0.742	0.759	0.734	0.723	0.750	0.729	0.742	0.764	0.759	0.790	0.784	0.761
82	杭州市	0.855	0.861	0.862	0.940	0.963	0.990	0.980	1.029	1.047	1.035	1.087	1.283	1.320	1.316	1.041
83	宁波市	0.706	0.650	0.731	0.698	0.668	0.723	0.726	0.727	0.749	0.784	0.814	0.833	1.030	1.158	0.786
84	温州市	1.013	1.111	1.098	1.152	1.233	1.525	1.154	1.189	1.721	1.465	1.547	1.759	1.643	1.807	1.387
85	嘉兴市	0.940	0.921	0.948	0.954	0.959	0.988	0.993	1.013	1.008	1.012	1.014	1.088	1.089	1.258	1.013
86	湖州市	0.919	0.907	0.942	1.043	1.039	1.014	0.993	1.017	0.955	0.976	0.994	1.038	1.034	1.047	0.994
87	绍兴市	0.927	0.937	0.963	0.966	0.975	0.983	0.975	1.006	0.940	0.941	0.942	0.944	0.945	0.947	0.957
88	金华市	0.899	0.799	0.811	0.836	0.888	0.890	0.854	0.871	0.887	0.907	0.912	0.936	0.952	0.953	0.885
89	衢州市	0.937	0.954	0.953	0.974	0.987	1.018	1.007	1.008	1.024	1.024	1.025	1.035	1.039	1.044	1.002
90	舟山市	0.900	0.994	1.025	1.038	1.020	1.138	1.132	1.201	1.269	1.322	1.542	1.636	1.643	2.330	1.299

续表

编号	城市	2005	2006	2007	2008	2009	2010	2011	2012	2013	2014	2015	2016	2017	2018	均值
91	台州市	0.797	0.888	0.841	0.853	0.879	0.911	0.852	0.877	1.366	0.917	0.922	1.059	1.102	1.143	0.958
92	丽水市	0.798	0.806	0.829	0.847	0.880	0.903	0.786	0.796	0.804	0.806	0.817	0.827	0.833	0.871	0.829
93	合肥市	0.978	1.041	1.070	1.209	1.319	1.282	1.126	1.175	1.217	1.318	1.409	1.501	1.449	1.386	1.249
94	芜湖市	1.002	1.053	1.013	0.963	1.001	1.031	1.098	1.118	1.002	1.219	1.153	1.219	1.262	1.311	1.103
95	蚌埠市	1.001	1.045	1.104	1.111	1.161	1.174	1.213	1.242	1.271	1.364	1.378	1.495	1.628	1.462	1.261
96	淮南市	1.037	1.081	1.083	1.112	1.137	1.159	1.145	1.166	1.174	1.168	1.189	1.217	1.226	1.207	1.150
97	马鞍山市	1.003	1.065	1.153	1.229	1.222	1.316	1.330	1.232	1.366	1.240	1.246	2.334	2.413	2.363	1.465
98	淮北市	1.063	1.099	1.136	1.184	1.183	1.191	1.154	1.178	1.205	1.235	1.179	1.215	1.261	1.285	1.183
99	铜陵市	1.033	1.081	1.135	1.177	1.264	1.282	1.328	1.361	1.338	1.352	1.467	1.467	1.495	1.539	1.309
100	安庆市	0.978	1.007	0.999	1.034	1.100	1.193	1.231	1.231	1.227	1.238	1.503	1.639	1.682	1.595	1.261
101	黄山市	0.873	0.910	0.975	0.997	1.046	1.050	0.981	1.050	1.083	1.116	1.101	1.125	1.102	1.107	1.037
102	滁州市	0.757	0.827	0.812	0.863	0.978	0.983	1.111	1.038	1.074	1.080	1.098	1.129	1.175	1.120	1.003
103	阜阳市	1.001	0.958	0.997	0.993	1.008	1.021	1.014	1.036	1.035	1.033	1.025	1.036	1.049	1.042	1.018
104	宿州市	1.018	1.404	0.916	0.908	0.901	0.927	0.883	0.935	0.873	0.896	0.865	0.921	0.939	0.926	0.951
105	六安市	0.996	0.986	1.060	1.138	1.129	1.079	1.087	1.104	1.127	1.303	1.287	1.430	1.598	1.353	1.191
106	亳州市	1.082	1.065	1.135	1.135	1.171	1.010	0.948	0.997	0.932	1.049	1.069	1.261	1.260	1.264	1.098
107	池州市	0.554	0.557	0.536	0.637	0.659	0.364	0.372	0.383	0.372	0.369	0.404	0.430	0.431	0.433	0.464
108	宣城市	0.900	0.954	1.016	1.044	1.186	1.021	0.987	0.952	0.936	0.962	1.055	1.127	1.200	1.149	1.035
109	福州市	1.023	1.047	1.112	1.253	1.397	1.558	1.236	1.329	1.404	1.596	1.616	1.767	1.668	1.688	1.407
110	厦门市	1.043	1.107	1.168	1.286	1.286	1.213	1.213	1.213	1.213	1.213	1.213	1.213	1.272	1.272	1.209
111	莆田市	1.020	1.065	1.099	1.172	1.275	1.087	1.091	1.132	1.266	1.246	1.187	1.311	1.252	1.189	1.171
112	三明市	0.995	1.006	1.037	1.056	1.063	1.059	1.067	1.069	1.073	1.085	1.095	1.112	1.123	1.128	1.069
113	泉州市	0.948	1.008	1.035	1.088	1.127	1.159	1.096	1.120	1.136	1.122	1.134	1.246	1.383	1.415	1.144
114	漳州市	1.000	1.000	1.082	1.082	1.082	1.082	1.082	0.669	0.669	0.408	0.241	0.417	0.417	0.790	0.787
115	南平市	0.996	1.027	1.055	1.059	1.071	1.083	1.096	1.109	1.124	1.137	1.133	1.186	1.196	1.199	1.105
116	龙岩市	0.971	1.016	1.093	1.116	1.146	1.236	1.188	1.268	1.295	1.325	1.299	1.322	1.369	1.376	1.216
117	宁德市	1.000	0.723	0.703	0.720	0.741	0.740	0.720	0.730	0.769	0.758	0.760	0.771	0.761	0.791	0.763
118	南昌市	1.049	1.035	1.084	1.148	1.220	1.232	1.069	1.195	1.130	1.428	1.468	1.523	1.454	1.697	1.267
119	景德镇市	0.999	1.065	1.047	1.115	1.432	1.001	1.082	1.138	1.068	1.092	1.109	1.361	1.173	1.263	1.139
120	萍乡市	0.914	0.921	0.964	1.014	1.064	1.007	1.000	1.011	1.019	1.065	1.128	1.124	1.224	1.284	1.053
121	九江市	1.017	1.092	1.188	1.275	1.217	1.222	1.371	1.372	1.393	1.458	1.484	2.766	1.683	1.692	1.445

续表

编号	城市	2005	2006	2007	2008	2009	2010	2011	2012	2013	2014	2015	2016	2017	2018	均值
122	新余市	1.040	1.119	1.155	1.185	1.448	1.454	1.256	1.292	1.282	1.302	1.302	1.353	1.388	1.402	1.284
123	鹰潭市	1.001	1.004	1.015	1.029	1.121	1.029	1.031	1.055	1.064	1.078	1.109	1.135	1.124	1.137	1.067
124	赣州市	0.978	0.992	1.018	1.019	1.038	1.049	1.043	1.052	1.067	1.047	1.048	1.055	1.063	1.069	1.038
125	吉安市	1.032	1.024	1.025	1.036	1.043	1.090	1.043	1.054	1.065	1.080	1.078	1.087	1.091	1.097	1.060
126	宜春市	1.042	1.092	1.085	1.090	1.077	1.063	1.046	1.053	1.063	1.065	1.065	1.075	1.082	1.088	1.070
127	抚州市	0.853	0.881	0.934	0.962	1.028	0.925	0.927	0.946	0.967	0.995	1.006	1.025	1.028	1.041	0.966
128	上饶市	0.984	0.996	1.017	1.029	1.160	1.154	1.114	1.117	1.114	1.123	1.091	1.094	1.094	1.096	1.085
129	济南市	1.004	1.037	1.115	1.189	1.230	1.264	1.248	1.316	1.367	1.459	1.517	1.761	1.833	1.484	1.345
130	青岛市	1.060	1.115	1.235	1.319	1.392	1.556	1.489	1.566	1.642	1.726	1.732	2.258	2.439	2.585	1.651
131	淄博市	0.806	0.887	0.893	0.976	1.072	1.115	1.088	1.134	1.158	1.189	1.246	1.316	1.486	1.719	1.149
132	枣庄市	1.028	1.063	1.151	1.243	1.308	1.330	1.224	1.253	1.278	1.328	1.396	1.466	1.526	1.537	1.295
133	东营市	0.944	1.015	1.112	1.193	1.207	1.207	1.207	1.272	1.272	1.272	1.272	1.272	1.272	1.377	1.207
134	烟台市	1.005	1.064	1.150	1.254	1.382	1.373	1.255	1.356	1.420	1.467	1.554	1.714	1.690	1.777	1.390
135	潍坊市	0.944	0.984	1.013	1.036	1.059	1.064	1.046	1.072	1.089	1.101	1.280	1.419	1.330	1.332	1.126
136	济宁市	1.003	1.017	1.046	1.078	1.104	1.121	1.104	1.116	1.257	1.276	1.306	1.465	1.668	1.755	1.237
137	泰安市	0.945	1.049	1.183	1.357	1.436	1.460	1.392	1.487	1.643	1.692	2.074	1.973	2.028	2.008	1.552
138	威海市	1.023	1.046	1.167	1.280	1.339	1.276	1.248	1.411	1.417	1.393	1.471	1.480	1.678	1.713	1.353
139	日照市	0.915	1.409	1.020	1.120	1.142	1.191	1.180	1.206	1.292	1.716	1.821	2.566	2.072	2.199	1.489
140	临沂市	0.802	0.829	0.866	0.925	0.945	0.945	0.930	0.977	0.990	1.020	1.023	1.053	1.079	1.076	0.961
141	德州市	0.982	1.024	1.060	1.137	1.162	1.191	1.250	1.257	1.265	1.291	1.307	1.331	1.351	1.362	1.212
142	聊城市	0.993	1.016	1.025	1.057	1.068	1.160	1.112	1.011	1.939	1.009	1.012	1.023	1.035	1.045	1.108
143	滨州市	0.962	0.985	0.996	1.014	1.023	1.035	1.040	1.039	1.030	1.029	1.026	1.025	1.029	1.030	1.019
144	菏泽市	1.001	1.003	1.005	1.013	1.020	1.019	1.024	1.035	1.047	1.052	1.054	1.061	1.068	1.076	1.034
145	郑州市	1.010	1.052	1.100	1.155	1.217	1.236	1.160	1.191	1.277	1.270	1.256	1.425	1.452	1.487	1.235
146	开封市	0.996	1.044	1.103	1.220	1.088	1.109	1.088	1.095	1.119	1.125	1.146	1.260	1.721	1.632	1.196
147	洛阳市	1.020	0.988	1.153	1.164	1.291	1.328	1.263	1.310	1.366	1.409	1.434	1.570	1.712	1.727	1.338
148	平顶山市	1.065	1.044	1.082	1.119	1.140	1.176	1.186	1.175	1.161	1.194	1.201	1.304	1.301	1.321	1.176
149	安阳市	1.009	1.033	1.051	1.064	1.092	1.082	1.124	1.128	1.160	1.178	1.210	1.273	1.281	1.319	1.143
150	鹤壁市	1.048	1.051	1.032	1.064	1.057	1.069	1.078	1.087	1.112	1.123	1.139	1.179	1.222	1.246	1.108
151	新乡市	1.008	1.028	1.050	1.069	1.086	1.114	1.124	1.139	1.157	1.149	1.159	1.206	1.165	1.177	1.117
152	焦作市	0.998	0.999	1.004	1.007	1.011	1.012	1.020	1.022	1.018	1.016	1.017	1.027	1.034	1.041	1.016

续表

编号	城市	2005	2006	2007	2008	2009	2010	2011	2012	2013	2014	2015	2016	2017	2018	均值
153	濮阳市	1.026	1.092	1.111	1.091	1.124	1.134	1.183	1.160	1.166	1.171	1.160	1.197	1.220	1.229	1.147
154	许昌市	0.986	0.935	0.919	0.933	0.974	0.977	0.946	0.957	0.968	0.974	0.966	0.978	1.000	1.008	0.966
155	漯河市	0.926	0.935	0.939	0.931	0.928	0.957	1.005	1.027	1.032	1.061	1.101	1.109	1.140	1.157	1.018
156	三门峡市	0.994	1.028	1.084	1.110	1.130	1.119	1.107	1.113	1.116	1.118	1.119	1.136	1.174	1.187	1.110
157	南阳市	0.992	1.020	1.031	1.048	1.065	1.109	1.139	1.165	1.203	1.205	1.225	1.328	1.371	1.388	1.164
158	商丘市	0.986	1.035	1.024	1.010	1.016	1.040	1.013	1.016	1.017	1.071	1.065	1.107	1.110	1.117	1.045
159	信阳市	1.064	0.987	1.003	1.011	0.984	1.013	1.060	1.104	1.129	1.164	1.204	1.692	1.502	1.715	1.188
160	周口市	0.991	0.987	0.949	0.971	0.976	0.980	0.985	0.983	0.987	1.019	1.026	1.093	1.062	1.079	1.006
161	驻马店市	1.010	1.031	1.059	1.091	1.129	1.138	1.139	1.142	1.143	1.148	1.161	1.209	1.254	1.266	1.137
162	武汉市	1.023	1.138	1.230	1.325	1.431	1.595	1.587	1.701	1.872	1.960	2.049	2.049	1.690	1.247	1.564
163	黄石市	1.121	1.074	1.229	1.257	1.251	1.211	1.189	1.223	1.236	1.246	1.261	1.329	1.340	1.365	1.238
164	十堰市	0.956	0.948	1.112	1.099	1.196	1.263	1.273	1.267	1.334	1.334	1.379	1.562	1.742	1.860	1.309
165	宜昌市	0.944	0.912	0.987	1.098	1.027	1.095	1.064	1.147	1.176	2.101	1.247	1.389	1.347	1.360	1.207
166	襄阳市	1.033	1.109	1.172	1.189	1.231	1.290	1.323	1.350	1.344	1.424	1.537	1.682	1.705	1.760	1.368
167	鄂州市	1.053	1.112	1.115	1.141	1.149	1.239	1.221	1.323	1.350	1.512	1.501	1.918	1.850	1.685	1.369
168	荆门市	0.992	1.012	1.020	1.082	1.100	1.074	1.020	1.067	1.109	1.159	1.074	1.242	1.326	1.307	1.113
169	孝感市	1.024	1.015	1.016	1.025	1.278	0.692	0.675	0.678	0.829	0.684	0.694	0.704	0.706	0.707	0.838
170	荆州市	1.015	1.039	1.064	1.084	1.112	1.184	1.182	1.174	2.236	1.171	1.184	1.221	1.231	1.199	1.221
171	黄冈市	1.006	1.005	1.032	1.074	1.106	1.117	1.061	1.071	1.120	1.128	1.119	1.156	1.148	1.130	1.091
172	咸宁市	0.951	0.966	0.975	1.008	1.031	1.039	1.180	1.117	1.186	1.158	1.171	1.232	1.265	1.228	1.108
173	随州市	1.038	1.050	1.050	1.050	1.053	1.007	1.074	1.108	1.108	1.108	1.132	1.132	1.132	1.141	1.085
174	长沙市	0.983	0.979	1.049	1.110	1.096	1.127	1.241	1.319	1.391	1.474	1.555	1.723	1.687	2.125	1.347
175	株洲市	1.022	1.056	1.101	1.134	1.161	1.282	2.110	1.240	1.251	1.306	1.370	1.426	1.471	1.520	1.318
176	湘潭市	1.005	1.021	1.038	1.047	1.088	1.120	1.120	1.190	1.265	1.303	1.337	1.390	1.439	1.530	1.207
177	衡阳市	1.032	1.085	1.149	1.178	1.187	1.197	1.203	1.187	1.226	1.248	1.264	1.280	1.333	1.441	1.215
178	邵阳市	1.054	0.853	0.965	0.687	0.672	0.664	0.631	0.634	0.665	0.662	0.643	0.649	0.666	0.677	0.723
179	岳阳市	1.038	1.105	1.196	1.270	1.314	1.369	1.342	1.376	1.403	1.395	1.413	2.199	1.538	1.543	1.393
180	常德市	1.000	1.000	1.026	1.026	1.026	1.026	1.026	1.076	1.076	1.030	1.184	1.249	1.045	1.141	1.067
181	张家界市	1.007	1.232	1.076	1.069	1.063	1.135	1.148	1.206	1.237	1.258	1.395	1.395	1.089	1.011	1.166
182	益阳市	1.013	1.059	1.140	1.149	1.145	1.149	1.163	1.214	1.215	1.250	1.323	1.681	1.540	1.607	1.261
183	郴州市	0.995	1.026	1.064	1.075	1.089	1.097	1.085	1.095	1.104	1.114	1.128	1.165	1.189	1.190	1.101

续表

编号	城市	2005	2006	2007	2008	2009	2010	2011	2012	2013	2014	2015	2016	2017	2018	均值
184	永州市	0.974	0.981	0.949	0.962	1.002	0.974	0.955	1.005	1.050	1.062	1.081	1.178	1.301	1.451	1.066
185	怀化市	1.019	1.054	1.165	1.224	1.197	1.199	1.227	1.226	1.203	1.217	1.254	1.286	1.309	1.345	1.209
186	娄底市	1.001	1.002	1.014	1.028	1.043	1.060	2.050	1.447	1.520	0.802	0.808	0.834	0.873	0.824	1.093
187	广州市	1.083	1.119	1.134	1.199	1.199	1.257	1.257	1.257	1.360	1.374	1.374	1.374	1.397	1.422	1.272
188	韶关市	1.015	1.083	1.046	1.050	1.077	1.173	1.075	1.165	1.295	1.172	1.206	1.417	1.477	1.488	1.196
189	深圳市	1.000	1.002	1.002	1.074	1.118	1.120	1.120	1.120	1.120	1.141	1.141	1.141	1.141	1.141	1.099
190	珠海市	1.037	1.052	1.118	1.106	1.158	1.200	1.220	1.240	1.312	1.371	1.360	1.704	1.713	1.609	1.300
191	汕头市	0.996	1.144	1.151	1.338	1.338	1.343	1.415	1.291	1.252	1.224	1.212	1.295	1.295	1.426	1.266
192	佛山市	0.794	1.012	1.014	1.094	1.420	1.651	1.390	1.432	1.226	1.224	1.266	1.487	1.729	1.758	1.321
193	江门市	1.077	1.223	1.279	1.369	1.404	1.464	1.627	1.828	1.424	1.669	1.475	1.460	1.698	1.515	1.465
194	湛江市	1.024	1.182	1.263	1.238	1.297	1.315	1.302	1.722	1.603	1.801	1.796	1.820	1.712	1.786	1.490
195	茂名市	1.126	1.089	1.190	1.321	1.567	1.921	1.971	2.046	2.078	1.936	1.918	2.501	2.221	2.352	1.803
196	肇庆市	0.637	0.676	0.662	0.692	0.693	0.754	0.762	0.810	0.764	0.843	0.902	0.889	0.871	0.893	0.775
197	惠州市	0.973	1.160	1.203	1.092	1.142	1.153	1.106	1.134	1.206	1.208	1.219	1.310	1.366	1.298	1.184
198	梅州市	1.878	1.040	1.029	1.058	1.106	1.154	1.205	1.207	1.147	1.064	1.079	1.082	1.078	1.078	1.158
199	汕尾市	1.000	1.000	0.995	0.819	0.848	0.921	1.004	1.375	0.984	0.916	1.008	1.293	1.062	1.143	1.026
200	河源市	1.007	1.027	1.018	1.058	1.081	2.035	1.118	1.153	1.202	1.270	1.260	1.326	1.508	1.578	1.260
201	阳江市	1.102	1.106	0.973	1.107	0.875	0.962	0.999	0.993	1.088	1.064	1.015	1.100	1.122	1.182	1.049
202	清远市	1.000	1.070	1.086	1.146	1.186	1.198	1.145	1.178	1.278	1.243	1.289	1.299	1.317	1.312	1.196
203	东莞市	0.857	0.857	0.947	0.919	0.969	1.009	1.339	1.121	0.832	0.854	0.830	0.849	0.798	0.867	0.932
204	中山市	0.724	0.789	0.833	0.874	1.371	0.894	0.986	1.026	0.978	1.020	1.065	1.149	1.517	1.563	1.056
205	潮州市	1.379	0.784	0.730	0.760	0.785	0.768	0.787	0.798	0.792	0.796	0.808	0.821	0.817	0.814	0.831
206	揭阳市	1.000	1.000	0.737	0.768	0.744	0.856	0.953	0.989	1.120	0.776	0.748	0.796	0.837	1.025	0.882
207	云浮市	0.968	1.017	1.044	1.001	1.043	1.041	1.028	1.064	1.106	1.122	1.263	1.276	1.182	1.194	1.096
208	南宁市	0.995	1.022	1.054	1.089	1.112	1.153	1.266	1.295	1.255	1.326	1.372	1.556	1.539	1.512	1.253
209	柳州市	1.023	1.087	1.161	1.228	1.281	1.268	1.340	1.317	1.381	1.422	1.457	1.826	1.858	1.922	1.398
210	桂林市	1.015	1.040	1.069	1.198	1.198	1.250	1.243	1.282	1.316	1.347	1.420	1.448	1.471	1.537	1.274
211	梧州市	1.032	1.067	1.074	1.153	1.103	1.105	1.422	1.242	1.314	1.283	1.497	1.698	1.498	1.509	1.286
212	北海市	1.019	0.897	0.959	1.077	1.214	1.244	1.164	1.270	1.330	1.342	1.327	1.310	1.257	1.357	1.198
213	防城港市	1.038	1.073	1.046	1.042	1.112	1.104	1.103	1.122	1.232	1.305	1.350	1.530	1.492	1.560	1.222
214	钦州市	0.863	1.006	0.889	1.600	0.953	1.100	1.246	1.142	1.102	1.080	1.170	1.470	1.487	1.496	1.186

续表

编号	城市	2005	2006	2007	2008	2009	2010	2011	2012	2013	2014	2015	2016	2017	2018	均值
215	贵港市	1.002	1.023	1.016	1.018	1.029	1.038	1.091	1.083	1.033	1.098	1.078	1.039	1.074	1.110	1.052
216	玉林市	0.904	0.926	0.934	0.954	0.966	1.004	1.109	1.216	1.259	1.305	1.262	1.288	1.279	1.293	1.121
217	百色市	0.999	1.034	1.055	1.084	1.088	1.121	2.090	1.072	1.077	1.082	1.102	1.121	1.130	1.133	1.156
218	贺州市	0.566	0.577	0.591	0.587	0.594	0.606	0.615	0.668	0.567	0.619	0.584	0.642	0.637	0.646	0.607
219	河池市	1.023	1.995	3.784	2.011	3.558	1.802	1.769	1.772	1.779	3.541	3.541	3.541	1.796	1.800	2.408
220	来宾市	1.000	1.000	1.000	1.000	0.542	0.540	0.516	0.522	0.527	0.542	0.895	0.475	0.474	0.475	0.679
221	崇左市	1.041	1.698	0.995	0.978	0.968	0.965	1.003	1.013	0.548	0.562	0.559	0.584	0.302	0.302	0.823
222	海口市	1.000	1.000	1.000	1.000	1.013	1.061	1.042	0.995	1.064	1.115	1.154	1.301	1.252	1.303	1.093
223	三亚市	0.963	0.962	1.201	1.240	1.240	1.240	1.240	1.240	1.240	1.240	1.240	1.343	1.313	1.313	1.215
224	重庆市	0.993	0.981	1.004	1.022	1.038	1.075	1.127	1.166	1.184	1.203	1.227	1.351	1.420	1.431	1.159
225	成都市	0.885	1.005	1.058	1.136	0.908	0.995	1.067	1.132	1.224	1.405	1.345	1.345	1.406	1.483	1.171
226	自贡市	1.073	1.191	1.590	1.514	1.589	1.486	1.983	1.693	2.129	2.050	2.240	2.866	2.611	2.730	1.910
227	攀枝花市	1.103	1.317	1.429	1.682	1.546	1.556	1.539	1.489	1.503	1.599	1.623	1.635	1.613	1.616	1.518
228	泸州市	0.935	0.949	0.961	1.018	1.113	1.124	1.033	1.146	1.186	1.183	1.293	1.373	1.294	1.302	1.136
229	德阳市	1.021	1.064	1.137	1.215	1.212	1.175	1.158	1.216	1.266	1.260	1.277	1.380	1.421	1.494	1.235
230	绵阳市	1.009	1.077	1.195	1.300	1.254	1.317	1.450	1.624	1.474	1.513	1.424	1.641	1.734	2.009	1.430
231	广元市	1.021	1.053	1.058	1.058	1.071	1.082	1.165	1.413	1.481	1.501	1.420	1.526	1.648	1.547	1.289
232	遂宁市	1.034	1.028	1.108	1.380	1.217	1.705	1.387	1.488	1.553	1.524	1.539	1.697	1.534	1.640	1.417
233	内江市	1.034	1.068	1.206	1.381	1.868	1.831	1.650	1.764	1.820	1.727	1.731	1.741	1.900	1.863	1.613
234	乐山市	0.534	0.553	0.564	0.579	0.602	0.621	0.647	0.678	0.691	0.694	0.693	0.708	0.714	0.730	0.643
235	南充市	0.924	1.184	1.144	1.371	1.529	1.497	1.293	1.491	1.629	1.664	1.786	1.729	2.987	2.987	1.658
236	眉山市	0.846	0.907	0.912	1.030	1.697	1.261	1.328	1.232	1.261	1.330	1.363	1.377	1.424	1.400	1.241
237	宜宾市	1.004	1.032	1.087	1.106	1.164	1.239	0.914	0.969	0.956	0.937	1.645	1.103	0.595	0.592	1.025
238	广安市	0.818	0.818	0.706	0.706	0.517	0.378	0.385	0.394	0.384	0.408	0.427	0.435	0.453	0.462	0.521
239	达州市	0.977	0.974	1.003	1.937	1.013	1.027	1.012	1.941	1.050	1.041	1.046	1.059	1.077	1.085	1.160
240	雅安市	1.030	1.002	1.020	1.001	0.965	1.051	1.125	1.026	1.138	1.176	1.236	1.275	1.285	1.294	1.116
241	巴中市	1.000	1.000	0.877	0.827	1.017	1.102	1.256	1.256	1.072	1.049	1.324	1.302	1.272	1.298	1.118
242	资阳市	1.082	1.191	1.192	1.269	1.305	1.393	1.803	1.937	1.956	2.034	2.098	2.128	2.647	2.642	1.763
243	贵阳市	1.026	1.075	1.149	1.343	1.425	1.432	1.637	1.723	1.756	1.744	1.883	2.336	2.215	2.281	1.645
244	六盘水市	1.019	1.071	1.127	1.136	1.121	1.141	1.203	1.139	1.154	1.165	1.166	1.174	1.169	1.177	1.140
245	遵义市	0.971	0.932	1.105	1.117	1.091	1.127	1.238	1.310	1.291	1.219	1.646	1.442	1.559	1.459	1.251

续表

编号	城市	2005	2006	2007	2008	2009	2010	2011	2012	2013	2014	2015	2016	2017	2018	均值
246	安顺市	1.324	1.324	1.065	1.339	1.132	1.132	0.637	0.629	0.638	0.653	0.681	0.868	1.455	2.182	1.076
247	昆明市	1.084	1.176	1.239	1.252	1.264	1.543	1.240	1.323	1.550	1.819	1.992	1.723	1.859	1.835	1.493
248	曲靖市	1.352	1.001	1.136	1.193	1.534	1.049	0.950	0.975	0.988	0.999	1.021	1.029	1.056	1.069	1.097
249	玉溪市	1.000	1.000	1.000	1.000	1.000	1.042	1.050	0.934	0.821	0.798	0.852	0.769	0.784	0.795	0.918
250	保山市	0.876	0.920	0.915	0.964	1.048	1.110	0.868	0.871	0.881	0.918	0.924	0.915	0.957	0.962	0.938
251	昭通市	1.063	1.093	1.099	1.271	1.286	1.840	1.545	1.500	1.487	1.523	1.527	1.615	1.606	1.604	1.433
252	丽江市	0.933	0.946	0.994	1.007	0.996	1.137	0.986	0.937	0.972	1.058	1.072	1.074	1.080	1.088	1.020
253	普洱市	0.999	1.004	1.008	1.017	1.011	1.028	1.061	1.073	1.049	1.048	1.048	1.049	1.054	1.056	1.036
254	临沧市	0.896	0.704	0.435	0.414	0.371	0.384	0.371	0.374	0.375	0.376	0.738	0.745	0.747	0.751	0.549
255	西安市	1.010	1.053	1.131	1.162	1.242	1.395	1.257	1.449	1.533	1.651	1.814	2.156	2.019	2.006	1.491
256	铜川市	1.058	1.101	1.227	1.310	1.280	1.467	1.710	1.649	1.722	2.100	2.100	1.502	1.475	1.541	1.517
257	宝鸡市	1.022	1.080	1.116	1.144	1.389	1.417	1.345	1.573	1.601	1.623	1.674	1.922	2.038	2.264	1.515
258	咸阳市	1.004	1.796	1.827	1.958	1.790	1.780	2.038	2.490	2.278	2.352	2.519	3.379	2.855	3.273	2.239
259	渭南市	1.613	0.969	1.013	1.043	1.081	1.081	1.081	0.613	1.138	0.727	0.727	0.727	0.378	0.379	0.898
260	延安市	0.958	0.768	0.760	0.768	0.768	0.766	0.755	0.751	0.752	0.761	0.758	0.759	0.768	0.786	0.777
261	汉中市	1.039	1.038	1.045	1.097	1.108	1.119	1.126	1.137	1.173	1.187	1.216	1.216	1.294	1.359	1.154
262	榆林市	1.013	1.044	1.034	0.529	0.528	0.529	0.527	0.528	0.531	0.528	0.527	0.530	0.529	0.532	0.636
263	安康市	1.017	0.989	1.000	1.039	1.214	1.272	1.254	1.269	1.295	1.364	1.360	1.571	1.752	1.814	1.301
264	商洛市	1.001	1.017	0.943	0.968	0.998	0.948	0.941	0.973	0.971	0.972	1.043	1.048	1.064	1.059	0.996
265	兰州市	1.047	1.145	1.247	1.258	1.359	1.517	1.336	1.398	1.401	1.481	1.538	1.716	1.670	1.662	1.413
266	嘉峪关市	1.009	1.034	1.077	1.105	1.102	1.112	1.134	1.149	1.113	1.136	1.125	1.107	1.139	1.157	1.107
267	金昌市	0.648	0.525	0.568	0.590	0.602	0.631	0.643	0.703	1.185	0.671	1.073	0.637	0.625	0.628	0.695
268	白银市	1.018	1.079	1.381	1.366	1.370	1.508	1.590	2.672	2.650	3.648	3.648	2.886	3.518	2.785	2.223
269	天水市	1.070	1.047	1.150	1.064	1.128	1.151	1.108	1.186	1.224	1.281	1.316	1.456	1.493	1.551	1.230
270	武威市	1.057	1.124	1.074	1.130	1.240	1.235	1.730	1.727	1.024	1.115	1.135	1.412	2.091	2.538	1.402
271	张掖市	1.013	0.982	1.027	1.047	1.139	1.110	1.056	1.234	1.294	1.057	1.067	1.121	1.190	1.194	1.109
272	平凉市	1.070	1.087	1.224	1.239	1.130	1.161	1.043	1.046	1.040	1.107	1.101	1.168	1.167	1.165	1.125
273	酒泉市	0.919	0.944	1.012	0.940	1.086	1.086	1.060	1.001	1.061	1.039	1.097	1.273	1.247	1.275	1.074
274	庆阳市	1.005	1.543	1.674	1.802	1.990	1.910	1.762	1.818	1.665	1.596	1.674	1.742	1.746	1.818	1.696
275	定西市	1.052	1.001	0.902	0.999	1.743	1.708	1.947	2.013	1.998	1.958	2.052	2.100	2.069	2.079	1.687
276	陇南市	1.079	1.136	1.196	1.219	1.224	1.943	1.065	1.111	1.068	1.070	1.082	1.083	1.110	1.141	1.181

续表

编号	城市	2005	2006	2007	2008	2009	2010	2011	2012	2013	2014	2015	2016	2017	2018	均值
277	西宁市	0.966	0.988	1.002	1.014	1.019	1.061	1.085	1.098	1.126	1.163	1.200	1.332	1.372	1.283	1.122
278	银川市	1.006	1.008	0.992	1.001	1.006	1.006	1.010	1.717	1.008	1.019	1.039	1.085	1.141	1.092	1.081
279	石嘴山市	1.044	0.935	0.916	0.956	1.005	1.767	1.936	1.987	1.971	1.882	1.827	1.914	1.944	1.987	1.577
280	吴忠市	1.000	1.176	1.008	1.021	1.037	1.034	1.054	1.075	1.080	1.088	1.113	1.155	1.151	1.148	1.081
281	固原市	0.973	1.029	0.915	0.951	1.135	1.079	1.730	0.896	1.006	0.989	0.932	1.122	1.036	1.088	1.063
282	中卫市	0.513	0.506	0.512	0.521	0.524	0.528	0.527	0.534	0.534	0.545	0.544	0.546	0.549	0.575	0.533
283	乌鲁木齐市	1.043	1.073	1.137	1.136	1.155	1.189	1.286	1.296	1.394	1.434	1.587	1.589	1.672	1.834	1.345
284	克拉玛依市	0.857	0.898	0.931	0.999	0.949	0.950	1.103	0.778	0.793	0.921	0.933	0.854	0.976	0.977	0.923